管理会计

500强

财务高管的
实践之道

刘庆华——— 著

中国铁道出版社有限公司

CHINA RAILWAY PUBLISHING HOUSE CO., LTD.

图书在版编目（CIP）数据

管理会计：500强财务高管的实践之道 / 刘庆华著. — 北京：
中国铁道出版社有限公司，2023.6
ISBN 978-7-113-30178-1

Ⅰ.①管… Ⅱ.①刘… Ⅲ.①管理会计 Ⅳ.①F234.3

中国国家版本馆CIP数据核字（2023）第069366号

书　　名：**管理会计——500强财务高管的实践之道**
　　　　　GUANLI KUAIJI: 500 QIANG CAIWU GAOGUAN DE SHIJIAN ZHI DAO
作　　者：刘庆华

责任编辑：苏　茜　　　　　编辑部电话：（010）51873022　　　电子邮箱：505733396@qq.com
封面设计：宿　萌
责任校对：苗　丹
责任印制：赵星辰

出版发行：中国铁道出版社有限公司（100054，北京市西城区右安门西街8号）
网　　址：http://www.tdpress.com
印　　刷：北京盛通印刷股份有限公司
版　　次：2023年6月第1版　2023年6月第1次印刷
开　　本：710 mm×1 000 mm　1/16　印张：14.25　字数：205千
书　　号：ISBN 978-7-113-30178-1
定　　价：69.80元

人工智能、5G、云计算、大数据、区块链、数字化劳动力……科技从未像今天这般有力地塑造着世界。适应和追逐技术革命的浪潮，是所有企业和从业人员的重要课题。即便是科技巨头微软，如果无法适应科技和商业模式的高速变化，那么一如比尔·盖茨所言，"微软离破产永远只有 18 个月"。

在商业与大环境的变革下，财务人从未置身事外。从 20 世纪 90 年代的会计电算化、21 世纪初的 ERP，以及 2010 年开始兴起的共享服务中心，我们也即将过渡到当下的 RPA 财务机器人时代。

传统意义上的"算对账"和"报好税"已不能适应时代的需求。财务人被要求对企业的环境作出敏锐的观察，帮助决策者在合适的时间作出正确的决定。世界主流的会计师公会和协会，都在优化财务人员的胜任力模型。举目所见，整个财务行业正在被重新定义。

那么，什么是财务的核心？

我们认为，一名卓越的财务人，应当能够支持复杂的商业决策，进行有效的跨界协同与沟通，引领企业数字化转型。而这样的从业者，将永远处于商业决策的中心！

铂略财务培训，作为中国管理会计的倡导者之一，始终致力于培养具有中国特色的财务及商业领袖。刘庆华先生是业内著名的财务专家（曾在世界 500 强某企业担任 CFO，CFO 是指 Chief Financial Officer，即首席财务官。），我们一直探讨如何让财务实务教育能够更加落地。在此过程中，刘庆华先生的专业见解，以及广博的跨界视野，都给我们留下了非常深刻的印象。特别在本书策划过程中，刘庆华先生将企业运营中的真实案例，以故事化的形式，将财务工作核心知识点变得不再晦涩难懂，只要花 10 分钟便能搞懂一个知识点，让读者们对理论知识的落地与日常实操的可行性更加地融会贯通。这让我们不得不感慨中国财务管理水平的提升，管理会计的推进与实现业财融合，推动企业长远发展的关联程度是多么紧密，而这正是刘庆华先生的优势所在。

很荣幸能够与刘庆华先生携手，通过《管理会计——500 强财务高管的实践之道》和中国财务人一起，迎接数字化浪潮对每一位财务伙伴提出的挑战，在拥抱变化中乘风破浪！

铂略财务培训创始人兼 CEO 邵杉

企业业务决策的最终目的是价值最大化，企业价值体现在诸多方面，其中之一就是财务业绩。财务管理也成为企业管理的核心部分。

谈及财务，很多人印象里就是财务会计领域的记账和报表。在收钱、付钱、报销、记账、出报表基础上，有些人还知道财务工作包括数据分析。这就从财务会计领域延伸到了管理会计领域。企业中的"管理会计"不是去管理会计，"管理会计"的关键是通过财务信息对企业进行管理，数字化时代的到来又给"管理会计"赋予了新的工具。企业中的"管理会计"也不是理论问题，是高度灵活的实践问题，相关的知识与工具必须在商业环境中应用方有成效。

我从业以来，先后任职于民营及外资等企业，其中既有成熟的全球领军企业，也有管理体系相对粗犷的家族企业；担任过"萧规曹随"的执行型财务高管，也担任过从零起步搭建管理体系财务高管，还有幸多次参与企业收购、整合、剥离、破产等项目运作。在此期间逐步积累实操经验，最近恰好与朋友滢瀛谈及此事，并在滢瀛的鼓励之下，终下决心借助此书与读者进行分享。

本书实质上是企业管理者碰到实践问题时如何解决的思考方法合集，立足于企业管理者日常工作中碰到的问题，分享对应的财务思考逻辑，而非普及会计知识。既然是分享自己的思考逻辑，则必然会受到自身教育背景、生活环境、工作经验、性格等多方面的影响而存在局限性。尤其是在业务决策中，并无绝对的对错之分，如何思考、判断和决定具有高度的个人色彩，无法放之四海而皆准。

企业高管最宝贵的是经验和思考逻辑，遗憾的是包括我自己在内，能深度思考的人着实不多。希望借助此书能够通过分享自己简单的思考逻辑，引发读者在此基础上更多地思考，以期帮助读者在职业道路上少走弯路，为企业作出更大的贡献。

在写作过程中，我尽量使用浅显易懂的文字，力求让不懂会计的人也能看懂，特别是对希望了解财务工作思路的非财务管理者来说，借助此书，不但能明白商业运营中的财务逻辑，还可以顺便了解会计知识。

本书的特点如下：

实践导向

内容来自企业实践，各行业读者均可从中发现自己所在企业的类似情况，而非理论知识的堆砌。

即读即用

每个章节均可独立阅读，每个小节对应企业中的某类问题，读者可以立刻结合所在企业具体问题灵活运用。

通俗易懂

全书通过通俗的语言进行阐述，并结合企业实际案例进行说明，无须会计基础，大大方便了非财务专业读者。

深入剖析

与其他同类书籍相比，全书还对各类企业管理现象背后的动机与原因进行分析，帮助读者知其现象，更知其实质。

与时俱进

全书阐述的观点、数据、财务人才核心技能信息等均基于 2022 至 2023 年最新情况，避免由于信息陈旧误导读者。

读者广泛

财务从业人员、非财务出身但承担着企业管理职责的管理人员，工作中与财务职能产生交集业务的部门人员，以及对商业运营感兴趣的各专业学生均可阅读。

刘庆华

目录

第1章

财务到底是做什么的

财务信息是商业社会用来描述业务的语言，财务工作本身又是业务的一部分。

财务人员需要确保商业社会的成员用同一种语言来交流，又需要分析语言背后的含义。

弄懂了字面意思和弦外之音，商业社会成员才能更好地做决定。

1.1 财务画像

财务这个岗位不管在什么行业都存在，企业、学校、医院、军队、政府机关，岗位需求量巨大，即便是在啸聚山林的好汉堆里，如《水浒传》里绰号"地会星"的蒋敬，能"盈千累万，纤毫不差"，人称神算子的他负责考算钱粮支出、纳入等事务。

人们对于财务职业资格证书的追捧也印证了这一点。每年都有数百万人参加此类考试，据相关报道：2019 年初级会计职称报考人数再创新高，439 万人报考；2019 年中级会计职称考试报名人数高达 160 万人，这样的标题充斥新闻网页。数以百万计的从业人员不是在考试，就是在准备考试。即使疫情期间存在不便聚集等不利因素，2022 年报考人数依然高达 325 万人。

2020 年，清华大学宣布取消会计系本科招生，安徽大学紧随其后也取消了税收学专业、财务管理专业本科招生。除此之外，武汉大学、四川大学撤销了会计专业硕士阶段的全日制招生。

人工智能也来助攻，有研究机构对人工智能趋势做了预测，97.6% 的会计人员的工作会被人工智能替代，位居最容易被替代职业的第三位。第一位是电话推销员（99%）。第二位是打字员（98.5%），最近微信推出了语音转化文字功能，除了类似人名的专有名词之外，微信辨识标准普通话准确率超过 99%。第三位的会计，机器人流程自动化（Robotic Process Automation，RPA）在许多企业里已经成为工作伙伴，那是不是代表着未来的财务就是一堆程序？尤其是 ChatGPT 类工具的推出，人工智能 AI 在某种程度上将替代人类，再一次成为热议的话题。

在一片迷茫之中，也有非常"鸡血"的桥段，如网传百度李彦宏当年在招聘首席财务官（CFO）时，伸出橄榄枝称："我认为世界上有三种财务——ABC。A 是 Auditor，审计；B 是 Banker，银行家；C 就是 Controller，是对整个业务有掌控能力的人。"被邀者为之所动后欣然加入百度。看起来不论 ABC 中的哪一个，似乎都有着光明的未来。

那么财务到底是干什么的呢？

法律对财务人员的要求如下：

财务工作是国家立法要求的职业之一，《中华人民共和国会计法》（中华人民共和国主席令第八十一号）中有明确要求，相关法条罗列如下：

第二条　国家机关、社会团体、公司、企业、事业单位和其他组织（以下统称单位）必须依照本法办理会计事务。

第三条　各单位必须依法设置会计账簿，并保证其真实、完整。

第四条　单位负责人对本单位的会计工作和会计资料的真实性、完整性负责。

…………

第九条　各单位必须根据实际发生的经济业务事项进行会计核算，填制会计凭证，登记会计账簿，编制财务会计报告。任何单位不得以虚假的经济业务事项或者资料进行会计核算。

（注：后续内容基于公司、企业会计事务展开，不涉及政府及非营利性组织、军队等会计事务。）

《会计法》体现了财务职业存在的基本职责，如下图所示。

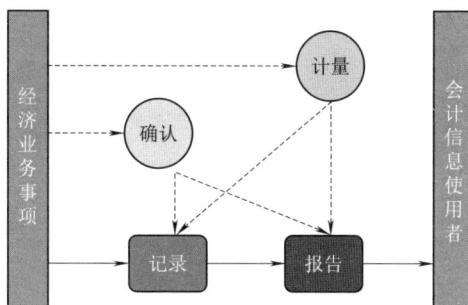

《会计法》体现财务职业的基本职责

以最普遍的差旅报销业务为例，主要表现为员工发生商务差旅后提交报销申请并附上发票等相关支持文件供审核，审核无误后，企业支付对应款项至员工银行账户，并据此完成会计分录。

商务差旅意味着员工代表所在企业与航空公司、出租车公司、酒店、餐厅等发生经济业务事项，审核报销申请以及单据对应着确认交易性质并计量金额的依据，确认与计量的结果对应记录内容，并基于所有记录产生报告供信息使用者使用。

财务基础职责的存在也反映了人类本能的诉求，如历史学家描述的远古时代，原始人出去打猎，有了收获回到部落总要记录下今天抓了几只兔子、捞了几条鱼、摘了几个果子，后续才好分配。

《会计法》第三十三条　财政、审计、税务、人民银行、证券监管、保险监管等部门应当依照有关法律、行政法规规定的职责，对有关单位的会计资料实施监督检查。

通俗地解读就是有了账本以后，所有的金钱往来开始有迹可循、有据可查，如果有企业或个人想偷税漏税、作奸犯科，各路监管部门则有了执法的抓手。

为了让大家把各种交易记录到账本里的时候，不能天马行空各行其是，大家需要用同样的方法才行，于是便有了会计准则 GAAP（Generally Accepted Accounting Principle）。当所有企业在确认、计量、记录交易的时候，必须遵循会计准则。如不遵守就会被公布于众，读账本的商业伙伴就能知道这家企业账本有假，监管机关就能知道这家企业有问题。

以销售收入确认为例，如果没有准则来统一，那何种情况可以确认为销售收入？如果以收钱为准，有些交易预收，有些交易有收款账期，有些交易分批次收款，各种情况不胜枚举。如果以发货为准，有以下几种情况：分批发货、代为运货、代加工货物、寄售、以货换货等，就如同著名的手表定律，一个人有一只表的时候，可以知道现在是几点钟，当他同时拥有很多只表时，就再也不知道现在是几点了。一个没有准则的商业世界，就像是家里挂了无数只钟表，再也不知道准确时间了。

2017年7月，财政部颁布更新后的《企业会计准则第14号——收入》（财会〔2017〕22号）进一步规范收入的会计处理，提高会计信息质量。该准则以高度凝练的原则性描述规范各类业务收入确认的规则，仅仅与收入相关的内容超万字，商业活动之复杂，财务活动之专业由此可见一斑。

有了上述法条和准则的保驾护航，商业社会有了统一的语言来描述经济业务事项。税收主管部门也需要订立统一的规则，避免企业各行其是，于是通过税收法规确定下来诸如"什么行为要交税，什么时候该交税，怎么计算该交多少税，不交税会怎样"等一系列规则。

如《中华人民共和国税收征收管理法》第一条规定："为了加强税收征收管理，规范税收征收和缴纳行为，保障国家税收收入，保护纳税人的合法权益，促进经济和社会发展，制定本法。"就起到开宗明义的作用。

既然商业社会有这么多规则，大家要学会规则才能遵守规则，怎么确保大家学会规则了呢？各类职称考试可以用来检测掌握程度，不能通过考试的说明对规则不够了解，这类财务人员要么另谋高就，要么负责简单交易或者小规模企业的财务工作。

制定规则之后会衍生出来新的问题，如果有人有意触犯规则，或不经意间违反规则，或学艺不精没弄明白规则，那规则的作用何在？为了确保规则的有效性和严肃性，一个衍生职业应运而生，专门从事检查并进一步证实公司会计账目和报告的正确性、合理性和可接受性，并以自己的信用来进行背书，并为之承担责任，这就是审计师。

那万一找"坏人坏事"的审计师沆瀣一气、狼狈为奸怎么办呢？或审计师自己水平不行，干活偷懒图省事被"坏人坏事"钻了空子，没有办法履行审计师的职责也大有可能。于是《财政部关于印发〈中国注册会计师审计准则第1101号——注册会计师的总体目标和审计工作的基本要求〉等18项审计准则的通知》再来给审计师制定规则。

如果企业就是不守规矩怎么办？如果审计师跟着一起不守规矩呢？在事情不

大、后果不严重时，审计师及其所在事务所可能会认罚了事。但一旦摊上大事儿，非但要认罚，还丢了饭碗，承担相应的刑事责任。

如轰动证券市场的康得新财务造假案，经证监会查实，康得新涉嫌在2015—2018年期间，通过虚构销售业务等方式虚增营业收入，并通过虚构采购、生产、研发费用、产品运输费用等方式虚增营业成本、研发费用和销售费用。通过上述方式，康得新共虚增利润总额达119亿元。

瑞华会计师事务所（以下简称"瑞华"）作为康得新年审机构，在康得新造假期间，连续三年均为其出具了"标准的无保留意见"的审计报告。只有2018年年报审计时，康得新已经深陷债务危机，瑞华才没有继续给康得新背书，出具"无法表示意见"的审计报告。

瑞华因作为康得新2015—2018年四年年报的审计机构，明显未履行勤勉尽责的义务，于2019年7月份被证监会立案调查。

2020年10月10日，国务院印发《关于进一步提高上市公司质量的意见》（下称《意见》），《意见》提出了十七项举措，提高上市公司及相关主体违法违规成本是其中的重要方面。2023年2月17日，中国证券监督管理委员会（以下简称证监会）及证券交易所等发布全面实行股票发行注册制度规则，自发布之日起施行。这标志着全面实行股票发行注册制正式实施。证监会相关负责人表示，注册制改革的本质是把选择权交给市场，强化市场约束和法治约束。与核准制相比，不仅涉及审核主体的变化，更重要的是充分贯彻以信息披露为核心的理念，发行上市全过程更加规范、透明、可预期。要切实把好信息披露质量关，并坚持开门搞审核，接受社会监督。

2023年3月17日，财政部发布一则惩处公告，对中国华融资产管理股份有限公司（以下简称华融）会计信息质量及其审计机构德勤华永会计师事务所（以下简称德勤）作出行政处罚：华融及7家附属公司分别被给予10万元的罚款处罚，德勤总所被予以警告，德勤北京分所被罚没2.12亿元，暂停经营业务3个月。财政部强调，在依法保护企业和中介机构合法权益的同时，加入执法力度，强化对相关责任人的追责问责。由此可见在商业环境中不守规矩的企业将彻底没有生存空间。

公司运营必须有财务

法律要求企业对经济业务事项进行核算，企业一切活动归根结底都属于经济业务事项。经济业务事项的发生需要企业有相应的运营机制来保障。就如同一座城市的存在，需要道路、公用动力等基础设施确保其运行。财务就如同城市的基础设施一般确保企业的运营。企业经济业务事项究其本质最终无非收钱、付钱。从具体工作看，既然要收钱付钱，必须有银行账户。收钱付钱要有凭据就脱离不开税务局和发票。收了多少，付了多少要记账，最后才能有账簿，进而出报表。

在实践中要确保公司平稳高效运营。

以付钱为例，企业付钱总要有据可依，例如什么原因、什么时候、什么金额、什么付款方式，以及通过哪家银行账户？例如各类付款类型中，金额较大的企业对公付款遵循的是 P2P 流程（从采购到支付 Purchase to Payment），从逻辑上说：

（1）企业采购了产品（服务）才需要付钱，采购过程要签合同，约定买卖双方权利义务；

（2）根据合同条款提供了产品（服务）之后，要提供产品（服务）已提供的凭据，以及对应的发票，按照"三单匹配"原则核对合同、收货（服务凭据）、发票三者无误后安排付钱；

（3）如果企业账户有钱就把付款信息提供给银行审批支付；如果企业账户钱不够就需要融资，而融资活动是一个非常复杂且专业的领域，此处暂不展开讨论；

（4）以上活动均完成后，收到产品（服务）要有记录，付完钱也要有记录，财务人员要记账。

在上述活动都顺利的情况下对公付款是个体力活，业务量越大，上述的"三单匹配"工作量就越大，付款信息录入审核工作量也越大，做账记录工作量也越多，财务工作量与业务量之间是相关系数 r 几乎为 1 的线性正相关关系。好在上述活动都顺利，这也代表着人为判断干预的活动很少，大型企业就有机会通过共享中心（SSC-Share Service Center）集中管理，人工智能以及 RPA 也有了机会承担上述重复性工作。

如果一切都不那么顺利呢？财务高管的血泪教训告诉大家，常见的问题可能来自：

（1）合同、订单问题：包括合同条款歧义、权利义务约定不清、贸易流设计不合理、付款方式不具有可操作性、合同缺少双方签字盖章确认、合同原件遗失、合同后续多次修订等；

（2）"三单匹配"问题：前述合同所有问题都会给"三单匹配"带来麻烦。除此之外，还会有产品（服务）验收环节错误，验收时间晚于付款时间的流程错误，商务原因导致的提前或延迟付款需求，发票日期、抬头、内容、金额等错误，甚至发票丢失等；

（3）付款问题：

a. 通过自有资金付款：T/T 付款信息录入错误、信用证（票据类）付款支持文件错误、涉外汇类业务支持文件错误、纸质凭证填写错误、印鉴不清晰错误、银行网银平台故障错误、网银 U 盾也会过期甚至没电而出问题等；

b. 通过贷款受托支付：除了通过自有资金付款之外，因银行还需审核所有单证进行放款，因此，常常发生节外生枝的事情。最麻烦的还不是事务性操作，而是银行放款额度的博弈，由此还会引发所有单证提交至 A 银行审核，种种原因导致 A 银行无法放款，再紧急转至 B 银行等不规范操作，这类操作越多，犯错可能性就越大。

由于各类问题的存在与高发，必然会牵扯大量的核对、沟通、协调的工作，费事且耗力，而且财务运营工作是容错率非常低的领域。就好像人们生活在城市里，一切水、电、垃圾清运都被认为是理所应当，人们要用的时候，就要随时就位，一旦停水、停电，不论什么原因都是人们所不能接受的。

为了确保运营平稳高效，避免过多的人为参与，改善核对、沟通、协调所导致的效率低下，企业内部对建立与优化流程（制度）的呼声一直都存在。与此同时，为了让外部投资人、股东、董事会等了解企业战略目标（经营目标）的实现程度，企业报告的可靠性、相关法律法规的遵从程度等，企业外部对于建立流程（制度）的要求也很迫切，通过制度性保障的方法向企业的股东提供合理的保证。对于满足建立与优化流程（制度）的内外部要求，企业内控活动应运而生。而为了确保内部制度流程（外部法规）的遵从程度就需要企业内审活动进行测试。内审活动也有很多需要遵循的规则，如国资背景企业需要遵守《中央企业内部审计管理暂行办法》（国务院国有资产监督管理委员会令第 8 号），在美国证券市场上市的公司均需遵守的萨班斯 - 奥克斯利法案（Sarbanes-Oxley Act）等。

很多时候，企业通过兼并收购来快速发展，通过剥离、清算不良资产来轻装上阵，财务就要肩负起整合运营实践的职责，而剥离清算时，财务则要守土有责，锱铢必较。

城市在搭建基础设施时，如修路架桥，需要考虑城市的发展定位、地质水文、经济水平、出行需求等诸多方面因素才能作出正确的决定。如前所述，财务如同城市基础设施般确保企业的运营，如何建立最优的业务流程也就必须考虑企业的经营定位、经营规模、业务特点等因素。

为了让所有单位对此都有充分的了解，财政部于2016年通过《关于印发〈管理会计基本指引〉的通知》（财会〔2016〕10号）指出，"为促进单位（包括企业和行政事业单位）加强管理会计工作，提升内部管理水平，促进经济转型升级，根据《中华人民共和国会计法》《财政部关于全面推进管理会计体系建设的指导意见》等，我部制定了《管理会计基本指引》，并在《管理会计基本指引》总则中明确提出'嵌入单位相关领域、层次、环节，以业务流程为基础，利用管理会计工具方法，将财务和业务等有机融合'。"自此在我国企业界、财务界和教育界有了"业财融合"的权威出处。

人们在要求城市基础设施完备，平稳高效提供服务的同时，运行成本还要越低越好。企业运营也是一样，股东、董事会要求利益最大化，增收降本以增利是企业策略的标配，于是税收筹划等帮助企业充分享受政策的红利，财务必须当仁不让，勇于承担。

财务分析

在商业环境中，不论企业大小、发展阶段，对于财务的信息需求时刻都存在。最简单的如"小王会计，今天收了多少钱，够发工资吗?"复杂的如"恒大集团1 300亿元战略投资何去何从，转股还是还债?"都体现了财务信息的必要性。

财务会计报表信息已经无法满足以上需求，由此引起了会计体系的革命，管理会计（Management Accounting）从传统的会计体系中分离出来，与财务会计（Financial Accounting）并列，成为企业进行最优决策、改善经营管理、提高经济效益服务的会计体系分支。为达到此目的，管理会计需要针对企业管理部门编制计划、作出决策、控制经济活动的需要，记录和分析经济业务，"捕捉"和呈报管理信息，并直接参与决策控制过程。（引自陈信元2013年在上海财经大学出版社出版的《会计学》）

除了企业内部人需要财务信息帮助了解运营之外，来自企业外部人的财务信息需求也很大。例如：

（1）外部投资人、债权人希望通过财务信息来了解企业的真实情况；

（2）税务机关希望通过财务信息了解纳税合规性；

（3）客户（供应商）希望通过财务信息了解企业资信及能力；

（4）高管考虑加盟某个企业，想了解企业财务实力。

而且财务信息的需求方根本不满足于仅是获得信息，大家还想知道这些信息到底说明什么？这就对最了解财务信息的财务人员提供分析意见的需求。

如某公司 8 月份销售收入 1 亿元，9 月份销售收入 9 200 万元，9 月比 8 月下滑 800 万元，销售收入降幅 8%，这就是财务信息。但是大家都会想知道为什么下降 8%？探究原因的过程就是在进行财务分析。

由于财务分析者获取财务信息的途径不同，详细程度不同，关注重点不同，所以财务分析包含了很多种思考方法。

• 以企业财务业绩表现为关注点

一般依托于财务报表信息而展开，并衍生出一整套分析体系，包括财务比率、标杆比较、杜邦分析体系、报表非会计准则下重述（Non GAAP Restatement）等。

• 以财务运行效率为关注点

一般依托于财务运营信息而展开，有一些普适性的规律，但是因行业、企业而异。如银行账户开立数、银行手续费率、财务组织编制人数、付款时间偏移度（以合同条款约定付款时间为基准，实际付款时间与理论付款时间之间的平均偏差时间）、费用报销不合规单据数等。

• 以了解业务情况为关注点

一般为定制化分析过往实际情况，无法跨行业、跨企业套用方法。例如，进行单产品线盈利情况分析、某业务部门支出情况分析、预算执行情况分析、与竞争对手业务对标等。

• 以支持业务决策为关注点

一般为定制化分析决策影响，无法跨行业、跨企业套用方法。例如，进行新项目可行性财务分析、新流程财务影响分析、产品调价财务影响分析等。

• 来自不同利益相关者的特定目的分析

此类分析无法穷举，如税务机关要求的专项费用支出分析、申请财政扶持时财政局要求的项目专项分析、对于经销商的经营实力分析、对于合作伙伴的财务尽职调查分析、收购潜在标的企业的财务可行性分析等。

各类分析的最终目的是发现数字背后的逻辑，了解企业的真相，但人们观察世界的方法高度依赖于他们自身的能力、知识、经验、视角、性格与利益等因素，如下图所示。

数字的迷惑

如某商贸企业花费 20 万元买了一批熔喷布，价格涨到 25 万元时卖了。看到市场价格依然在上涨，就用 30 万元又买了回来，再以 40 万元的价格卖掉。最后用 45 万元价格囤了一批，结果卖不掉了。请问这家企业赚钱了吗？赚了多少钱？

● 如果从财务报表角度看

累计赚了 15 万元。第一次交易利润 5 万元（25-20），第二次交易利润 10 万元（40-30）。

● 如果用企业经营的思路静态看

由于误判市场价格趋势，少赚了 5 万元。因为持有货物，企业可以赚 20 万元（40-20），但现在只赚了 15 万元，少赚 5 万元，简直就是亏了 5 万元。

● 如果用企业经营的思路动态看

由于对于宏观形势的误判，该企业血本无归。45 万购入的货物在财务报表上是"货币"和"存货"的转化而已，但是货物再也卖不掉了，45 万元的货砸手里了，而且还要为了这批货支付仓储费。

以上不过是分析问题的角度发生了变化，接下来分享一个必须熟知的业务，抽丝剥茧才能进行的分析。

某企业销售特种设备，后续还提供设备的维保服务和配件销售。配件库存一直居高不下，近两三年还有迅猛增加之势，企业内部大会小会开了不少，存货水平就是降不下来。

从财务报表分析角度看，库存全额、库存周转率、账龄种种数据应有尽有，只是把人们都知道的库存高这个事实的花式描述。

从数据发现问题，归根结底要看看业务上出了什么问题。

（1）有人提出，原因在于配件需求预测准确率太低，需要改善预测流程，将来只储存几个月用得到的配件；

（2）有人提出，原因在于历史包袱太重，过去的领导管理不行，需要尽快清理库存配件，甚至低价抛售降库存，轻装上阵；

（3）有人提出，原因在于配件管理太过于粗放，需要尽快制定配件流通分级制度，快流件多存些，慢流件保留安全库存就好（快流件指的是流通周转快的消耗性配件；慢流件指的是偶发性需求或由于各种原因不利于周转的配件）。

以上的分析都有道理，但是多年沉疴，近些年又有加剧是何原因？

解读存货信息后发现，近两三年迅猛增加的存货大多存放在客户处，维修部门解释为可以有效缩短客户维修订单的响应时间，大大改善客户满意度。详细推敲下来，其实根本原因来自两三年前企业加强销售收入考核，维修部门也有销售指标要求，还加强了销售预测的管理，各部门一边背负销售指标，同时还要考核预测偏离度。

管理者可能猜到了，其实这些存放在客户处的配件，实质上有些已经归属客户所有了，只不过放在存货科目没有结算而已。为什么不结算？不结算相当于把销售业绩隐藏在客户处，什么时候需要销售业绩了，什么时候开票结算就是了。客户先拿到了配件以备不时之需，也很乐于配合。设备配件的属性——设备不坏不使用，设备不修不使用，不使用就不存在损耗或者外包装损坏等现象，但是设备运转又需要备件以防故障，这种属性非常有利于要弄这种伎俩。

1.2　财务支持决策

在作出任何决策之前，决策者都会在各种备选方案之间进行权衡，根据不同方案的利弊得失作出最终的选择。财务影响不是利弊得失中唯一的考虑因素，但一定是非常重要的考虑因素。司马迁用"天下熙熙皆为利来，天下攘攘皆为利往"，传神地描述了商业活动终极目的，企业的任何活动归根结底是为了利益最大化，为了财务业绩。

财务分析提供的信息与结论可以辅助决策者作出判断。正确的决策还需要有得力的落实与执行，执行是否到位的重要指标之一就是财务影响。包括最终的业绩评估，财务评价同样会是重要的指标，就如《管理会计基本指引》高屋建瓴地指出："管理会计的目标是通过运用管理会计工具方法，参与单位规划、决策、控制、评价活动并为之提供有用信息，推动单位实现战略规划。"

除了做个好参谋，为决策者提供判断依据之外，财务还可以帮助决策者及时发现问题。

如对每月物流费用例行分析比较时，发现 8 月数据明显高于过去，原因是空运货物的比例提高，而空运费率远高于海陆联运。空运比例提高是因为当月紧急订单增多，物流为及时供货不得不采用空运加紧加急。紧急订单增多是因为某区域大客户赢得政府采购的大订单。这么大的客户业务变动，为什么事先没有对供货计划进行任何调整呢？这充分说明销售团队的销售漏斗追踪出了问题。

那么作为最贴近所有业务数据的部门，财务应该及时提醒决策层关注销售管理问题。

财务不但需要根据决策者的要求随时提供支持，而且还要根据掌握的数据发现问题，提醒决策者。这就是李彦宏所说，"我认为世界上有三种财务 ABC"中的 C—Controller，是对整个业务有掌控能力的人。

至于 ABC 中的 B—Banker，意指投资银行家，更专注于兼并收购、证券市场相关投行业务，此处不进一步展开讲解。

财务工作涵盖了以下内容：

（1）满足对经济活动事项进行确认、计量和记录职责的法定要求；

（2）作为企业日常运营的一部分，确保业务活动平稳高效进行；

（3）结合业务实践，确认、计量和记录的数据，与运营的数据一起提供信息与分析；

（4）从数据中发现问题提醒决策者关注，并辅助决策者权衡利弊做出判断。

以上四大职责在实践中彼此融合，互为因果，结合在一起为企业作出贡献。如同 1987 年春晚相声《五官争功》中的桥段，嘴、眼、耳、鼻各有各的功能，又结合在一起发挥作用。

第**2**章
业财融合的益处与挑战

在很多人的观念中，财务人员的职责可能就是收钱、付钱、算账、出报表，而在当下的商业环境中，财务人员能够为企业作出的贡献远不止于此。

利用日新月异的技术手段，既能高效完成传统的收付及报表等工作，又能及时准确地提供基于财务信息的分析报告，更好地了解企业的运营并提供决策，是当前财务人员面临的新挑战。

2.1　财务人员都需要准备哪些报表

每年的三四月份，是企业财务人员非常忙碌的时间——准备各类报表。但在我们日常工作中有许多报告，财务人员可能并未认真分析过，而这些分析报告甚至比完成审计报表更重要。

我们知道，占用财务人员大量工作时间的报表有资产负债表、利润表、现金流量表、纳税申报表等，如果有人就此提出一个问题：您所服务的企业到底有几套账，有几套报表？一般人听到这个问题时，可能会流露出意味深长的微笑。为什么呢？假如企业里面有多套账、有多套报表，是不是从某种意义上来说，企业有做假账或者有其他问题的嫌疑。

企业报表的分类

在企业实际操作中，账目可以分成两类：第一类是合法的，第二类是不合法的，如下图所示。

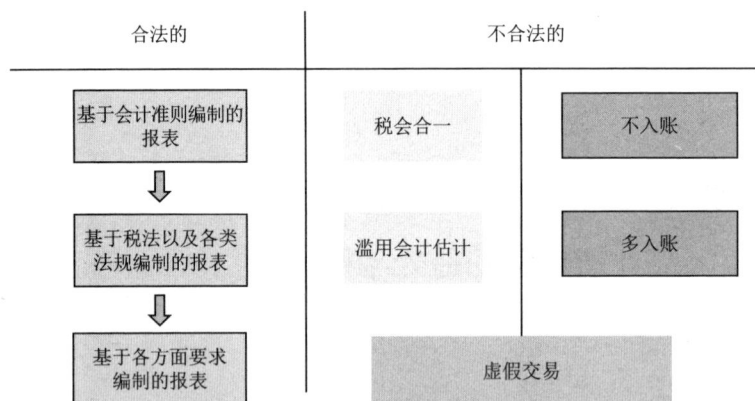

合法与不合法账目

第一类，合法的账目很好理解，依照会计准则与相关法律法规做账。

第二类，不合法的账目，也就是我们常说的假账或者内账。假账的特点是不入账，有很多交易不入账或者多/少入账，比如说把金额扩大，或者有虚假的交易变造入账等。

在日常的经营过程中，有的企业经常存在一个问题，我们称作"税会合一"。什么叫"税会合一"呢？我们都知道税法和会计准则的要求是不一样的，不过有些小型企业由于人手或者其他原因，会计做的账表和报送税务主管机关的账表相同。这样做有问题吗？这个要分开来看。如果它是一家上市公司，那么问题很大；但是作为一家小规模的企业，在实际操作中，这两者就是合一的，只是因为资源、财务人员有限，所以就把两者合一了。

有些报表、账目的金额滥用了会计的估计。比如 2023 年初有一家上市公司，在 2022 年的业绩快报中提到，预计全年盈利 8 000 万元，但后续公告估计要亏损 50 多亿元。这其中的差额怎么产生的呢？就是存货的跌价准备、应收账款的坏账准备等进行了重估，那到底有没有会计估计的滥用？我们仅凭这些信息是不能确定的。

此外，还有一类是虚假交易。这类虚假交易要区分它的程度：一种是无中生有的交易，也就是说本来没有发生交易行为，完全是虚构合同、虚构流水等，这是不合法的；另一种是交易可能真实存在，只不过这个交易是在关联方之间，或者在一致行动人之间，也有可能不是一致行动人，但是有其他特定目的安排了这些交易，影响了企业的财务业绩，交易本身是真的，但是对于财务信息是有所扭曲的。

回到企业最正常、最应该有的这一套账目，即合法账目。这套账基于会计准则、权责发生制编制，每年的 12 月 31 号之后，财务人员和审计师忙于准备这套报表，并最终出具审计报告。基于审计报告，在合法的范畴里还会有一套报表或者一套账目，那就是基于税法或者说基于相关法规来编制的一套报表。

税法是侧重于收付实现制的，关注的是现金流动，会计报表是基于权责发生制的，两者的出发点不一样。除了税务局之外，海关也会要求企业提供一些报表，从海关的角度来讲，它的要求和税务局也是不同的。比如从国外进口一批货物，海关的要求可能是要企业把货物本身的价格和运费、保险费进行拆分，海关会关注转移定价的合理性以及有没有偷逃关税的行为。但是从税务局的角度来看，企业货物本身加上运费等相关费用，构成了货物的采购成本，高定价转移就会带来利润的变化，从而降低国内所得税税费。所以海关、税务局关注的点是不同的。

当企业关联交易比较多的时候，如果仅有一张纳税申报表，从税务主管机构的角度看，会认为这家企业存在没有完全披露真实交易的情况。因为都是关联方，关联方之间签合同在集团总部的控制内，相当于是左口袋与右口袋的关系，谁多赚点谁少赚点的事情。当企业到了一定规模的时候，税务主管机构会让企业提供同期资料和国别报告来说明在整个国家的价值链中，不同的实体分别发挥了什么样的作用，应该分配多少利润。在这个基础上又有了提供给市场监督管理局的报表、统计局的报表、财政局的报表等，包括行业主管部门也会要求企业提供很多报表，职工数量、职工学历、千人计划项目人才信息等，所有这些都是基于税法及各类法规要求的报表。

在以上所提及的这些报表基础上，最考验企业内部财务人员功力，最难的既不是依照《企业会计准则》编制的报表，也不是依照税法编制的报表，而是基于各方要求所编制的特定报表。

这一部分的报表是接下来我们要讨论的重点。在合法范畴中，前文提到了基于《企业会计准则》编制的报表，如大家耳熟能详的资产负债表、利润表、现金流量表、股东权益变动表。基于税法编制的报表，如定期的纳税申报表，对于规模较大的企业又会有国别报告和同期资料，如下图所示。

基于会计准则编制的报表	➢ 资产负债表 ➢ 利润表 ➢ 现金流量表 ➢ 股东权益变动表
基于税法以及各类法规编制的报表	➢ 纳税申报表 ➢ 国别报告/同期资料 ➢ 财政局/统计局/外管局/市场监督局…… ➢ 各类行业主管部门
基于各方要求编制的报表	多种多样

报表类别

本节要讨论的重点是来自各方要求所编制的多种多样的报表。所谓多种多样的报表，是指对于企业财务信息的分析或者对于财务信息的要求是多种多样的。

例如，在一家企业里，董事长要求财务人员提供一个信息，企业的某一台机器或者某一台生产线现在的价值是多少，这台机器现在值多少钱。针对这个问题，作为财务人员，如果从报表信息的角度来说，怎么回答董事长的问题，到哪里去抓取这个数据？

最简单的做法是，财务人员直接去查会计账面价值，也就是基于会计准则、权责发生制编制的报表信息，这台设备现在账面上的价值是多少。

但是在实务中我们会发现，有时候别人问起这个问题，不一定是想知道这个账面价值。董事长来问这个问题，有如下几种可能。

（1）他可能想把这台设备卖掉，这个时候他想知道这台设备值多少钱。如果是要把这台设备卖掉，这台设备的价值和账面价值是否一致？我们要知道这两者可能不一致，还需要考虑万一设备是保税进口的，那么处置的时候还需要补缴相应税款等因素。

（2）他可能想把这台设备抵押出去融资、借款。银行或者其他债权人可能会提出要求，借给你钱可以，但是你要有抵押物放在我这里，这个时候设备的抵押价值和账面价值是不是完全一样呢？这个又是不一样的，要做一个评估，在评估的基础上再打折。如果是保税进口的，那么补缴的相应税款金额还要减去。

（3）他可能想对工厂设施进行投保。比如最近发生自然灾害或者他身边有朋友的工厂被火烧了，老板很担心，也要给工厂买保险，所以他来问你这个设备值多少钱。如果是为了投保，请问这台设备投保的保额应该是多少呢，是不是它的账面价值？答案是不一定。应该是这台设备的重置价值，为什么呢？因为保险的目的是当这台设备真的因为灾害、事故毁损之后，企业从保险公司获得的保险金能够让企业重新去采购、安装类似功能的设备，恢复使用价值。这个时候千万要避免一个误区：既然是买保险，保险公司会赔钱，那我就多买一点。大家要记得，你买的保额越高，未来支付的保费金额就越大，赔付的钱也会越多，但如果不发生事故，你多付的那部分保费其实就浪费了，所以还是要对资产的价值有一个精准的评估。

从一个小小的例子中，我们就会发现，当管理层找到财务部问一个非常简单的问题，如这个设备值多少钱时，出于不同的目的，就有不同的抓取数据的方法和不同的答案。这时候就体现出来，基于目的不同，我们在做相关财务信息呈报的时候，报表应该也是多种多样的。

财务分析报告与会计报表的六大差异

财务报告或者财务分析为什么多种多样，那是因为它和我们传统的基于权责发生制编制的会计报表有几个非常大的差异，如下图所示。

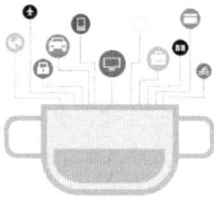

- 用户差异
- 用途差异
- 时间差异
- 规则差异
- 信息类型差异
- 定性差异

六大差异

第一个是用户差异。看分析报告的人不同，他们关注的内容也是不一样的。从审计、外部投资人的角度看，关注的是基于会计准则的报表；税务局关注的是符合税法原则的报表；从管理层的角度来讲，他们关注的是更好地进行统筹管理；从销售部门角度来讲，可能关注的是利润表最上面那一行，即跟价格有直接关系的收入，然后是毛利，因为毛利和整体盈利能力有关系，这也代表着销售部门的价格控制能力、销售业绩、渠道管理能力以及返利和佣金水平，至于公司交了多少所得税，融了多少资，不是他们关注的点。作为一名财务人员，跟销售部门的负责人在讨论财务业绩表现的时候，税负、融资费用这往往也不是他关注的重点，他更关注的是利润情况和销售收入规模。所以用户不同就会导致你提交的报表或者提交的分析报告的内容重点不同。

第二个是用途差异。从管理层角度来讲，要求你提交的这些报表往往有其特定目的。这个特定目的和基于会计准则、税法原则和其他行业主管部门要求的报表，目的是完全不一样的。

比如总经理希望了解：现在企业利润压力大，要大幅度削减开支，那么现在的会务以及招待费总体支出大概是多少。这些信息在会计报表或者税务报表里面是不会要求单列的。会议费用、差旅费、宴请发生的费用、礼品费、培训费等，这些都是特定用途，管理层关注哪个用途，就会提出对哪个特定用途的报表或者分析的要求。

第三个是时间差异。基于会计准则编制的报表，一般听到的是月报、季报、半年报、年报。但是如果是从管理层的角度，出于特定的目的，则需要特定的报表，比如在阿里巴巴公司内部，我们都知道有"双十一"，阿里巴巴的负责人可能会要求财务部给出今年"双十一"的销售额是多少？去年双十一销售额是多少？销售额变化有多大？给企业带来的利润差异有多大？这是某一天的销量，这种特定时间要求的报表一般是会计报表不要求的。但是从管理层分析整个企业经营的角度来讲，从市场宣传的角度来讲，有财务数据的支撑是非常必要的。

第四个是规则差异。比如会计准则有中国会计准则、美国会计准则、国际会计准则 IFRS 等，但不管怎样，只要公司注册所在地、上市地、股东所在地或者任何利益相关者要求编制依照其所在地会计准则的会计报表，那就应该依照其所在地准则编制。税法规则也很简单，按照税法的原则做，然后其他的行业主管部门有其特定的统计要求，财务人员就根据其统计要求来准备报表，但是在企业内部准备管理层要求的报表，或者说准备特定利益相关者要求报表的时候，这个规则就不一样了。

在我的从业经历中曾经碰到过这样一件事情。一家初创企业的董事长问我："小刘，我们公司成立至今，资本金到位也有几十亿元了，产品研发、工厂建设进展也顺利，到今天为止我们一共花了多少钱？"

这时候，如果是你，准备怎么去获取这个数据来回答他的问题呢？"一个初创企业成立至今一共花了多少钱？"最直观的一个反应就是这事好办，查现金流量表。财务人员本来就是要编制现金流量表的，我们把现金流出统计在一起，这就是我们花了多少钱。从现金流量表的角度来讲，这种理解没有错。但是从实际操作的角度来看，这个数字是有非常大的误导性的，为什么？

从管理层的角度来讲，他问你花了多少钱，是想知道真实的开销，但是作为财务人员，在编制现金流量表的时候，是否存在现金流量表上需要计入，但是针对以上问题又不需要计入的交易呢？

例如，当企业手里的资金冗余的时候，这个钱当然要去买理财。有些企业风险偏好高一点的，还会考虑买个信托，或者买一些其他外部投资产品来提高一下收益率。对于这一类现金流出，从现金流量表上当然应该计入流出。如果把所有的流出也当成是我们花了多少钱，等到理财产品到期又会变成了现金流入，会出现不断重复计算的情况。这个结果对于管理层来说有极大的误导性。管理层真正想知道的是企业付给第三方多少钱，包括给员工发了多少工资、购买物资花费了多少等，这个才是真的用掉了。

所以"基于会计准则要求组织的数据"与"基于业务实质进行甄选的数据"之间的差异要靠财务人员，根据对问题的理解、对业务的理解进行数据挖掘，而不能简单地从现有的报表上来抓取。

第五个差异是信息类型差异。比如在企业产生了生存危机时，我相信很多企业都在考虑人员的问题，可能要削减人工成本，这是非常正常的一个应对措施。那么请思考一个问题：当董事长或者总经理来问你，公司里我们的人工成本到底有多高，你准备怎么来回答？最简单的就是找出利润表去看人工成本。当我们要考虑一个企业真正的用工成本的时候，是不是仅考虑这些就可以了？很多企业为了控制人数，常用的方法是支付一部分费用去找一家外包公司，然后外包公司把人通过劳务派遣形式安排进来，或者直接以咨询项目的名义报批，指定咨询项目的现场服务人员，其实这些人日常的工作跟自己企业的员工没什么区别，但从账面上看起来支付的是咨询费，或者说外包的其他费用。这一类算不算人工成本？如果现在考虑的是在特殊时期，如何削减整体人工开支的问题，这一类其实也应该归结到人工成本里。这就需要在利润表上不同科目之间、不同类别之间，根据我们对业务的理解进行区分和筛选，然后汇总出一套能够准确描述业务的分析报告。

第六个是定性差异。有一个典型的问题：存货到底是资产还是负债？从会计的角度来讲，当然是一种资产，体现在企业的资产负债表上，是企业流动资产的一种。但是从企业的管理角度、运营角度来说，存货的增加占用了企业资金，增加了融资成本或者占用资金的机会成本，存货需要有专门的仓储场地，还会导致一系列跑、冒、滴、漏、偷的问题，在供应链管理方面，存货会导致企业的资金利用效率下降。此外，还会导致企业有额外的运营成本，比如仓库、人员、叉车、铲车、料箱、料架等一系列相关支出，因此，只有降到特定水平，成本压下来，企业运营才是高效的。如果从企业管理、精益生产角度出发，存货就不是资产，而是负债。当企业在做财务分析的时候，管理者就会以降低这一类资产作为企业的目标，这是定性差异。同一类项目名称或者同样的科目内容，到底是资产还是负债？一些业务到底是盈利还是亏损？在这些问题的定性上，由于要求不同，结果就可能存在差异。

　　小提示：

　　财务人员在日常编制报表时，除了基于会计准则、税法原则之外，还有非常多的财务分析工作，以及各类报表需要准备，而这些报表往往是企业的经营层、管理层更加关注的内容，这些内容更能体现财务工作的价值。其中最灵活也最有挑战性的，就是基于管理层，以及不同的利益相关者要求的那些没有特定规则的分析报告。

2.2　怎样搭建大型企业财务组织架构

　　财务组织架构的设置要看企业对于财务组织的职能是怎么定位的，上层建筑决定组织架构，也就是从企业董事会或者最高的管理层角度来讲，如何定位财务的工作内容，如何考量财务对于组织的价值。如果企业对于财务的定位只是让财务负责日常的账务、报销、付款、税务等，那只要最基础的会计核算功能，能够输出报表就可以了。但如果更进一步，企业管理层希望财务起到更重要的一些作用，那么财务组织的职能、架构设置、人员安排，相应地也会发生一定的变化。

　　一般来讲，根据财务内容的定位，可以分成下面两个部分，第一个部分是财务运营，第二个部分是财务分析。这两个部分就像飞机的两个机翼，如下图所示。

财务内容定位

左机翼指的是财务运营，是指能让公司运作的最基础的财务职能，比如总账、应收、应付、资金、税务等。

右机翼代表财务分析，包括公司总体的财务分析，也包括对于各个职能的财务分析支持等。

在这两个机翼都齐备的情况下，就需要有一个管控的部门，这相当于是驾驶舱里面的飞行员。财务运营和财务分析的结果确保飞机正常运作，提供仪表板的相关数据来使飞行员了解飞机的运行状态。

人人都知道的财务基础工作

赋予财务的这三个职能，首先从大家最耳熟能详的运营职能讲起。

在财务运营的职能里面基本分为以下职能，具体如下图所示。

人人都知道的财务运营

财务运营负责人	总账	各类预提 会计报表 其他团队不做的
	应收账款	内部关联方/外部第三方开票收款 信用跟踪
	应付账款	费用报销 工资支付 内部关联方付款、外部第三方付款
	成本	成本会计 物料→在产品→产成品
	固定资产 (在建工程)	工程进度 资产保全
	资金*	银行关系 各类账户权限 +保险相关工作 各类融资工作推进
	税务	税务经办 间接税 所得税 海关相关税种
	ERP系统	各类ERP系统蓝图沟通 测试计划对接 用户需求解读

*：资金工作会因重要性而有所变化，甚至由董事长/总经理亲自管理

财务运营职能

首先是总账，总账说白了就是出具会计报表，一个会计架构里面的总协调，基本上出会计报表这项工作，角角落落都得覆盖到，其他职能都不干的工作，最后很可能也就是总账来做了，所以他往往是一个牵头人，同时也有打扫边角的能力。在会计团队里，对担任总账职位的人要求更高些。

除了总账之外，便是应收应付。

应收账款管收钱，涉及开发票，包括内部关联方收钱，外部第三方收钱。既然是收钱，就涉及到账期、回款的跟踪。

应付账款，顾名思义是付钱，涉及付给内部的关联方，付给第三方，付给员工的（工资），以及日常报销的审核和支付等。

了解了总账、应收、应付，如果是一个制造型企业的话，那还会有成本，也就是成本会计。从物料→在产品→完工品或者叫产成品，整个的成本怎样结转？即使是相对简单的商贸类企业，也会涉及销售以及成本的配比问题。

在大型的企业里面又会涉及在建工程，会有一个固定资产会计，或者也叫在建工程会计，他们的主要工作是什么呢？根据工程的进度来掌握在建工程的"转固"[1]。"转固"是从在建工程转固定资产，以及对应的合同等相关事项跟进管理。同样的道理对于无形资产来说也是一样，只不过无形资产对相应的实物以及盘点要求不一样，所以不一定单设岗位。

以资金职能为例，如果公司业务规模很大，财务架构比较复杂，那么会单独设岗或者设组，甚至单独设立部门，特别是资金部门的负责人，有可能是可以和CFO平起平坐的级别，但如果业务规模较小则有可能就和上述团队合并起来了。资金工作的重要性高度依赖于这个企业对于资金的渴求程度以及资金工作的复杂性。如果说一家企业对于资金的渴求程度非常高，例如地产行业，资金部可能是跟财务并行的，资金的负责人可能和CFO是并行的，可能直接向董事长、总经理汇报。或者早期创业企业，高度依赖融资来确保其运营，现金流成了生命线，创始人自己抓资金工作也很常见。所以最主要还是看企业或者行业对于资金的需求程度。

以一个典型的制造业企业来举例，资金职能有可能就在财务运营的部分里面，其工作职责包括维护银行的关系、银行账户的开立与维护、权限设置、银行产品选择（如现金集中管理的资金池搭建、票据池产品选择、信用证、公司卡，等等）、

---

1 "转固"，是指在建工程完工，转入固定资产。

冗余资金短期投资、对接外部融资工作等。

在很多企业里面都会有一些保险的安排，例如建筑安装险、财产险、产品责任险、高管责任险等。对于保险工作涉及的保单范围、经纪人选择、保额测算以及后续索赔等，往往也会由资金部门负责。（相关内容请参见 3.5 节）

如果一家企业融资需求量巨大，且来自各个资金渠道的话，将会是一个复杂的话题。这里提到的融资只是一些后续跟进的配合性工作，属于财务运营的一部分。

除了资金以外，还有一个比较特殊的职能，就是企业的税务工作，对于这个工作，大家可能认为是最基础的职责范围，想到的是领购发票、跑税务局大厅等。

其实，除此之外，还会涉及税务的筹划以及落实。税务筹划通过贸易流、交易架构、地点选择等设计，来进行相关的税负优化。具体包括日常的业务合同审批、商业模式税务评估、转移定价安排等。从税种分工角度，一般大型企业会分为间接税和直接税。当然，越大型的企业分得越细，中小企业可能就是合并成一个岗位，还有很多小微企业，会计税务都是一个人负责。

为什么有直接税、间接税的分法，其实这就涉及税种不一样，特性不一样，税制也不一样。什么是直接税呢？就是税负转嫁不了的，纳税人直接承担的那部分。所得税其实就是直接税，例如所得税里的土地税、房产税，这是非常典型无法转嫁的税负。什么是间接税呢？就是税负可以转嫁的。什么样的税负是可以转嫁的呢，间接税里面的增值税就是典型的代表，关税严格意义上说也是间接税的一部分。

除了刚才谈到的是税务职能外，还有一个职能一定是拥有非常庞大的企业财务组织，才会有 ERP（Enterprise Resource Planning）系统相关的工作岗位。为什么这样说呢？对于中小规模企业来说，只需要采购市场上标准设计的 ERP 系统就可以了，比如用友、金蝶等特定模块。但当企业发展壮大到一定程度之后，ERP 都是定制化的，即使企业耗费巨资购买了市场上现成的大型 ERP 软件，例如 Sap、Oracle 这种行业标准级的软件，不同的企业也会有依据自身业务特点的定制开发。这时就会碰到一个问题，IT 工程师往往不会十分了解各个部门的具体业务，特别是财务，财务是一个非常专业的领域。IT 不懂财务，换个角度，懂财务的人一般都不懂 IT，这时就需要有一些中间人，这就是所谓的 ERP 系统的对接，这个对接人的工作内容是什么呢？通俗地说就是把财务的需求解读成 IT 语言，然后解读用户需求、系统的蓝图、系统的开发计划、系统用户测试等工作。ERP 系统的对接人也是财务的组织架构里面可能包含的职位，出现在大而全的财务运营组织架构中。

当企业规模大到一定程度之后，特别是当其业务由多个子公司、事业部进行执行，跨地区并有多个法人公司的时候，现在比较新的一种管理方式是共享服务中心，就是把财务的一些可以远程进行的工作剥离出来，放到一个统一的地方，如下图所示。

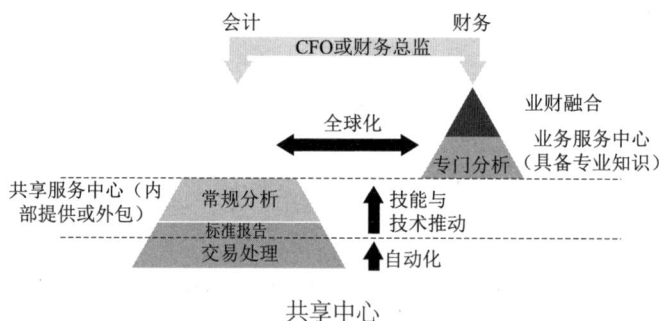

共享中心

在中国比较大的共享中心的集中地基本在这几个地方，江、浙、沪的苏州地区辐射包邮区、东北的大连市辐射日韩类的企业多些。西安、成都，以及在华南的广州、佛山一带。共享服务中心通过制定标准、制度化的流程，把一些不太需要与人沟通的工作剥离了出来。

以最简单的费用报销来举例，苏州一家企业原来在中国各个省市都有工厂，然后工厂各自负责报销。现在的做法是把报销单扫描到苏州的共享中心，共享中心的业务员统一进行处理，审核完成之后付款，在技术实现上没有任何问题，这个就是企业做大到一定程度后，把财务运营职能里面的一部分剥离到了共享服务中心，进行远程集中操作。这样前文提到的总账、应收、应付职能也就相应地升级成了 R2R 职能（Record to Report，从记录到报告）、O2C 职能（Order to Cash，从订单到现金）、P2P 职能（Purchase to Payment，从采购到付款）。

当然也有一些职能是没有办法剥离的。比如涉及现场成本、现场盘点，对接税务局、银行，所以还会留在子公司当地一部分职能。一般留至少两个员工，可以互为备份，避免工伤、离职、女员工"三期"等带来的缺岗风险。

企业不一定都有的财务分析与支持

如果企业对于财务职能的定位稍微高一些，那么除了财务运营最基础的工作之外，还会考虑基于管理会计理念的财务分析。这个职能在不同的企业职位名称也不同，分别称为管理会计核算部、财务分析部、财务管控部等。

财务的这个职能，根据企业的经营特点，有两种比较常见的分法：第一种分法服务于单产品线或者事业部特别大的企业；第二个分法则服务于产品线、事业部比较多，但是每一个部门规模较小的企业。

首先看第一个维度，在财务分析或者公司理财负责人的带领之下，不管怎样都会有一个财务计划与分析（Financial Planning & Analysis，FP&A）。这就是整个公司全面预算以及滚动预测，各类决策财务分析支持的职能。除了公司级的 FP&A 以外，第一种分法服务于单体特别大的企业。假定这是一个全产业链的企业，从最开始的研发→制造→营销→售后服务，包括一些周边支持部门都在这个企业里，如下图所示。

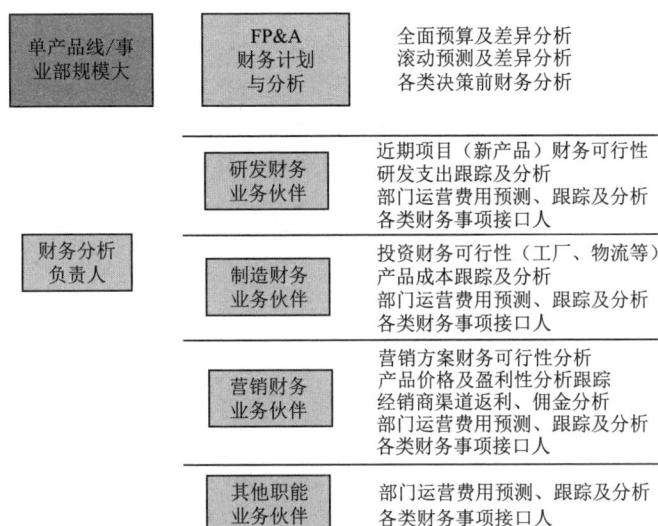

第一维度

从研发的角度来讲，财务要做的是对远期的项目或者新产品进行可行性的分析。具体指标是净现值 NPV（Net Present Value）、内部报酬率 IRR（Internal Rate of Return）、回收期 PP（Payback Period）等。

既然是新产品研发，就需要花钱，有时花的钱还很多。比如说汽车行业研发一个新车型，花几个亿到几十个亿都很正常。对于研发支出跟踪，部门的日常运营费用、工厂投资、工厂制造过程、产品成本跟踪等都需要专门的人员。营销直面客户，营销方案的可行性、产品价格盈利能力、经销商的渠道返利、销售佣金等也需要财务人员的支持。其他职能部门维持其运作发生的费用也需要财务跟踪。这种架构能够更好地服务于单体规模特别大的企业或者事业部。

第二维度服务于产品线事业部比较多，相对规模小的企业。总体上的 FP&A 职能是要有的，做一个宏观层面的预算预测以及报表分析，如下图所示。

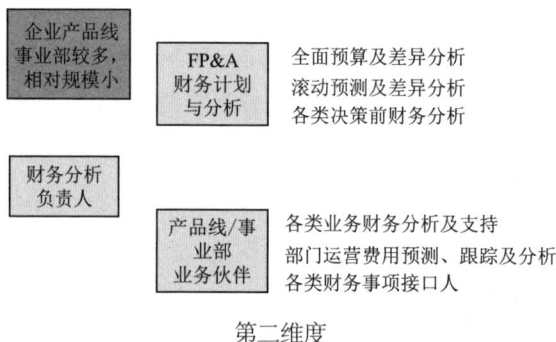

企业产品线事业部较多，相对规模小	FP&A 财务计划与分析	全面预算及差异分析 滚动预测及差异分析 各类决策前财务分析
财务分析负责人	产品线/事业部业务伙伴	各类业务财务分析及支持 部门运营费用预测、跟踪及分析 各类财务事项接口人

第二维度

这种分法与第一种分法不同，把制造、营销、研发根据价值链的职能分得那么清晰了。定位是某个事业部的财务业务伙伴（Finance Business Partner，简称 FBP），把事业部从研发、生产到销售，包括部门运营费用等跟财务相关的分析支持都集中在一起。

财务部门决不能干涉内部审计

在财务这个领域里面还有两个职能经常是被大家混淆的：一个是内部审计（简称内审），另一个是内部控制（简称内控）。这两个职能经常被认为是财务部门里面的一部分，但其实并非如此，如下图所示。

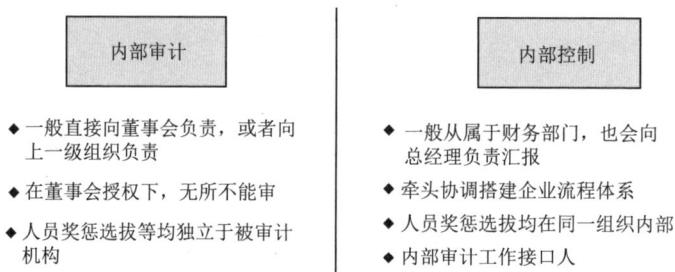

内部审计	内部控制
◆ 一般直接向董事会负责，或者向上一级组织负责 ◆ 在董事会授权下，无所不能审 ◆ 人员奖惩选拔等均独立于被审计机构	◆ 一般从属于财务部门，也会向总经理负责汇报 ◆ 牵头协调搭建企业流程体系 ◆ 人员奖惩选拔均在同一组织内部 ◆ 内部审计工作接口人

两个职能

内部审计，它必须是一个高度独立的机构，在企业里面，一般都是直接向董事会负责的，而不是对内部某一级组织负责。这个道理也很好理解，如果内部审计部门跟财务负责人平级，或者归属于财务负责人管理，那么内部审计部门怎么有资格审计财务部门呢？即使财务负责人高风亮节，安排内部审计部门来审计财务工作，除了审计出来一些"领导怎么天天996工作"之类的问题外，应该是不会有其他发现了。这也就是为什么在组织架构上，包括其编制、人员管理、奖惩、工作流程、审计对象选择等方面均需高度独立。

在规范的公司治理环境中，内部审计部门的工作范围在董事会的授权之下，除了可以对财务进行审计，也可以对运营、采购、研发等部门审计。任何环节，任何事情，在董事会的授权之下，应该都是可以审的。特别是内部舞弊事件，更应该是内部审计部门关注的工作重点。

财务部还要协调内控和投资者的关系

很容易跟内部审计混为一谈的是内部控制。内部控制部门很多时候确实从属于财务部，也有一些企业把内部控制部和财务部并列，然后对总经理负责。内部控制部门主要工作职责是牵头协调搭建企业的流程体系，确保企业内部的合规和高效。该部门的选拔、奖惩都在组织内部，在当内部审计部门需要开展审计工作的时候，往往也作为内部审计工作的当地接待协调人。

除了刚才提到的这些职能岗位之外，有些企业组织的财务部门还会有投资者关系的工作内容，这意味着什么呢？这是对于上市公司来说的，怎么跟上市公司的投资人，特别是机构投资人对接，更加专业地传递公司的经营信息，以避免公司股价的异常波动等，这些职责很多时候也归属于投资者关系工作岗位。这个岗位可能设置在企业公关部、财务部门，也可能单列部门向CFO汇报。

将上述内容总结在一起，我们来分析一个企业的财务职能架构到底怎么设置？这个取决于高度依赖公司最高管理层对于财务职能战略意义的界定。组织架构没有绝对的标准，也没有最优选项，完全是因企业而异，因行业而异，因组织定位而异的一种管理安排。但它们都有一个共同的特点，即财务运营，这是法定要求，企业需要报税，需要去银行开户，在这基础上才有了财务分析。如果董事会的要求比较高，或者说对于财务的控制、分析各方面能力以及职能比较认同的话，再增加财务管控职能。

财务的进阶：效率—信息—影响

组织架构设置服务于部门定位，最基础的财务职能是保障企业运营，同时收集数据、出具会计报表。这个环节讲究的是高效准确，进而要求基于财务信息提供分析见解。如果可以更进一步，就需要财务部门在企业内发挥影响力。什么是影响？百度百科的定义是"以间接或无形的方式来作用或改变（人或事）的行为、思想或性质"。可见发挥影响力是最具有挑战性的工作，也是最有价值的工作。功能进阶如下图所示。

来源：CIMA管理会计手册

财务功能进阶

小提示：

对于财务部门投入的资源以及人员编制、人员能力及其对应薪资水平的设置等，归根结底取决于该企业的战略侧重，以及对于财务部门作用的定位。与此同时，结合该企业业务规模、业务复杂程度等因素来决定架构设置。

2.3 从字节跳动和大陆集团 CFO 变动，看财务高管职能的千差万别

人人皆知病了就要看医生，不同的疾病要去不同的科室。眼科的医生若去看骨科的病人也是两眼一抹黑。只有乡镇卫生所可能只有一两位医生，对日常小病的诊断问题不大，若是碰到疑难杂症就必须转诊到大医院找专科医生治疗。

财务工作也是一样，小微企业的财务人员就如乡镇卫生所的医生；大企业的财务人员就需要不同领域的专业人才形成合力才能胜任。

都叫CFO，工作内容大不同

不同企业也可能有不同的叫法，如总会计师、财务副总裁、财务总监等，实质上指的就是财务负责人。由于企业规模、发展阶段、组织形式、授权范围等方面的差异，财务负责人的工作范围可能存在巨大差异。以绝大多数正常经营中的

企业为例,用对财务报表负责的范围进行区分,财务负责人职责大致可以分为三类。

- 以利润表为主+资产负债表"上半身"

最早这个提法出现在招聘财务负责人的职位描述里,"对利润表结果负责"。这种描述确定了财务负责人可以参与的业务范围。利润表大致结构:销售收入-成本-费用=利润。所以财务工作范围也就是如何协助促进销售、控制成本与费用,近似于绩效管理领域的"利润中心"。由于销售产生应收账款,采购产生应付账款,买卖之间导致有存货,财务负责人还需要关注营运资本(营运资本=流动资产-流动负债,此处可以简化为"应收账款+存货-应付账款")的利用效率,具体如监控应收账款回款情况,降低坏账水平,优化存货水平等,这也就是资产负债表的上半部分。

此类财务负责人职责一般常见于企业集团下属公司,外资企业在华分支机构尤为明显。诸如投资扩大规模、对外兼并、合作银行选择,以及如何融资之类的工作直接在总部层面推进并执行,基本不需要这一类财务负责人参与。这也部分解释了在最近十多年的两次外企人才转民营内资大潮中,许多经受跨国公司系统训练的财务高管为何铩羽而归。

承担细分职责的财务负责人,虽然受到的训练不全面,但是由于其工作职能更为聚焦,很可能更为专业高效。符合所在企业岗位要求的情况下,就是最合适的人选。

- 以利润表为主+资产负债表"上半身"+部分现金流量表

此类财务负责人与此前一类非常类似。只不过由于企业的业务存在严重的资金依赖,而国内主流的融资方式仍然是以银行贷款为主的间接融资,间接融资存在明显的属地性原则。

例如,在上海注册经营的公司无法从北京的银行获得融资(获得金融主管机构批准可以异地展业的商业银行除外)。这家公司就只能在上海当地寻求金融支持。即使以上海为总部所在地的集团企业,其在北京的子公司也只能通过切分总部在上海某银行总部获得的集团授信额度至对应银行北京分行获得授信支持。外资企业更为明显,商业银行随着本国企业全球扩张的步伐而扩张。当跨国公司巨头在华创立分支机构后,首选金融合作伙伴必定是来自其母国或者周边地区的大型商业银行,而这些商业银行在华展业范围与经营实力往往受限。导致跨国公司在华分支机构不得不与国内金融机构展开密切合作,并从国内金融机构获得授信支持。此种情况下,跨国公司总部的财务资金部门会保留最终决策权,但也被迫让渡部分权力给在华分支机构财务负责人以确保融资业务的平稳推进。

● 三大报表均须负责

对于三大报表对应业务活动均需负责的财务高管相较于上述两类，最主要的区别在于资产负债表的"下半身"。具体包括如对外长期投资 [*1]、长期债权融资、权益类运作。需要对长期投资负责，即内部的大型投资项目需要前期分析，跟进执行并对结果负责，类似于"投资中心"；对外部的股权投资负责往往代表着战略性的兼并收购等行为。需要对长期债权融资与权益类运作负责，就是制订并执行企业融资战略并为结果负责，类似公开发债、公开发行股票 IPO 等均归属于此。除对日常经营活动负责之外，还需对资产负债表整体负责的财务高管，可以称为是全面负责财务工作的财务负责人。

上述是以正常经营企业的不同职权范围进行区分，也代表了主流的区分方法。

[*1] 注：此处泛指固定资产投资、长期股权投资、长期债权投资等。

提升能力，方为正途

中国经济高速发展几十年，在财务职业薪资水平上也有所体现，如下图所示。2021—2022 年我国一线城市中大型企业财务负责人的薪资范围与日本、新加坡等已经持平，而入门级、初级财务会计薪资范围明显差距较大。

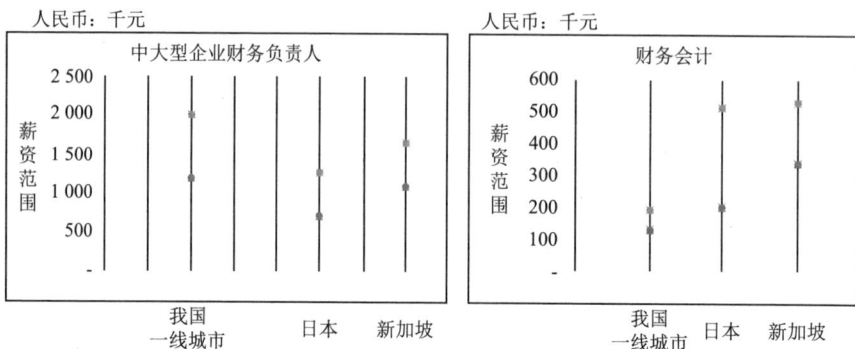

亚太地区薪资水平对比图

注：以写作时即时汇率将其他国家、地区本位币折算为人民币进行对照

两个显而易见的结论如下：

（1）我国一线城市的年轻人如果能够坚持提升自己的综合能力，相应获得职级的晋升，其薪资提升幅度同样可观。天道酬勤在中国人才市场上得到充分体现。

（2）日本作为传统发达国家，经济泡沫破灭后一蹶不振，国民就业萎靡。具体到财务职业，由于日本国内生活成本高企，初级职位起薪高，而中高级职位薪资增长乏力。初级职位薪资高位与中高级职位薪资低位相近。起薪高对于企业意味着负担重，薪资增长乏力则导致了年轻人的低欲望。

财务领袖薪资水平在向国际水平看齐的同时，财务职能的专业细分越来越明显，具体到某一特定细分领域的情况，如下图所示。

我国一线城市财务各职能总监级薪资水平

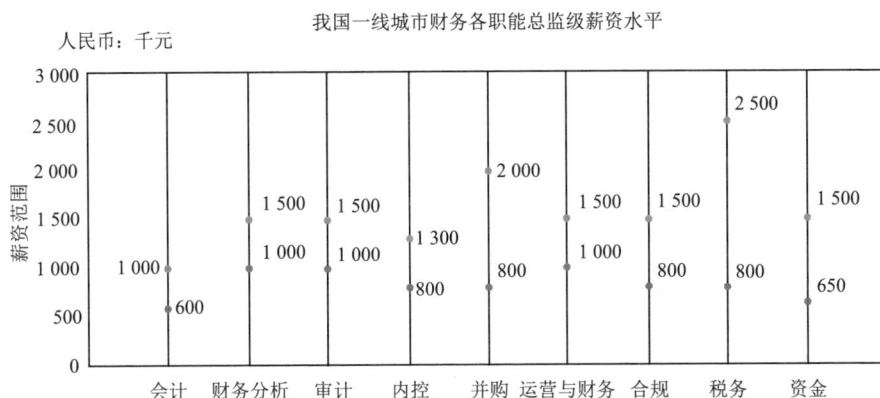

我国一线城市财务各职能总监级薪资水平图

由 2021—2022 年的公开信息并结合多年的企业财务经验，可以得出几个结论：

（1）各职能总监薪资下限差异不大，职级是决定薪资范围的关键要素，而非职能。

（2）作为财务职能的基础，会计核算职能不可或缺，但鉴于其人才供应量远大于需求，成熟运营的中大型企业会计核算特点是交易数量大，而非复杂程度高；在遇到复杂会计问题时可以通过专业机构解决，会计核算职能的人才需求度相对低，在薪资上也有体现。

（3）财务分析、内控等职能代表业财融合的发展方向，对于从业人员的要求相对较高。

（4）审计职能一般具有会计核算的功底，且审计经常有差旅的要求，甚至需要常驻审计现场，人员自然需要相应薪资激励。

（5）并购、税务、资金都是财务职能内部相对小众的专业方向。

a. 需要设置税务总监的企业规模可想而知，其职能也不是跑跑税务局而已，更多牵涉转移定价、贸易流安排等涉及整体税负优化的作用，成则功绩卓著，然而在实务中成为背锅侠的概率也很高。税务总监职业发展方向相对较为狭窄，进而导致人才供给量不大，发展至总监级别的高管也就有了相应的薪资匹配。

b. 资金职能的重要性取决于对其的工作要求。现金流强劲的企业对资金职能的要求侧重于资金运用的优化，属于锦上添花。而现金流安全性较差的企业视资金为生命线，需要承担融资职能。在资金渴求度极高的企业，资金职能单列，其负责人与CFO平起平坐直接向总裁汇报的情况也颇为多见。在外汇市场剧烈波动的情况下，与多个国家和地区开展业务的企业对于资金职能的避险能力要求也日渐提高。

　　到2023年，企业招聘财务人才时，更加现实，相较往年更关注候选人的同行业经验。数字技术的发展推动了财务数字化转型大潮，同时对财务人才在推进企业发展的战略思想，优化运营等有了更高的技能要求和期待。

　　从财务人才功能定位、亚洲范围内薪酬水平变化等方面信息不难得出结论，在我国伟大复兴的过程中，随着国家的发展而努力，提升综合能力，在职业道路上实现价值。生活水准自然也会随之水涨船高，尤其是初入行的年轻人在基本生活得到保障的情况下，完全无须过于关注眼前，毕竟还有诗与远方值得奋斗。

企业环境瞬息万变，如何确定工作重心与力度

　　职员优秀与否在于其职业技能及工作态度，中层干部优秀与否在于其执行能力，而高管优秀与否在于其能否领会企业战略并达成。

　　到了财务负责人的职位上，挑战也来自是否能够准确评估企业情况，制订并执行战略。具体说来就是在专业背景各异，个人精力、企业资源有限的情况下优先处理什么。

　　● 工作重心

　　在职业发展的初级阶段，工作职责比较清晰。随着职级的晋升会变得越来越复杂多变，直至需要为自己界定工作重心。

　　要明确自己的工作重心是什么，就要弄清楚"企业为什么需要你？"年轻人往往觉得做好财务工作，就是做好会计基础工作，弄好预算，提供分析帮助企业提升利润，等等。这的确是财务负责人的职责，但因此认为财务负责人就只是做这些工作，有些略显偏颇。

　　试着列举几种有代表性的企业诉求如下，供大家参考：

　　（1）有些企业存在资金渴求，希望找到财务负责人能够融资并确保资金安全。

　　（2）有些企业发展迅猛，业务规模达到一定体量之后，希望找到财务负责人能够优化流程体系，从依靠人的管理升级到依靠制度的管理。

（3）有些企业人员结构复杂，都是跟随创始人的老兄弟，希望找到财务负责人代创始人重构组织，免得伤及情面。

（4）有些企业经营中出现舞弊，希望找到财务负责人狠抓严管。

（5）有些企业收购了新产业或者投了合资企业，希望找到财务负责人派驻过去维护股东权益。

（6）有些企业为了其特定目的，希望通过高薪找到背景体面的财务负责人来撑门面。

（7）有些企业发现了些问题，希望找到财务负责人来"背锅排雷"。

（8）有些企业面临剥离、撤退之际，希望有财务负责人负责殿后。

（9）有些企业计划上市融资，希望找到财务负责人熟悉资本市场，快速完成IPO（首次公开募股）。

最近发生的几例业界著名公司的顶流CFO变动亦可印证。

变动之一：大陆集团（德语：Continental AG，简称：Conti）

德国最大上市汽车零部件公司、轮胎与汽车电子巨头大陆集团，年销售额约500亿欧元，在全球约60个国家拥有20多万名员工。大陆集团发布公告称CFO变动，在新任CFO就位之前，由CEO代行CFO职责。由此可见其职能覆盖财务、IT、合规、法务，以及知识产权相关领域。

这位离职的集团的CFO，名为沃尔夫冈，典型的企业管理型CFO背景。大陆集团业务范围囊括制造、研发、销售、售后等职能，受到外汇、大宗商品原料波动的影响，且为上市公司，其职责范围可谓是典型的大型跨国企业财务负责人，以构建稳定、可靠的运营支持体系、强大的分析职能并以此辅助决策为重心。其履历也是平步青云，但是中规中矩的财务科班出身。

1984—1986年，博世集团管培生，电动工具总经理助理；

1988—1989年，贝恩资本咨询师；

1990—1995年，Westig钢铁公司财务总监；

1995—2001年，Vorwerk家电公司首席财务官；

2001—2009年，Behr集团首席财务官；

2010—2021年，大陆集团首席财务官。

变动之二：北京字节跳动科技有限公司（以下简称"字节跳动"）（业务板块

包括抖音、今日头条、TikTok 等）

中国互联网新经济独角兽之一的字节跳动，发生了两次 CFO 的变动。一位是出身投行，帮助小米成功上市的周受资，身居 CFO，从其履历不难发现其竞争力来自对资本市场的谙熟。

2003—2006 年，就读于伦敦大学学院经济系；

2006—2008 年，高盛集团；

2008—2010 年，就读于哈佛商学院；

2010—2015 年，DST（知名互联网投资公司）；

2015—2021 年，小米科技有限责任公司（以下简称小米）CFO；

2021—2021 年，3 月加入字节跳动担任 CFO，11 月卸任 CFO。

可惜正逢全球资本市场景气度下降，中国概念股在海外市场上市遇到各种阻碍，类似字节跳动这样的商业模式、股东架构，以及财务状况又不适合在境内上市，一时间无法重演小米上市故事。

后任 CFO 高准，则拥有法律背景，北京大学法学学士、阿拉巴马大学社会学硕士、加州大学洛杉矶分校法学博士。

1998 年之前，美国联邦第九巡回上诉法院法官 A. Wallace Tashima 的外部法律文员；

1998—2004 年，在一家国际律师事务所的美国洛杉矶办公室工作；

2009—2022 年，世达国际律师事务所合伙人；

2022 年—至今，担任字节跳动 CFO。

在世达国际律师事务所履职期间，为 100 多家公司的上市和其他资本市场融资项目提供过法律服务，对象包括美团、京东、拼多多、小米等；她还为很多并购及私募项目提供法律服务，对象包括百度、字节跳动等。

高准与周受资擅长的领域都在资本市场，只是高准具有更强的法律与合规背景。

字节跳动此前上市计划搁置的原因，业界猜测为互联网信息安全合规问题。而高准的专业背景可以从法律的层面弥补这样的缺失。

互联网企业由于其快速扩张，产品多、项目多、组织机制灵活是其最重要特征。从传统行业财务管理要求看，上述重要特征带来的就是组织内部流程标准的不完善以及财务管理的粗糙。只不过就如同自行车只要骑得足够快，就不会倒，快速发展掩盖了问题。能否尽快上市成为此类企业最高诉求，专注资本的 CFO 配上能主内的财务总监也就成了权宜之计。

从上述大陆集团和字节跳动寻找 CFO 人选的不同要求，就可以发现不同企业 CFO 的工作重心可能截然不同。不能清醒认识到企业战略要求并付诸实践的高管，必然会迅速出局。

● 工作力度

即使在工作重心既定的情况下，也存在随着外部宏观环境变化、企业内部战略与经营计划变化来调整工作力度的现象。

对于传统产业经营，财务方面追求的目标无非"多卖、少花、早收钱"，以此来提升企业的经营业绩。以"少花"为例，企业快速扩张之际，在不铺张浪费的前提下，适当地多投放资源，为扩张创造物质基础；企业业务平稳发展甚至萎缩之际，在保障业务运营的前提下，加大成本与费用的控制力度，确保企业的盈利能力。

内控合规一向是企业财务关注领域，在实践中，内控合规体系的完备性与经营效率的提升存在天然的矛盾。以业务办理流程为例，参与流程的层级以及职能越多，风险越小，而业务流程越冗长；业务流程越简约，甚至一人办结，则职责分离原则较难实施，出现错误及风险的概率越高。那么在一贯以来内控合规表现极为优异的业务领域，可以适当鼓励提升效率，而内控合规表现一向较差，屡屡发生风险事件的业务领域，则必须加大合规管理力度，对于业务的影响只要在可控范围内即可接受。如果风险事件隐患巨大，即使短期叫停业务开展也是可选方案。如同做饭"水"多了加"面"，"面"多了加"水"，"水"和"面"之间配比动态平衡最佳，经营也是在合规与效率之间寻求个平衡。

在我国高质量发展的大环境里，财务高管的薪酬相较于亚太其他发达国家或地区已经达到国际化，而初级职位与财务高管的薪酬差异巨大，这也形成了年轻人努力提升自我、追求职业发展的动力之一。

在终于登上财务负责人 CFO 这一财务职业的金字塔顶后，高处不胜寒是所有人的共同感受。认清形势，确定战略，找到自身的定位，明确工作重心与工作力度是 CFO 更好履职的重要保障。

2.4 财务如何纵贯企业价值链进行融合支持

在企业战略领域，有一个非常著名的一个模型——价值链，如下图所示，把企业内外价值增加的活动分为基本活动和支持性活动，基本活动涉及进料、生产、发运、销售以及售后服务；而支持性活动涉及人事、财务、研究与开发、采购等，基本活动和支持性活动构成企业的价值链。

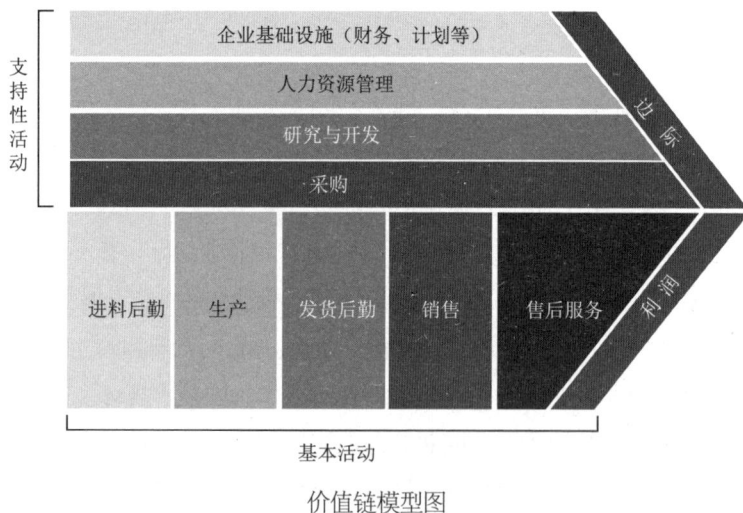

支持性活动
企业基础设施（财务、计划等）
人力资源管理
研究与开发
采购
边际
进料后勤　生产　发货后勤　销售　售后服务
利润
基本活动

价值链模型图

财务首先要支持，然后与业务融合

作为核心的支持性活动，财务工作在任何一个环节都起着确保平稳运行的作用，具体为如何更高效地处理日常经济交易、收款、付款、报销、工资等，最终体现为工作效率，并确保及时、准确、合规地出具报表。

除了确保日常运营的稳定与高效之外，还涉及财务人员如何更好地与业务结合，如何更好地推进业务。这就是现在在财务界讨论得非常多的业财融合概念。业财融合这个概念到底是从哪来的？有据可考的是财政部的"财会〔2016〕年10号"文件《管理会计基本指引》。

财政部的专家们在2016年就高度概括性地提出，"管理会计应嵌入单位相关领域、层次、环节，以业务流程为基础，利用管理会计工具方法，将财务与业务等有机融合。"除此之外，还指出了管理会计的目标以及应用领域，具体如下：

第三条：管理会计的目标是通过运用管理会计工具，参与单位规划、决策、控制、评价活动并为之提供有用信息，推动单位实现战略规划，如下图所示。

第二十条：管理会计工具方法主要应用于以下领域：战略管理、预算管理、成本管理、营运管理、投融资管理、绩效管理、风险管理等。

节选自《关于印发〈管理会计基本指引〉的通知》（财会〔2016〕10号）

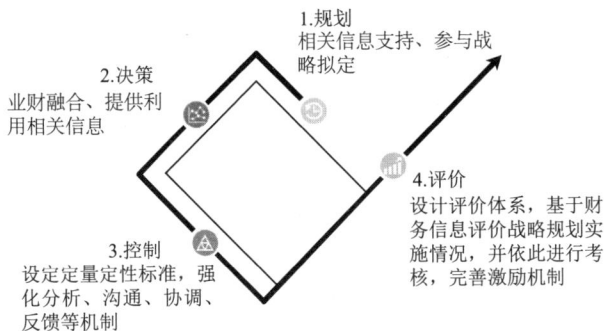

1.规划
相关信息支持、参与战略拟定

2.决策
业财融合、提供利用相关信息

3.控制
设定定量定性标准，强化分析、沟通、协调、反馈等机制

4.评价
设计评价体系，基于财务信息评价战略规划实施情况，并依此进行考核，完善激励机制

管理会计的目标

从中可以发现，管理会计包括了战略管理、预算管理、成本管理、营运管理、投融资管理、绩效管理和风险管理等。同时可以得出一个结论：财务工作在企业运营的任何一个领域，都有可能参与进去并为企业创造价值。当一个财务人员做到了这一点，其实也就是最能体现自己价值的时候。那么财务应该如何融入业务中去呢？

财务如何与业务融合

汽车行业是典型的资金、技术、人才密集型的产业，代表当前人类能够最大批量生产的民用产品最高门槛。中国新能源汽车代表李斌公开称，一个电动车企业走到量产至少需要 200 亿元。新能源汽车头部企业之一的小鹏汽车，其董事长何小鹏在完成 A+ 轮融资之后也感叹："以前看别人做车觉得 100 亿元太夸张了，现在自己跳进来，才知道 200 亿元都不够花。"

以复杂多变的汽车行业来举例，业财融合的过程，如下图所示。

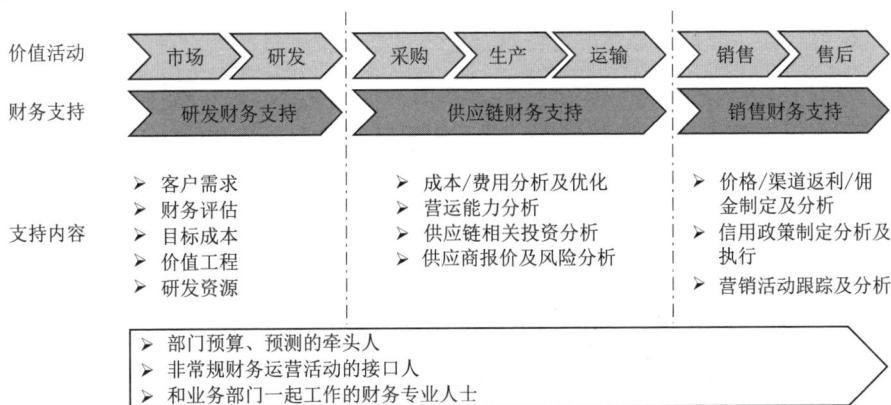

汽车行业的业财融合

首先从研发环节开始，企业需要确定未来的某个车型是否应该正式立项推进。在进入实际开发工作之前，财务或者新车型项目组就应该把相关的各个职能部门聚集在一起，来收集很多信息，例如：

（1）这个车型将来在市场上能够销售多少年，销售的区间价格是多少，销售量预计多少，能否与现有销售渠道兼容，整体渠道返利水平以及营销开支大约多少？

（2）新车型研发支出需要多少钱，研发的平台能否兼容其他产品，多少年后需要进行大改款？小改款？各需要多少钱？

（3）整套制造系统的兼容性，如果要制造这样一个新产品，我们的整个制造体系要多吸收多少投资额？

（4）我们的单车成本会是多少？包括物料成本、制造成本、运输成本等，以及人力资源和工厂产能的匹配。例如为了开发这个车型，工厂需要多招多少工人？

简要地说，就是把所有未来因为这个新产品要导致的经营变化信息全都汇总到一起，做出企业未来几年的产品线利润表以及未来这个产品对应的现金流量，然后折现到今天。这些信息和结论将是项目立项可行性分析的关键组成部分。

如果确定这个产品是有利可图的，在后续研发的整个过程中，需要不断地更新所有的假设，根据各个职能部门的反馈、更新、计算、推进整个项目。确保当这个项目对应的产品落地的时候，早就已经知道了这个产品对企业来说意味着什么。

除此之外，在整个研发过程中，研发费用对于很多的企业来说，是一笔非常巨大的开销。整个研发费用怎样分类、怎样跟踪、怎样预测更新？当业务部门需要花钱的时候，怎么能够精准地发现这笔钱当期有没有做预算，这笔钱该不该花，是否合理。所有的这些职能其实都已经脱离了传统意义上的会计核算的功能。这就需要财务从研发角度发挥作用。

研发工作完成后，接下来就到了投产的环节。

如果项目被证明是可行的，研发成果能够落地，那就要把研发期间所做的所有可行性分析结果移交给制造系统对应的财务人员，然后开展后续的跟踪。例如：

（1）评估供应商报价是否合理。供应商报价后，财务部门需要复核供应商用的是什么原料，经过了怎样的工序，使用了什么样的机器，供应商当中又加了多少利润，采购价格有没有承诺年降？财务部门需要在这个环节中帮助采购部门和制造部门分析供应商报价的合理性。

（2）评估供应商的合作风险。除了看中供应商的报价低之外，还有一个就是要确保供应商持续经营的能力。在供应商定点以及商务谈判的过程中，要了解供应商资信情况。

（3）审核采购条款、质保条款、索赔成本是否合理。

（4）当企业的新车或者产品开始实际生产的时候，实际生产物料采购成本和原来的预期是否一致。

（5）制造过程中投料、人工、制造费用支出是否合理，有无高估，是否需要制定标准成本。如果需要制定标准成本，那么这个标准怎么定？多久修订一次？实际成本与标准成本偏移较大怎么办？

（6）在产品研发完成后准备投入制造阶段，很有可能会遇到产能问题。为了扩大产能，则需要有一些新投资。例如购置新设备，安排新的物流场地，招聘新工人等，那么这些投资给企业带来的影响是什么？这类投资是否应该进行？

搜集、甄别、测算所有这些信息数据，得出初步建议，就是制造体系的财务支持人员应该承担的职责。

随着业务活动的开展，接下来到了做好品牌宣传阶段，提振销售这一环节，这个环节主要需要考虑的是什么呢？

（1）企业要制定产品终端价格，这个价格确定之后有竞争力吗？能赚钱吗？赚多少钱？

（2）当在考虑赚多少钱的时候，价格只是一个因素，除此之外，还要考虑销售渠道留存多少利润，如何制定返利政策，有没有额外的佣金，对于大客户是否提供额外折扣等。

（3）如果需要开发渠道，渠道商的资信如何，会不会卷款潜逃，或者违规串货。

（4）销售过程中还涉及账期、赊销金额以及赊销期间的设定，甚至回款的跟踪，是否都能按计划推进。

（5）产品上市后，预期销量是多少，实际销售收入与预期销售收入的差异有多大？差异原因是价差，还是量差？如果是多种产品，那么还要考虑多种产品之间的产品总量差还是产品组合差？

（6）在品牌阶段，要做很多的广告、展会活动。随着互联网的发展，线上线下推广的形式越来越灵活多变，广告总体支出预测会有多少，支出过程是否受控。

（7）也许在促销过程中，还会叠加汽车金融产品。例如，免息购车、分期付款等，这些活动真实的成本是多少。

（8）售后服务是法定要求，售后零配件如何定价以确保竞争性和盈利性？售后保修期间的保修年限、保修标准，非保修零件或者工时定价的盈利性如何？是否应该推出延保产品，如何测算其合理性？

除此之外，当企业要开展兼并收购的时候，财务上是否可行？企业要成立合资公司的时候，合资的项目是否可行？企业在发展过程中，一定会有竞争对手，那么竞争对手的财务状况怎样？从其财务状况的分析，竞争对手的数据就是企业很好的标杆。

以上描述的各个环节上的财务融合活动，如同穿过珠链的那根线，整个公司层面对于经营情况的汇总分析，就需要财务计划及分析职能把以上的各个环节的财务影响汇总起来，如下图所示。

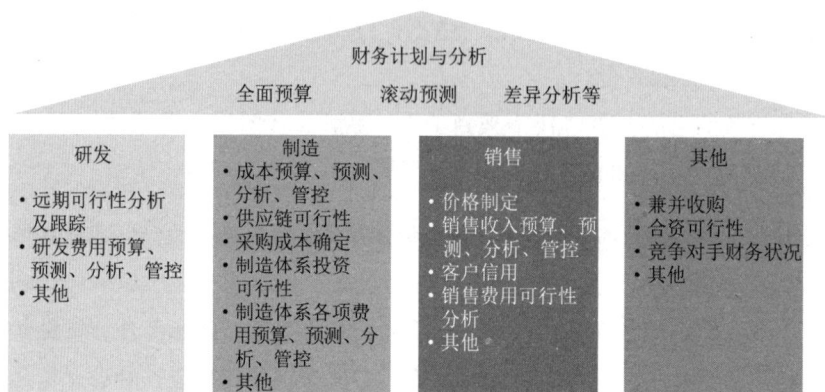

财务计划与分析

除了以上这些随着价值链环节逐一进行的财务融合支持工作之外，具有普遍性的支持工作还包括跟踪各个部门的运营费用预算，以及协助业务部门解答关于财务方面的问题等。另外，还有一个非常重要的是财务部门派出人员，做好业务部门与财务部门之间沟通的桥梁，特别是在大型企业，部门分工非常细，当业务人员发现有需要与财务部门进行讨论或者协调的相关事宜，那么财务部门派出到各个业务部门融合支持工作的人员就可以担任接口人的角色，有效地提高企业内部沟通效率。

小提示：

企业的任何活动最终都会影响其财务结果。如果财务人员能够更早、更深入地融合到业务中去，参与到规划、决策、控制、评价活动中，并为之提供有用信息，支持决策，企业的经营管理结果必然能得到有效改善。

2.5 业财融合为何推广不下去

财务职能在企业中应该发挥其支持决策的作用，但是很多财务人员会觉得自己的工作环境不足以支持其作决策。这是因为财务人员所在企业的管理环境以及发展阶段存在一定差异。如同橘生淮南则为橘，生于淮北则为枳。同样的一个东西，到了不同的地方，它结出了不同的果实。

一些企业为何不重视财务分析管控

一般来讲，在企业发展初期，财务运营更为重要。只有当企业发展到了比较成熟的阶段，财务支持决策的迫切性深入人心的时候，财务分析管控的职能才会发挥作用。在国内企业漫长发展的历程中，如果把企业分成两个阶段，快速增长的初创企业和相对成熟的企业。不难发现，完整的财务分析管控体系，在运营相对成熟的企业里面更为多见，而初创企业里面应用相对来说少一些。

原因之一是国内的一些企业发展并不十分成熟，甚至企业基础会计运营或者财务运营职能还有待提高。这个阶段如果贸然推进财务分析和管控，往往就会产生揠苗助长的结果。

原因之二在于中国在改革开放后的几十年里发展迅猛，整体经济犹如一部高速电梯般的上升。因为国家综合实力、宏观经济飞速发展，就如在电梯里跑步，还是在电梯里做俯卧撑，甚至在电梯里睡觉，随着电梯的飞速上升，每个在电梯里的人都到达了新的高度。

在这个过程里面，企业看重的是如何随着宏观经济飞速发展，而不是如何精耕细作，企业家们也没有意识到财务分析管控对于企业的重要性。但当整体经济更加讲求质量而非数量的时候，一旦经营要求越来越精益求精的时候，企业就会意识到财务分析、财务管控职能的重要性。

这也是财政部、国资委等主管部门着力推进业财融合，提升管理会计水平的原因所在。

以制造型企业库存水平KPI为例，管理会计如何发挥作用

早在 2016 年，财政部出台《管理会计基本指引》的背景就是为了推进国有企业，以及整个社会管理会计水平的提升。文件中高屋建瓴地指出，对于一个企业来讲，管理会计的目标中具体包括规划、决策、控制、评价。

四个环节的实质是在企业日常经营过程中，财务职能要起到的四个方面作用。

接下来我将以一个制造型企业，如何考虑其库存水平来加以说明。

在传统理念中，企业管理人员会觉得库存水平是工厂物流或者仓库的工作。但库存水平应该是财务部门和物流、仓储部门一起来进行优化的。

首先需要以企业的销量、产量、产能、仓库、场地、仓储成本这些基本数据为参照。

其次需要参考原材料采购的相关商务合同条款，例如数量大，是否可以拿到折扣或者更有利的账期；

在运输过程中，运量大是否可以适当优惠，是否必须采取特定运输手段，例如冷链运输环境；使用特定运输工具是否有装载体积、外包装限制。

供应商采购时，是否存在最小包装数或者最少购买数等限制。

库存水平应该把这些信息汇总到一起来综合拟定规划，然后做出决定。一家企业的年库存水平应该控制在多少比较合适？这应该成为整个企业相关部门的一个关键绩效指标考核办法（Key Performance Indicator，简称 KPI）或者一个绩效指标，也就是所谓的定量定性标准。接下来就需要定期进行评价，预期的库存水平是否达标。

这才是管理会计的一个目标。从规划到决策，从控制到评价。如果上述讨论的库存水平体现了在企业经营管理中运用业财融合理念的一个方面，那么企业的投资回报率就是在衡量整个企业经营情况过程中运用业财融合理念的一个全局性指标。

从管理会计角度来讲，投资回报率定多少比较合适，怎样考核？

首先要汇总相关信息，了解同行业其他企业的投资回报率，以及同行业其他已有企业历史投资回报率。不管股东是国资委、上市集团公司还是民营企业，股东期望的投资回报率是多少？这就是在规划。

第二步就是决策，基于所有收集到的信息，结合企业自身特点，制订一个既

有实现可能，又需要全员努力方能实现的目标投资回报率 KPI。

其次就是控制环节的工作了。

控制是在整个企业的经营、战略的实施过程中，企业对碰到的所有环境、行业、市场、供应链等的变化，这些变化对于实现投资回报率目标是有利影响还是不利影响？如何基于这些变化随时对经营进行校正，确保企业能达到预期的目标。

最后是评价。评价是每当一个财年结束，考核周期结束，项目完成正式投产，开始形成产值的时候，我们对其进行的一个评价。所以不管是一家企业经营的小事情，还是一家企业最终投资回报率多少这样的大规划，其实都是从规划、决策、控制、评价这四个角度来引申开的。

由此可以发现，这些工作必须由财务部门、各经营部门以及公司的管理层会同完成。这也是为什么在《管理会计基本指引》中提到，应该怎么开展工作，才能使管理会计应该嵌入到单位的各个相关领域、层次环节，以业务流程为基础，利用管理会计的工具方法，将财务和业务有机融合。

既然企业有需求，政府部门有指引，人才市场供需也有体现，那么如果放眼全国的企业，业财融合在企业里面实施运用的情况到底如何呢？

失望的业财融合实践

2016 年财政部《管理会计基本指引》公布之后，上海国家会计学院、英国特许管理会计师公会及四大会计师事务所之一的安永做了一个调研，主题为"业财融合 2016：全球考察和中国的进展"。

选取非常有代表性的样本企业进行访谈。访谈的对象既包括来自各种行业背景、不同级别的财务人员，同时也包含企业中非财务部门的人员，总样本访谈人数逾千人。

调研中的第一个问题："在一个企业里面，业务部门对于财务期望值是怎样的？希望财务做什么？"大多数业务部门都希望财务能够参与到经营过程里面来，比如说 74% 的受访者认为财务人员应该参与战略规划，78% 的受访者认为财务人员应该参与公司的重大投融资，68% 的受访者认为财务人员应该参与公司的运营，75% 的受访者认为财务人员参与公司的绩效。92% 的受访者认为，通过财务数据分析公司业务活动中的问题，并提出改进建议，具体如下图所示。

选　项	调查人数	比例
参与公司的战略规划并保证公司战略规划的贯彻和落实	49	74.24%
参与公司的重大投融资决策	52	78.79%
参与确定公司经营目标	39	59.09%
参与公司的营运管理，提高公司的营运效率	45	68.18%
参与公司的绩效考核和激励方案制定及实施	50	75.76%
进行账务处理并编制公司的财务报告，保证财务信息的真实性	59	89.39%
通过账务数据分析公司业务活动中的问题并提出改进建议	61	92.42%
参与设计并推动公司的管理制度和业务流程的执行，防范公司风险	43	65.15%
负责公司的预算管理工作	54	81.82%

各项目财务期望值

由此可见，业务部门对于财务部门的期望值非常高。

但就实际业务中对预算管理的融合情况做了调研之后得出，有 149 个受访对象反映，在企业内部财务预算工作所有部门都参与了，但还有 281 个受访对象表示其他部门只是有所参与，45 个受访对象反映其他部门基本不参与。最出人意料的是有 100 个受访对象反映在其服务的企业根本没有预算管理。这样一看，和此前业务部门提到的期望有很大偏差，具体如下图所示。

选　项	调查人数
1. 高度重视预算管理，开展由企业所有部门参与的预算管理工作	149
2. 预算管理工作由财务部门牵头负责，其他部门有所参与	281
3. 预算管理工作由财务部门全面负责，其他部门基本不参与	45
4. 还没有开展预算管理	100

对预算管理的看法

然后再看业务流程融合的情况，只有 95 个受访者认同财务人员确实参与到所有业务流程中，235 个受访者反映其实财务人员只参与了一部分的核心业务流程，而接下来的 192 个受访者说财务其实是不参与业务流程设计的，还有 53 个受访者的反馈就让财务人员非常郁闷了，他们所在企业的业务部门在进行业务流程设计的时候，根本就不考虑财务人员的意见，财务人员甚至都不知道，具体如下图所示。

选 项	调查人数
1. 财务部门参与公司所有业务流程的设计，在流程中嵌入风险控制点	95
2. 财务部门参与公司核心业务流程（采购、生产、销售、研发等）的设计，在流程中嵌入风险控制点	235
3. 财务部门不参与公司业务流程设计，但业务部门在流程设计中会考虑财务部门的要求，财务部门了解部门公司业务流程	192
4. 业务部门进行业务流程设计，不考虑财务部门的要求，财务部门不知道公司业务流程	53

财务与业务是否融合

由此不难看出，在大多数受访企业中，财务和业务是各自开展业务的。

体现在一些更具体的工作上，例如合同审批，企业里面的合同审批过程中，财务人员到底起了什么样的作用？财务是否参与条款审核？对于合同审批，绝大多数财务高管的观点是财务人员一定要参与。在任何业务中，财务人员绝对不能像一个足球比赛中的守门员一样在禁区等着，等球来了才做出反应。什么是好的财务管理，财务人员和各部门协同的最优方法应该是财务人员到中场，甚至到前场参加比赛。当一个业务活动刚刚准备开始的时候，财务就可以提出专业建议，在法律文本上体现财务相关的风险控制点和意见。例如，税收相关条款、付款条款、业务模式条款等。

但实际中，245个受访者表示，他们所在的企业里面，合同确实要经过财务人员同意才可以签订的。但是接下来有154个受访者表示，不需要财务人员同意，但还是会知会财务。有138个受访者反映，根本不需要告知财务，签完了合同给财务部门留个备案就行了。还有38个受访者表示要合同履行完了，财务才知道。在这样的业务环境中的财务人员必然陷入疲于奔命、四处救火的处境，具体如下图所示。

	调查人数
1. 必须由财务部门事先会签同意，如不同意则不能签订合同	245
2. 会事先告知财务部门，但无需财务部门同意	154
3. 未事先告知财务部门，签订后告知财务部门	138
4. 合同履行完毕告知财务部门	38

调查1

从分析与业务改进方面来看，在调研业务部门看法时提到绝大多数的受访者都认为财务人员应该参与到业务分析中，然后提出相应的建议。但实际上真正参与到业务中，且相关改进意见能够得到业务部门认同的也就只有 196 个受访者，仅占所有受访者企业的 34%。226 个受访者提到通过财务分析发现问题并提出建议，但是业务部门根本不采纳。有 75 个受访者所在企业虽然发现了问题，但业务部门根本就不理会。还有 77 个受访者反映，财务人员根本都发现不了有什么问题，具体如下图所示。

选 项	调查人数
通过财务分析发现业务管理中的问题所在并提出改进建议，改进建议能及时得到业务部门的改进	196
通过财务分析发现业务管理中的问题所在并提出改进建议，但改进建议很难及时得到业务部门的执行	226
通过财务分析发现业务管理中的问题所在但无法提出改进建议，或者改进建议根本无法得到业务部门的执行	75
财务分析主要就财务数据的变动进行计算和简要分析，不知道业务活动中的问题，没有业务改进建议	77

调查2

从考核激励角度来讲也是一样，110 个受访对象（约占总体 20%）提出绩效考核完全就是 HR 主导的，跟财务部门没什么关系。还有 49 个受访对象所在企业非常极端，财务部门根本不了解公司绩效考核和激励制度，具体如下图所示。

选 项	调查人数
财务部门主导财务绩效指标的制定和财务绩效指标的核定，并参与激励制度的制定	167
HR部门主导所有绩效指标的制定和激励制度的制定，适当参考财务部门的意见	249
HR部门主导所有绩效指标的制定和激励制度的制定，未参考财务部门的意见，但财务部门理解公司的绩效考核制度和激励制度	110
财务部门不理解公司的绩效考核和激励制度	49

调查3

从以上的实际数据可以发现，如果在财政部颁布的《管理会计基本指引》，各业务部门对于财务的期望，实际业务开展情况三者之间进行比较，管理会计业财融合工作的定位和实际执行情况相差甚远。虽然《业财融合 2016：全球考察和中国的进展》调研报告已经出版了 8 年，企业界目前的情况未见本质性改善，尤其是在企业业务受压，现金流吃紧的情况下，企业更倾向于关注现金管理、税务优化等传统财务运营领域，追求立竿见影的效果，而非利在未来的业财融合工作。

业财融合为什么既推不开，也做不好

那么，为什么管理会计业财融合工作推广不开？来看受访的财务人员给出的一些解释，具体如下图所示。

◆ 财务人员本身的知识水平有限，不懂公司的战略、业务等。

上述所提到的财务分析或者管控中一个重要的前提，就是财务人员对于企业业务了解程度。

选　项	调查人数	比例
财务人员本身的知识水平有局限，不懂公司战略、业务等	216	37.57%
财务信息系统与其他管理信息系统没有集成，财务很难得到及时的业务信息	251	43.65%
业务部门比较强势，财务部门比较弱势，业务部门不理解财务工作	256	44.52%
公司管理层对财务部门的定位不明确，或定位在传统的会计核算层面	299	52.00%

调查4

我在招聘财务人员的时候，经常会问几个问题。第一，以前所在的公司是怎样赚钱的，靠什么赚钱？第二，该公司是以什么方式来促进销售的？前十大客户或者前三大渠道是什么？关键供应商有哪些家？供应链是怎样的？和竞争对手比，竞争优势是什么？招聘会计的时候还会问，知不知道贵公司的毛利率是多少？令人遗憾的是，很多时候这些问题候选人是回答不了的。

比如说最后一个问题，贵公司主营业务的毛利率是多少？其实这就是会计报表中利润表的一个中间结果，财务人员是肯定会接触到的。只不过很多时候，经手的财务人员对它并不关心而已。

由此不难发现，财务人员对于公司的业务情况有时很不了解。如果不足够了解公司的业务，又想推进分析管控这是不可能的。

前述提到的所有分析管控行为，都高度依赖于一个比较健全的财务核算体系。

分析需要基础数据作为支撑。如果所在的企业本身的会计核算基础很差，甚至企业存在有粉饰财务业绩的情况，基础数据的可靠性、可获得性就非常差。怎样算粉饰财务业绩？就是之前提到的多入账、少入账、虚假交易、滥用会计估计等。

即使不考虑存在粉饰业绩这样极端的情况，如果企业会计核算基础较差，那么在需要按照特定口径、特定期间等维度来抓取数据的时候，往往耗时耗力且无法保证完整性，财务分析的时效性和完整性堪忧，也就无法及时参与支持业务讨论。

业务部门非常的强势，财务很弱势，业务部门不理解财务工作。

很多企业都存在这样的问题。财务人员要做分析，做报告，要有影响力，那么影响谁呢？最直接影响的就是业务部门。

例如，在日常工作里面，最常见的一个矛盾，就是营销部门总是想降价，总是想有更多的广告营销费用，但CFO总是希望保持价格稳定，提高企业的利润。当双方的诉求没有办法达成一致的时候，最终会以谁的意见为主导呢？在不同的企业，答案可能是不一样的。如果是以销售业绩为导向的企业，那么肯定会将营销部门的诉求列为最高优先级。

由此可见，不同部门对于所在企业业务的重要性直接决定了部门的影响力。

类似问题还有很多。例如与运营部门之间对于KPI的计算方法存在分歧。在汽车经销商行业，有一个非常关键的KPI指标叫作库存深度，反映整个库存的周转次数。

计算公式如下：

$$库存深度 = 库存金额 \div 月平均销售额$$

库存金额怎么算呢？从财务角度来说太容易了，直接取自资产负债表上整车相关存货科目余额即可。反映的业务实质就是从整车厂 OEM（Original Equipment Manufacturer）厂门口交货（贸易条款 EXW-ex works），从这一时点起，整车产品从整车厂的存货销售给了经销商，成为经销商存货。但是当运营部门提出，只有运抵4S店店面的整车方可作为库存金额计算，在物流供应商场地的，在高速公路大板车上运输的那些都不应该计入存货金额。

为什么运营部门会提出这个算法？

道理非常简单，因为运营部门提出的口径对应的库存金额少，所以库存深度指标就会优化。

上述案例是否说明运营部门不了解财务工作？答案是否定的，非但不是不了解，而是非常了解，但是从部门 KPI 优化角度提出了更符合自身利益的诉求。这种原因所导致的不配合，才是最难应对的。

当调研业务部门对财务部门期望的时候，大家希望能更好地融合，但是真的有一天财务人员来跟业务部门一起讨论工作，财务人员要参与决策了，财务职能的思考方法和业务部门有时候是不一样的。

销售部门往往优先考虑的是什么？是怎样更好地提高品牌知名度，更快地争抢市场份额，怎样做更多的广告来实现销售。

但是从财务角度来讲，财务人员是天然的风险厌恶者。关注更多的是风险管理、合规和盈利能力。这和销售导向是存在偏差的。此时的决策是在销售部门的诉求与财务承受力之间寻求一个微妙的平衡，如下图所示。

财务与营销的微妙平衡

假设销售部门的业务老大，可能真的会觉得如果有个财务人员帮着做分析，提建议是挺好的。但是当财务人员的意见跟他不一致的时候，他还会来征求财务的意见吗？大概率就不一定了，甚至还会敬而远之，典型叶公好龙的现实版。在实践中，很多时候业务部门并不见得真心希望财务部门跟它进行深度融合，毕竟在业务决策过程中，参与的部门越多，要协调的意见就越多。

还有一个非常主要的原因，就是公司管理层对于财务到底是怎么定义的？

前面讨论到的提升影响力等，从某种意义上看都是一种权力的体现。如果公司的最高权力机构，大股东、董事会或者总经理，对于财务的定位和前述讨论有偏差，那会发生什么？

例如一位在胡润榜单上经常出现的，地产行业某集团公司董事长。我有幸和他有过交流，曾经请教过他一个问题："在您心目中，对于财务的定位是什么？"他的回答非常简单，财务只有两个职责。

第一个职责是能搞钱，什么叫能搞钱呢？能融资，不管你通过贷款、发债、做夹层、信托、攒产业基金等途径，能弄到钱就是业绩。

第二个职责是能出表，能出报表。广大财务同行的第一反应可能是，能出报表还不容易吗？财务人员的工作就是每个月都出报表。但是千万不要误会，他说的出报表不是你理解的报表。而是老板想要什么样的报表，你能否帮他实现。换而言之，财务人员要能搞得定审计师。不管他想要什么样的结果，财务人员能够在会计准则允许范围内把这个报表做出来，可以出审计报告，且要大会计师事务所的审计报告。

在他心目中，一个好的财务，就这么两件重要的事。至于财务分析、管控等，对他来说都没有用。为什么这么说呢？其实原因很简单，在中国的过去一二十年，房地产行业飞速发展的黄金年代，最主要的约束因素是要能够拿到地，要能从银行融到钱，做到这两点，就能够获得非常高的利润。在这个过程中，谨慎经营，管控分析，对这个业态来说是没有实际意义的，所以他只关注财务能不能融资，能不能出表。

当然随着经济形势对于优化经营的要求越来越高，整个宏观经济已经进入新阶段。凡是这样粗放经营，没有精细内部管理的企业，在经营上往往就很容易陷入僵局，且非常的被动。

小提示：

虽然从 2016 年起，财政部、国资委就已经开始力推管理会计以及业财融合，希望能够有效改善我们国家的管理会计水平，提升企业的管理水平，但是在实践中差距还是非常大的。

差距存在有很多原因，但最主要是企业最高管理层对于财务工作的定位存在偏差，以及财务人员自身的业务素质存在短板。

2.6 怎么做一个推进业财融合的好财务

在我有幸接触到的很多专业的财务人员身上，试着总结了下他 / 她们的共同特质。这些特质超越了财务知识的范畴，是一切职业发展的基础。作为一个财务人员，或者作为对自己职业发展有要求的任何一个人，都存在可以借鉴的地方。

资深财务的三个前提条件

第一个条件,任何工作都需要健康的体魄。

在目前的工作环境中,财务人员的工作强度还是比较大的,特别是到了月度、季度或者年度,"996"对于很多财务人员是很寻常的。随着年龄阅历的增长,基础性工作会减少,但是工作量会从另外一个方面增加。职务晋升到了一定级别时,年纪大了,资历深了,级别高了,社交活动也会随之而增加。对于很多高管来说,高强度的出行、跨越时区的会议等,对其体能会有很大的挑战。在这种情况下,如果没有一个健康的体魄,是很难坚持完成日常工作的,工作效率、注意力、判断力等都会受到影响。任何职业的发展都如同是攀登一座高峰,人人都想登顶,但是最可惜的是心有余而力不足。

第二个条件,要学会一定的妥协和放弃。

生活的各个方面都有非常重要的事情,如果希望在职业道路上有长远的发展,那么就要做好舍弃其他方面一些东西的准备。在资深的财务高管中,不乏有为了追求职业发展,不惜远渡重洋者。双城生活工作者也很普遍,但这种工作生活方式必然会导致在一些其他方面的妥协。

每个人在职业发展方向的选择上没有对错之分。但如果不能做好妥协和放弃的准备,希望在任何方面都做到最优秀,什么都想拥有的话,往往最后的结果是顾此失彼。

第三个条件,基本的知识和素养,而非仅限于财务知识。

很多基本知识和素养对于更好地了解企业战略、商业模式都是必须具备的,这其中包括基础科学、社会环境、文化,待人接物等方面的所有基础知识和素养。

具备了上述的三个条件:健康的体魄、妥协与放弃以及基本的知识和素养,接下来将介绍进入财务能力地图的必备素质。

企业财务能力地图

所谓的财务能力地图,主要是能够帮助财务人员对自己有一个定位。企业财务的工作侧重点,基本上可以做以下细分,具体如下图所示。

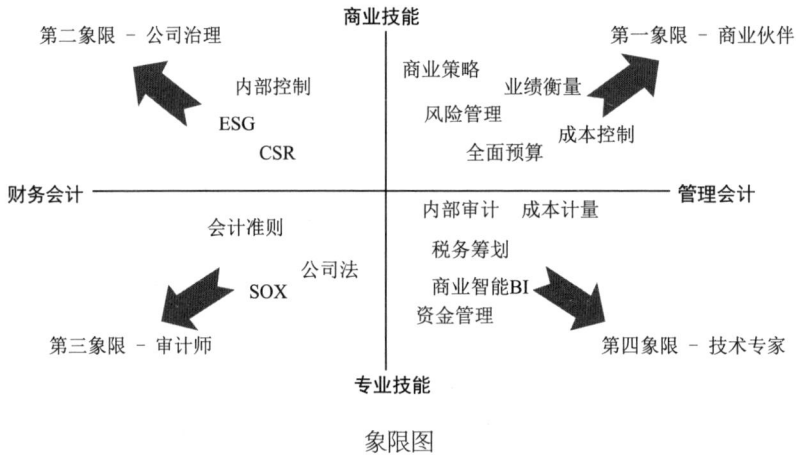

象限图

横轴代表的是在财务会计和管理会计，哪个侧重多一些；纵轴则代表的是，在掌握的技能中，是偏向商业技能多一些，还是偏向专业技术多一些。

第一象限"商业伙伴"：管理会计与商业技能的结合

第一象限主要侧重于对于商业策略以及企业经营计划的把握，对于企业绩效考核 KPI 的设置与执行，以及从业务角度出发对于企业经营风险的整体把控。

以绩效衡量为例，KPI 的选择、计量口径以及对应的标杆选择高度依赖于对所在行业以及所在企业业务模式的认知，而非仅仅基于数字进行计算。

比如位于"衣食住行"首位的服装行业，该行业的库存管理一直是其运营核心能力的体现，也是该行业老大难问题。其中既包含所有企业都存在的库存管理的共性问题，同时也有服装行业自身的特性问题，如服装快速变化的流行趋势。

服装行业的"海澜之家"是非常著名的男装品牌，其库存管理模式与传统服装企业即存在较大差异。

在生产环节，"海澜之家"把生产环节进行外包，并以赊账的方式从供应商处采购，同时附有可退货条款，滞销的商品可以按照成本价退还给供应商，此类存货因此不计提存货跌价准备。只有对于不可退货的商品，"海澜之家"方承担相应存货跌价带来的风险。

而传统的服装行业往往和生产商的关系是"包工包料"或者"包工不包料"，一般不存在滞销退货条款。

如果需要对行业的企业进行存货周转率以及存货水平的衡量时，必须对存货计量口径进行调整，否则就出现了"关公战秦琼"来比较武力值的荒谬结果。

（注：海澜之家独特的经营模式随着终端市场增长迟缓、单店营收下滑，特别是 2020 年零售市场的销售，也受到了巨大挑战，详情可参见"海澜之家"年报信息。）

第二象限"公司治理"

第二象限关注企业治理水平。企业为了实现经营目标，保护企业资产以及会计信息资料的准确性，同时还需要确保经营活动有效率，那么就需要在企业内部推行一系列管理制度，体现企业的内部控制体系。

当企业发展到一定规模之后，还需要承担起其社会责任。

除此之外，投资者衡量企业可持续性、环境及社会影响这三个核心因素时，也会从企业定期发布的《环境、社会及管治报告》中获取信息，即 *ESG-Environment，Social and Governance*。*ESG* 已经成为衡量上市企业是否具备足够社会责任感的重要标准。

第三象限"审计师"：财务会计与专业技能的结合

第三象限能力关注企业财务信息的法规及准则遵从度。

合法合规是企业运营的根本，财务人员必须了解商业法规的基本原则与要求，具有基础的判断力及职业操守，否则既把所服务的企业置于合规风险之下，也给自己带来个人风险。

根据上市公司年报数据，2022 年年末上市公司合计 5 079 家，其中有 795 家公司出现财务高管离职的情况，发布财务总监（首席财务官）离职公告 858 次。以统计学方法进行分析，上年的审计意见类型与财务高管离职率存在正相关性，即最好的"无保留审计意见"公司，财务高管离职率也最低。审计意见为"保留意见"的公司，财务高管离职率最高。有趣的是，"无法表示意见"是最差的审计意见，内行看来基本等同于"否定意见"，但是离职率却不是最高，个人推测可能财务高管已经泥足深陷，被套牢了走不掉。在市场上还出现了多位财务高管被市场禁入，甚至追究刑事责任的情况。

除了了解经营地的法规之外，财务人员需要了解的法规还不仅限于此。有些国家存在长臂法案的现象，如美国的《反海外腐败法》（*FCPA-Foreign Corrupt Practices Act*），如果财务人员服务于美国在华投资企业，也需了解此法案要求。

现在国内在美国上市的企业也有很多，如新东方就是美国纽约证券交易所上市企业，凡是在美国上市企业均需要遵从 SOX 法案要求，即使没有在美国上市的企业，也有一些在内部管理中以 SOX 法案标准作为标尺来要求企业内部合规。特别是在国际形势瞬息多变的当下，很多赴海外上市的企业除了遵守当地相应法规的同时，还需更多考虑政治因素。例如最近的抖音海外版 TikTok 就接受了美国国会众多议员充满偏见的质询，这对企业的法规与准则遵从度提出了更高的要求。

第四象限"技术专家"：管理会计与专业技能的结合

第四象限能力关注依托于业务模式开展的相关技术工作。

例如内部审计，内部审计虽然也被称为审计，它与关注财务报表合规性的外部审计完全不同。国际内部审计师协会（IIA-Institute of Internal Auditors）的定义是"内部审计是一种独立、客观的确认和咨询活动，旨在增加价值和改善组织的运营。它通过应用系统的、规范的方法，评价并改善风险管理、控制和治理程序的效果，帮助组织实现其目标。"所以内部审计工作首先要了解企业运营模式，才能有效开展。

以大型医疗设备退换货为例，如医院使用的大型 CT 机，万一存在质量问题，因其涉及人民身体健康，依行业法规必须逐一跟踪。其他行业机器设备或者产品退换货就不存在这么严格的要求。如果非医疗行业的内部审计人员，加入大型医疗设备企业，立刻就会有水土不服的问题。

例如税务筹划工作，税务筹划的主流定义："纳税人在符合国家法律及税收法规的前提下，按照税收政策法规的导向，事前选择税收利益最大化的纳税方案处理自己的生产、经营和投资、理财活动的一种企业筹划行为。包括税负最轻、税后利润最大化、企业价值最大化等内涵，而不仅仅是指税负最轻。"从定义中可以发现税务筹划一方面需要熟悉法律以及税收法规，另一方面高度依赖于相关人员对企业所处行业业务惯例和企业业务模式的把控。

以转移定价为例，不论采用传统的可比非受控价格法、再销售价格法、成本加成法还是交易净利润法（利润分割法），都要遵循独立交易原则（Arm's length principle），基于经济合作与发展组织 OECD 转移定价指引的原则，独立交易的核心是可比性，而判断可比性的 5 个因素是产品或者服务的性质、功能、合同条款、经济环境、商业策略。在进行以上分析时，必须熟悉企业的价值链如何在其各经营所在国分工，辅助以各国税制和税收主管当局执法理念等因素才能进行企业整体税负最优化安排。

浏览完财务地图，千万不要误以为各个象限之间互不往来。不同象限只是关注的重点不同，要求的基础知识和技能类似的。就如同医生分为不同科室，眼科、内科、急诊科等，但是病理学、药理学是一样要掌握的。

以上市公司年报为例，其经营结果一定是两类因素叠加：一是该企业的主营业务情况；二是非经常性的业务变动，如兼并收购、资产剥离、一次性政府补贴等。报表编制者和审计师必须完整披露所有信息，但是报表使用者往往会希望了解，假如剔除所有非经常性业务变动因素，仅仅关注主营业务，企业的经营状况如何呢？此时就需要既谙熟《企业会计准则》且又对行业以及公司业务情况非常了解的专业人士来对财务报表进行重述。

看着财务地图，财务人员的职业升级之路有两种主流路径：

路径一：在四个象限里，选择自己最喜欢的、最擅长的领域，成为该领域里的资深专家。但是这种路径后期有可能相对狭窄。非常精专于某个领域的人才，越是在专业化分工程度高的大规模企业越有用武之地，而在中小规模企业可能就会有"习得屠龙技，却无龙可屠"的问题。

非常典型的是会计师事务所的税务团队专业人士，当到了经理或者总监级别，要么选择在事务所继续努力以合伙人为目标，要么就会考虑转型去企业，但只有大规模企业才需要这一级别的税务专业人士，中小企业不需要高薪聘请精于某特定领域的财务高管。在大企业固然好，但是如果想要晋升到财务负责人，又会碰到偏科严重的问题。

路径二：对各个象限的专业能力都有一定的涉猎，避免明显的短板，成为综合性的财务人员，以企业财务负责人为最终目标。很多大企业的财务管培生就是这种培养思路。但可能存在的问题就是对特定领域的把握不够深入，需要团队成员能够协助补短板，或结合外部第三方专业机构力量辅助决策。

从能力地图可以发现厉害财务人需要掌握的技能和知识非常多。但是如庄子所说"吾生也有涯，而知也无涯。以有涯随无涯，殆已！"如何快速认清当前最紧急需要掌握的技能，并在此基础上不断加强才是更加高效的做法。

与企业当前工作重心共发展

以一个成熟阶段的集团下属企业来说，如外国在华独资或合资企业，进行财务分析他们更关注的是利润表的情况。甚至毫不夸张地说，很多的三资企业以及内资集团下属企业的财务人员，他们做的只是一部分的财务工作，为什么？因为在确保财务运营平稳的基础上，所做的分析会更关注利润表，现金流和融资是总部牵头在推进。资产负债表对应的内容，只有应收、应付、存货等日常运营相关内容需要关注，而投资决策等方面，决策权也归属于总部，所以这些财务人员只看利润表。具体要求可以参见猎头在招聘相关财务高管时的描述"对整个利润表负责"，其潜台词就是无须关心投资与融资。

但是对很多初创型企业来讲，其业务阶段还没有发展到关注利润表的程度，这个阶段关注的重点很可能是以下几点：

（1）现金流。这个阶段，企业前期的股东投资还有多少，现金流是否安全。

（2）财务运营。例如收款、付款甚至费用报销是否已经合规。

如果是投资型企业，则关注重点会转为已经投资了哪些项目，项目进展如何，回报率如何？此过程中是否存在合规风险，而非某一个月的利润或者某一个月的现金流。

如果是成熟期的大型企业集团总部，那么对于财务工作的要求就会变得非常全面。既要看利润及现金流，还要考虑长远发展。既有效率方面的考量，还要综合权衡风险、合规以及组织发展等。

所以在不同的企业，即使同一个企业的不同发展阶段，其业务均有不同的侧重点，从财务人员角度来讲如何准确定位企业需求，与企业共成长，立足于财务本职工作，进而审时度势逐步加强与业务部门的互动与融合才是高效的方法。

业财融合工具箱

基于财政部《管理会计基本指引》以及陆续发布的数十项《管理会计应用指引》，包括实务界推行的很多最佳实践，相关的工具基本上可以分成 8 个大类，具体如下图所示。

战略管理	预算管理	成本管理	营运管理
战略地图 价值链管理等	全面预算管理 滚动预算等	目标成本管理 标准成本管理等	敏感性分析 边际分析 标杆管理等
投融资管理	风险管理	效率提升	绩效管理
贴现现金流法 资金成本分析等	单位风险管理 框架风险矩阵等	共享中心 信息化系统等	关键指标法 平衡计分器等

业财融合工具箱

◆ 从宏观的战略入手，企业怎么制定战略？

◆ 怎样根据企业的战略计划落实成财务需要配合的具体工作？

◆ 怎么样把财务的工作重点和企业的经营计划相结合并具体量化成可操作的预算？

◆ 在预算执行过程中，如何有效地进行成本管理、运营管理？

◆ 在企业落实战略的过程中，如何对投融资项目可行性进行评判并执行到位？

◆ 在落实战略、推进预算、精益运营管理的过程中，如何最小化风险对于企业达成目标的负面影响？

◆ 具体到财务职能本身，如何利用技术手段和先进的管理理念提升运作效率？

◆ 上述的工作执行成效如何？如何制订指标并进行考核？

每一大类都包括多种具体工具。

在企业中有效推进管理会计业财融合工作，必须考虑推进方向与现阶段企业工作重心的匹配、对于相关工具的熟练运用和基于业务实践的灵活调整，以及企业领导层、周边部门和财务部门自身的正确认知以及执行方能确保获得令人满意的结果。

小提示：

要在企业中成功推进管理会计业财融合理念，首先需要优秀的财务人员必备健康体魄、良好工作态度和基本知识素养等素质，然后精准的定位自身优势与企业工作重心相配合，最后熟悉各类财务工具并能灵活调整。

第3章
危机突发，财务如何应对风险

危机突发，企业的风险管理尤为重要，不论是自然灾害、人为事故还是其他风险事件。如何确保企业内部有序管理，风险最小化都是重中之重。

3.1 事出突然如何确保不失控

关注财经新闻的人会发现涉及股权之争的事件频发，例如，"当当网庆渝年"事件[1]，"大连圣亚的门口野蛮人"事件[2]等。很多国际性的企业，由于人员流动受到限制，这些人完全无法照常进行述职及轮转，导致集团总部对于分/子公司的管理也受到影响。当企业应对意外事件时，作出的对策会因其处境不同、问题不同而有所差异。

1　"当当网庆渝年"事件，是指当当网股东间产生嫌隙，对于股权分割存有异议，并争夺公司管理权。因当事人双方一人名字含"庆"，另一人名字含"渝"，股权争夺期间恰逢网络小说改变的电视剧《庆余年》热播，故被业界戏称"当当网庆渝年"事件。

2　大连圣亚门口野蛮人事件：源自美国电影《门口的野蛮人》，借指投资基金对其他企业进行恶意收购。通过各种手段持有该公司股份，达到一定比例，成为控股股东后，接管公司，边缘化原有股东、经营管理层的行为称为"门口的野蛮人"。2020年，大连圣亚旅游控股股份有限公司也遭受"门口的野蛮人"，引起业界对于国内股权治理现状的讨论。

怎么体现有权力管理企业

在企业经营中，支持一个企业正常运作的动力是什么，不同的人可能有不同的见解。有人说企业靠销售，有人说企业靠产品领先，还有人可能认为企业靠低成本。其实，对于任何一家企业来讲，刚才提到的那些因素都是企业如何提高竞争力的。而支持企业日常运营的只有三个支柱，也就是人、财和事，包括在集团管控方面，关键考虑的因素是公司的基础设施，也主要是人、财和事，这两者的逻辑是非常类似的。

在任何情况下，当股东成立一家新企业，或者一家企业收购了另外一家企业的时候，首先要体现的就是这个企业日常运营有控制权。那怎样算是有控制权，一定体现在人、财和事这三个方面是否受控。大变局当前，管理者最主要关注的也是这三件事情。在这三件事情稳妥处理好的情况下，再进一步考虑，未来企业战略如何调整，未来企业经营如何调整。

- 人

对于一个企业来说，人事任命权是首先需要掌握的权力。事在人为，如果相关的人出现了问题，那么企业的经营肯定会出问题。具体体现为关键岗位的选拔、任命、奖惩、辞退等权力。

- 财

确定企业人员的遵从度之后，接下来需要掌握的权力体现在"财"，也就是对于资金、财物等的审批与控制。

- 事

事权代表的是在企业经营过程中，各级管理人员能够得到的业务授权权限。

对于以上三项权力的重要性，从企业治理实践中可以看到非常多的实例。最直观的是，所有企业都会通过《公司章程》来任命公司的高管，例如总经理、财务负责人如何产生，确定哪些决策是可以由企业管理层最终决定，哪些事项决策必须召开董事会甚至股东大会方能最终决定。当发生并购案时，一般也是业务部门带头，加上人力资源部、财务部齐头并进，确保平稳过渡。

巨变当前，如何控制企业

上述人、财、事的三项关键控制权在企业经营中至关重要，在遇到重大变故或者灾害时，三项事务控制权的把控以及灵活运用尤为重要。

以大连圣亚的企业收购案为例，试想新股东倾巨资购买了某企业的股份，一方面进行工商变更、重组董事会；另一方面需要尽快接管企业，确保企业正常运营，新股东应该如何确保对企业的管控，如下图所示。

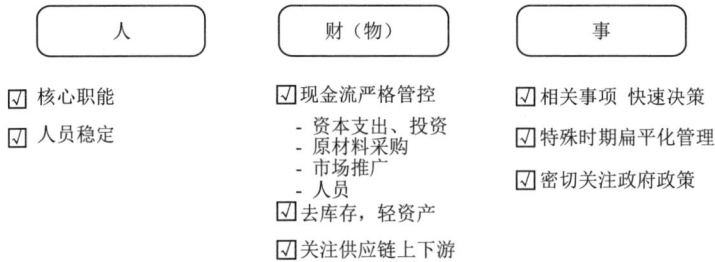

人	财（物）	事
☑ 核心职能	☑ 现金流严格管控	☑ 相关事项 快速决策
☑ 人员稳定	- 资本支出、投资	☑ 特殊时期扁平化管理
	- 原材料采购	☑ 密切关注政府政策
	- 市场推广	
	- 人员	
	☑ 去库存，轻资产	
	☑ 关注供应链上下游	

人、财（物）、事管控

首要考虑的因素仍然是人，具体是目前运营过程中的人员应该怎么处理。

- 核心职能

企业一切工作均由人来执行，在类似这种企业重大变化之际，首先需要确定的就是企业的治理结构必须符合股东利益。具体而言，从法律架构层面就应该在《公司章程》或者类似法律文件中确定企业最高权力机构的组成，以及核心人员的选聘方法。

一般最高权力机构为公司董事会，而董事会席位以及投票权的分配就代表了股东权力的分配。

核心人员依其关键程度排列，包括公司总经理、财务负责人、人力资源负责人以及董事会秘书。前三个职位相对好理解，公司总经理负责企业日常运营所有事务的决断；财务负责人掌管企业最关键的资源——钱；而人力资源负责人掌管除核心人员之外的绝大多数员工的招聘、选拔、晋升及辞退。往往被忽视的核心人员是董事会秘书。董事会秘书虽然名为秘书，实为公司董事、监事、高管行列中的一员。对于上市公司而言，董事会秘书的核心作用在于对外负责公司信息披露、投资者关系管理；对内负责股权事务管理、公司治理、股权投资、筹备董事会和股东大会，保障公司规范化运作等事宜，是企业与监管机构之间的桥梁。如果是非上市公司，董事会秘书作用相对弱化些，但是仍然起着与诸多股东联络、召集股东大会或者董事会等作用。以上核心人员的任命一般都体现着股东的意志。

- 人员稳定

在企业经营碰到重大变化时，例如，来自公司治理层面的控股股东变化，核心管理团队变化；来自经营风险方面的业务转型，特定业务的关停并转；来自地震、洪水等自然风险。所有这些变化在员工看来，都有可能导致其工作的稳定性受到影响，员工经常会因此出现消极工作、另谋他路等行为。对于管理层来说，确保企业运营平稳往往是最优先级的任务。除非员工队伍存在巨大问题，如串通舞弊、集体消极怠工等之外，确保企业人员稳定，进而确保业务稳定是首选的做法。

即使管理层存在大规模调整人员的想法，在想法没有得到详细的论证并决策之前，必须要做的就是稳定整个团队的人员、士气，确保整个队伍的战斗力，等到外部不利因素消除的时候，或者内部调整完成的时候，可以及时恢复到正常生产运作中去。即使是在减员进行中，也要尽量确保群体稳定，避免产生风险事件与员工不稳叠加影响。

考虑了人的因素，接下来考虑的就是财（物）的安全性。

财不单单指的是钱，也包括物（原材料、成品、机器设备、土地、房屋等）。大变局之下，首当其冲的就是企业的存款以及现金流。此时，财务当务之急的工作就是对现金流的管控。

具体到大连圣亚，新股东团队可能暂时没有办法从业务端控制现金流，那么立刻将所有银行账户以及存款控制住，避免正式接手后面临空空如也的保险箱是当务之急。

同样地，也就可以解释在当当网股权纷争过程中，为何李国庆持《股东会决议》《董事会决议》文件，带人进入当当办公区拿走11枚公章、36枚财务章，随即立刻发布《当当网人事调整公告》进行关键人员的调整。在任何灾害或者事故当前，未来形势走向不明确，先把钱管住总是正确的选择。把钱管住不仅仅指的是企业存款、现金流，也包括资本性的支出，如原来计划的投资行为（拿地、建厂、购置设备、研发新产品、并购新业务等），是否应该暂缓。

在未来走向不明确的情况下，也不限于暂缓大量的采购原材料，也应考虑市场推广和人员招聘是不是可以先暂缓。存货是不是应该尽快出清，特别是当这些存货有时限要求的时候，一些生鲜类、餐饮类等存在有效期的，企业都应考虑要尽快地降低存货水平，尽快地回收现金。

所有的企业还需要关注的是，如果发生的风险事件影响的仅限于企业自身，那么加强自身现金管理即可。但是如果发生的风险事件不但影响企业自身，而且还会影响企业的上下游。如 2013 年日本大地震引起海啸以及核电站泄露后，日系车企于日本生产的核心零部件全线停产，进而导致广州本田、广州丰田两大合资整车企业停产，本田、丰田的 4S 店无车可售，金融合作伙伴如保险、车贷等无业务可做。由此可见企业希望独善其身，是非常困难的。关注供应链上下游的安全，也就是关注企业自身的安全。即包括在考虑出清存货的时候，也不应仅仅考虑自身企业，更应该延展到企业供应链的上下游。

如宏观经济的支柱产业之一，汽车行业 2020 年 2 月份的零售量下降了将近 80%。汽车 4S 店的开门营业比率大概在 37%，这时作为整车厂商，就要关注首先企业自身能恢复生产吗？从新闻里可以看到，宝马沈阳工厂产能受限，所以宝马在中国造不出那么多车了，这是供应链上游出现问题。从供应链下游角度，4S 店因为的经营出现问题，没有客户上门买车，那么整个零售渠道出现了问题。宝马的财务负责人，这时要考虑的是什么？宝马做出最终的决定：①把二三月份的销售预期调低，等工厂产能恢复后，再大量生产并向市场进行供应；②把渠道的销售指标彻底取消，二三月份不对其 4S 店进行销量考核；③会同宝马汽车金融公司等金融合作伙伴，对 4S 店的汽车贷款进行利息和本金的展期。通过这些方法的组合来确保供应链安全。

据 2023 年 3 月 8 日全国乘用车市场信息联席会披露数据，2023 年 1 至 2 月，国内乘用车累计零售量为 267.9 万辆，同比下降 19.8%。目前各家车企应对的方式强烈且粗暴，直接开打价格战，希望能借此推动销售，进而盘活资产，确保自身及供应链安全。

确保了人和财的受控，还有就是事。

对于事，可以理解成是流程，也可以理解成决策过程。

一方面体现在企业正常经营时，企业的各种决策均有章可循。即何种事务涉及何种金额需要何种级别的批准，均有比较明确的界定。对于日常经营业务，如价格制订、生产计划、供销合同等一般由企业管理层酌定；而特定业务，如公司对外投资、主营业务变更、停业清算、重大金额的决策则往往由董事会或股东会审批。通过权限设定，即确保股东利益，又避免了股东与董事会对企业日常经营的过度干涉。

另一方面也体现为，当企业发生变故时，权力的行使如前述受控。但同时紧急情况下，大多数企业还需要考虑的是事急从权，如何加快反馈。

举一个非常简单的例子，某企业所处位置低洼，又碰上连日暴雨，企业的行政部门或者采购部门亟须采购大量防汛物资。此时就会碰到一个问题，怎样在极短时间内完成大批量采购？此时很难从市场上大量采购。这时，企业可能会找到一些相对不那么正规的渠道，这些渠道可以用比较高的价格提供合格的防汛物资。但是到财务人员这里，首先，此类特殊采购可能不签合同，其次，对方甚至要求预付款，预付款之后还无法提供发票，从财务角度来说能不能接受？如果不能接受，就没有办法及时获得必备的防汛物资，延误企业防汛抗灾工作；如果接受，在财务制度的执行上就出现了问题，管理层需要启动迅速决定的机制。

除了迅速决策，还有如何进行扁平化管理。例如，在各家企业现金流均趋紧的情况下，按照标准的财务操作流程，如果客户欠款超过阈值，那么就应该立刻停止发货、停止提供服务，甚至采取催讨措施。但当客户确因短期内遭到特定事件导致需要延迟支付，而主营业务情况依然向好的情况下，是否应该立刻采取措施催收？当客户用这种理由延迟付款，而你所在企业确因受到经济环境影响，订单量急剧下滑时，对于仍然要求正常发货或者提供服务的客户，是否应该在欠款情况下依然开展业务？这在企业内部就要有一个非常扁平的反馈机制来确保正确应对，而非机械地照搬流程。

在决策和流程管理上，还要密切关注政策，包括税收的优惠、社保的延迟缴纳、金融系统的政策等。依照实务的经验，历次灾害或者大风险事件之后，政府相关主管部门对于企业的关怀很快就会以各类扶持政策的形式体现出来。从企业端来看，及时了解政策，学习政策并与相关部门及时沟通、汇报对于企业来说至关重要。

小提示：

人、财、事这三个关键因素是否受控，确定企业运营是否正常。

3.2 业务是否应该剥离或者关停

"黑天鹅"事件对企业的影响

2020 年有一篇传播非常广的文章，红杉资本写给其投资企业的一封信。红杉资本的 CEO 在信里提到，在新的经济环境中，全世界正在发生三个变化：第一，业务萎缩，许多企业的经营规模都在萎缩；第二，许多企业供应链受到影响，甚至中断；第三，许多旅行及会议取消，如下图所示：

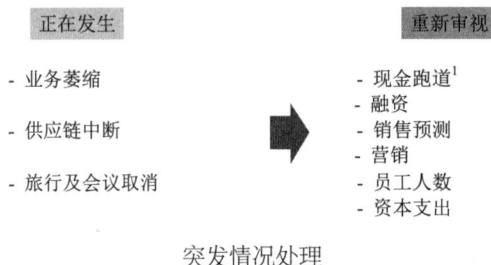

突发情况处理

第一、第二个变化对于企业的影响明显是非常负面的。第三个变化，从财务角度也许会让人觉得岂不是正好让公司节省开支？大量的会务、差旅费用有所减少。单纯地从费用节省角度来看问题，确实如此。从企业商业环境角度看问题，就一定要考虑差旅及会议商务活动意味的是什么？只有企业进行了频繁的商务活动，才会有投融资，才会有买卖，才会有并购，才会触发更多的经济活动。取消这些差旅和会议，就意味着这些经济活动随之减少或者停滞。

正视这三个变化，红杉资本提出，希望被其投资的企业都去审视以下六个方面：

◆ 现金跑道还像原来那么长吗？如果钱不够花了怎么办？

◆ 融资还跟原来想象得那么容易吗？如果融不到钱怎么办？

◆ 销售预测还能像预期那么乐观吗？如果销售预期需要大幅调低怎么办？

◆ 营销方式是否需要改变，如果营销投入不能换来极大的回报的话，现在是不是要重新审视营销的回报率？

◆ 员工人数合理吗？审视员工人数，是否还需要现有这么多人员？是否还需要招聘新员工？

◆ 资本性支出还需要维持吗？是否需要控制规模和节奏，甚至取消？

红杉资本这封信是在新冠肺炎疫情肆虐的背景下给被投资企业的忠告。现在，俄乌冲突、欧美通货膨胀高企、逆全球化等新问题使得这封信里提到的六大关注方面仍然具有现实意义。

---

1 现金跑道（Cash Runway），一般是和烧钱率（Burn Rate）组合运用。多用于早期企业，在尚未实现经营性现金流净流入之前，烧钱率衡量消耗其现金的速度，现金跑道衡量其现金还可支撑企业运营的时间长度。

企业对自身业务的"三问"

将企业经营常见的挑战结合红杉资本观点，企业由于各种因素受到冲击时要考虑问题，可以总结成以下三个点，如下图所示。

企业对自身业务的"三问"

第一个问题，是否有必要继续坚持企业现在正在进行的业务？

第二个问题，如果认为企业有必要坚持，是否全部业务都要坚持做下去？

例如，温州一个非常大的皮鞋制造企业红蜻蜓，在全国有4 000家门店。红蜻蜓这家企业在零售客流量断崖式下降的情况下碰到了难题，其所有的销售都是靠自建渠道实现的，也就是通过遍布于国内的4 000家门店来销售皮鞋，现在这4 000家店不能全都开业，或者能开业但客户进店数骤降，企业怎么办？红蜻蜓采取了一个非常好的手段，将线下直销改为线上销售，线上日均销售达到100万元人民币，成为努力自救的典范。但是换个角度考虑，一家企业一天卖100万元的鞋殊为不易，一个月下来也就是3 000万元营业额，这3 000万元的现金流如何支持4 000家门店的日常开支和运营？肯定是杯水车薪。

那么就需要考虑刚才的两个问题了：第一，企业是否有必要坚持。红蜻蜓这家企业选择了坚持主业。第二个问题有没有必要全都坚持？4 000家门店是否全部都要营业，固定开支较大，业务复苏缓慢的这部分门店，是否可以关闭。

第三个问题，如果要坚持主业，且认为主业里面有一部分核心业务一定要坚持住，企业有没有能力来坚持？

经过仔细地审视企业自身实力，如果对上述三个问题的答案是肯定的。

◆ 钱有点紧的企业，需要做的是努力生存，努力找钱，严控支出。通过各种各样的方法让企业经营下去，直到春天到来。

类似商业模式的"叮咚买菜"在2020年春节每天的订单量增长了3~4倍，每日优鲜交易额增长了350%，百果园的线上业务比节前也增长了2.5倍到3倍。对于一个企业来讲，在遇到风险时坚持活着，这很关键，转机也许就在濒临绝望的那一刻才出现。

◆ 即使有些企业及其所在行业相对来说现金还比较充裕，也要省着花钱。

目前各国经济发展均不同程度减缓，以国际货币基金组织于 2023 年 1 月的预测来看，各大经济体中除我国仍能保持 5% 左右增速外，其余国家或地区均发展缓慢，见下表。如果考虑到各国的通货膨胀水平，许多国家的实际增速甚至为负数。出口一向是我国拉动经济的重要手段之一，深陷经济泥潭的贸易伙伴们必然也会影响我国的经济发展速度。

2023年各国（地区）GDP增长率预测表

国家（地区）	2023 年 GDP 增长率（预测）
中国	5.20%
日本	1.80%
韩国	1.70%
墨西哥	1.70%
澳大利亚	1.60%
加拿大	1.50%
美国	1.40%
巴西	1.20%
南非	1.20%
西班牙	1.10%
瑞士	0.80%
法国	0.70%
意大利	0.60%
荷兰	0.60%
俄罗斯	0.30%
德国	0.10%
瑞典	－ 0.10%
英国	－ 0.60%

恰恰由于这种经济不确定性的存在，对于大多数企业来说，如果现金储备还比较安全，那么量入为出，尽量拉长现金跑道是非常明智的选择。

◆ 也有些企业在瞬息万变的经济环境中，业务甚至得到大幅提振。

如美国的股市剧烈波动，很多非常优质的公司股价都不同程度出现折价，特别是当硅谷银行及签字银行等暴雷之后，大量资产折价严重。但巴菲特的伯克希尔·哈撒韦公司账上有 1 400 多亿美元可支配，这很可能就是老先生冒着被股东不断质疑为什么不进行大量投资的巨大压力，坚持至今的原因所在。

以上三种情况就是对应本节提到的三个问题。

如果对应到最初三个问题的判断是相反的，在企业审视完自己的能力、业务之后，发现不应该坚持，或者想坚持，但是没有能力坚持。那么此时停业，不失为是一种正确的选择。与其十指皆伤不如断其一指，把业务组合里的一部分进行剥离，也是可选的应对方法。

例如，最近关于航空业的新闻特别多，客流的下降对于航空业来说，表明企业的现金回流巨降。机票这么便宜，各种"随心飞"产品的出现，国际航班大量的取消，对企业来讲只有固定的支出，如海航这样过去杠杆率就比较高的企业，对企业进行托管[1]，把资产直接进行处置，这才是最明智的选择。

放眼未来，企业需要不得不做一些战略性决断。很多外资或者合资机构，在中国的分支机构也会面临同样的问题。在中国进行贸易代理业务、会展业务、留学代理的很多企业，如果业务在萎缩，都应该认真地考虑此项业务是否还有继续存续的必要，还是尽快停业止损。

决断之时的考虑方法

借鉴红杉资本"黑天鹅已来"的应对思路，如果必须对未来作出决定，那么需要考虑哪些因素？财务会起到关键性的作用，对业务可行性进行测算：哪些业务是赚钱的，哪些业务是不赚钱的。不论是继续坚持，还是立刻剥离，会有怎样的影响？此时对哪些因素必须考虑，哪些因素无须考虑，分析过程中必须要有非常清晰的思路。具体如下图所示。

要考虑
- 机会成本
- 相关收入
- 相关成本

不要考虑
- 沉没成本

决策之时考虑方法

必须考虑的因素包括：

---

1 托管，是指不改变原有产权归属的前提下，直接开展企业资产的重组和流动，从而有效地回避企业破产、购并中的某些敏感性问题和操作难点。

◆ 机会成本，这是一个管理会计上的概念。通俗地说，做了一件事，就不能再做另外一件事，原来那件事能带来的好处，现在就没有了。原本能赚到的钱，现在赚不到了，相当于损失。

◆ 相关收入和相关成本，具体指的是一旦作出决定，除了决定本身之外，是否还存在其他的变化。

以汽车厂商生产口罩为例，比亚迪、上汽、通用、五菱等都在生产口罩。从商业逻辑的财务分析角度考虑一下，这样的企业为什么要生产口罩？一个造车的企业转型去做口罩，真的能在这个上面赚到钱吗？

企业这么做的商业动机是什么？首先，企业获得非常正面的舆论评价。如上汽、通用、五菱，口罩的包装盒上印着——"祖国需要什么，我们生产什么"，这是企业社会责任感的良好体现。其次，对于上汽、通用、五菱这样一个资本密集且劳动密集的企业来说，如果没有办法获得大量的劳动防护用品，企业的正常运作是会受到极大影响的。那么上汽、通用、五菱生产出来的口罩都到哪里去了？会不会留出一部分企业自用，以确保工人获得足够的劳动防护，进而维持日常生产？如果从财务的角度算账，很可能生产口罩本身不见得是盈利的，但是因为生产口罩使得主营业务的生产能够确保稳定，对企业来讲，这个决定就是正确的，更何况从比亚迪公布的半年报来看，汽车业务同比大幅下滑30.45%，而口罩类业务收入规模约为85.7亿元，有效弥补了汽车产品业绩的下滑。更为惊人的是，上半年经营活动产生的现金流量达到155.38亿元，较之上年同期的 -20.65亿元，无疑是天壤之别。期末现金及现金等价物余额127.2亿元，比去年同期增加30亿元，其中口罩业务的提振作用居功至伟。

再以企业剥离业务为例，企业要进行剥离，必然存在对部分员工遣散安置。如果按照一个员工月薪是1万元钱计算，如果采用减员的一个措施，减掉一个人，企业是不是每月省了1万元钱？当企业做了这样的决策，依法需要对员工的遣散支付一定的赔偿金，如果操作过程中存在问题，可能还会引发诉讼、仲裁等。假如赔偿金需要支付是6万元钱，员工才能解除劳动合同，就相当于企业为了每个月能省1万元钱，一次性支出了6万元钱。这样的决策就必须基于一个假设：业务需要多久复苏？如果行业复苏是在6个月之内的，做出裁员的这样一个决定从财务角度看就不合理。

◆ 千万不要考虑的因素是沉没成本。也就是以往已经发生，与当前决策无关的支出。

我经常散步的路上有一个临街的店面，差不多是在 2019 年冬天装修，后来开业做"月子会所"的生意。但从 2020 年春节起就一直没有开门营业过。如果设想我们就是这个会所的投资人，这时就千万不要考虑为了租店面，完成内部装修，买了所有的婴儿用品等花了多少钱，因为，这都已经成为过往。所有过去已经发生的投入，不会因为现在关门停业或者继续营业发生任何的改变。严峻的现实是，如果当前的选择是继续经营下去，房租、员工工资、水、电等所有支出仍然会继续发生，投资人是否愿意继续投入？在决策的过程中，对于过去已发生的投入等，对未来的决策不应该产生任何影响。

小提示：

重大事件当前，客观分析对企业自身影响，既需要有前瞻的战略眼光，又需要有壮士断腕的魄力与决心，还需要有科学的思考方法来支持。

3.3　困境中如何获取总部（股东）的有效支持

企业遇到危机时应有壮士断腕的决心。换位思考，如果处在下属企业或者被投资企业的位置，如果在危机之前，那就必须及时、准确并且全面地把面临的困难与机遇与总部（股东）进行汇报，并适当地请求支持。

如果是一个国内企业的话，股东也同处一地，那么对于风险、行业危机等，由于相关人都身处其中，沟通一般都比较顺畅。但是如果涉及跨国的交流，对身处异国的股东或者合作伙伴来进行说明的话，沟通的逻辑框架就会非常关键。

提及总部（股东），以下讨论的内容以外资企业在华投资实体与总部之间的交流为范例。但思考的方法同样适用于中资企业在海外投资实体与中国总部之间的交流，或者同在一地，但由于多元化经营背景导致行业差异的下属企业与总部之间的交流。

企业最大的危机——销量下降如何沟通

以下就汽车行业所遇到的困局该如何进行综合评估和汇报为例，具体阐述其思考逻辑。

数十年的正增长让世界认识了中国这个巨大的汽车市场。但 2018—2022 年的汽车销量数据一反 2017 年之前高歌猛进的快速增长趋势，详见下图（数据援引自中国汽车工业协会 2022 年汽车工业产销情况统计）：

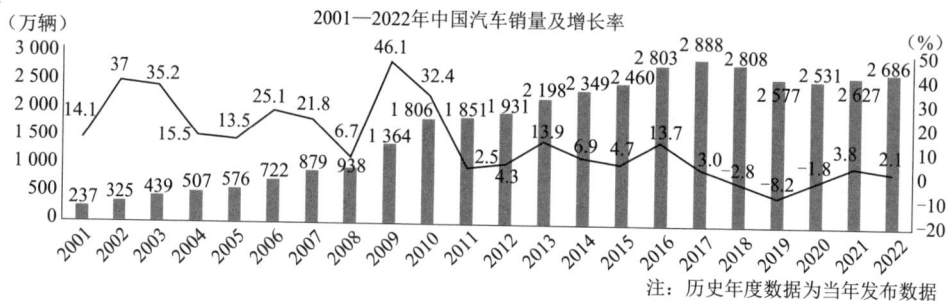

2001—2022年中国汽车销量及增长率

注：历史年度数据为当年发布数据

2001—2022年汽车工业产销情况

以业务分析的眼光看待这个问题，2018年以来的销量数据主要分为三个阶段。

第一阶段：2018—2019年

这是继2008年全球金融危机后，中国汽车销量数据第一次下降。业界对此采取观望态度，这是快速发展过程中的短暂调整，还是中国汽车市场的拐点？

第二阶段：2020—2022年

在这三年里，众所周知全球经济受到新冠肺炎疫情的冲击，中国汽车市场充分表现了中国经济的韧性。

第三阶段：2023—

业界更加关注的是社会经济运行恢复正常之后，中国市场能否依旧保持高增长。

提纲挈领，逻辑清晰

对于任何需要与总部（股东）沟通的内容，不论是日常经营沟通、危机事件沟通，都应事先考虑好沟通要点，基于此，综述汇报者接下来要讲述的大体内容。

其实也就是把图表里的几个部分，需要先列出每个部分的要点汇总。一份完整的报告，建议遵循从国家到价值链、到行业、到走向、到计划的逻辑顺序汇报，具体如下图所示。

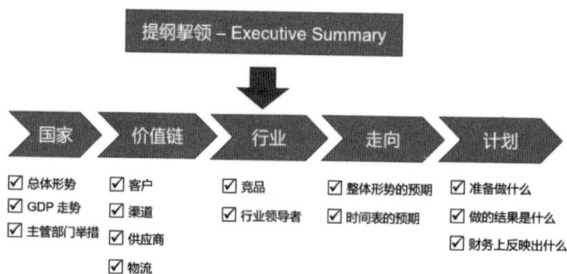

沟通清单

为什么通过这样的一个逻辑顺序汇报呢?

国家整体发生了什么

首先要了解,不同国家对于同一事物的认知是不一样的。同样的事件在不同人看来,其判断结果也会完全不一样。

如同在描述中国的三四线小城市时,为了说明其"小",有时会提到人数。例如百强县之一的常熟市常住人口不到两百万人,桐乡市常住人口不到一百万人。有一次与来自英国的同事谈及此事,英国同事幽幽地评论:英国第二大城市曼彻斯特人口不过五十多万人。在对于"大"与"小","多"与"少"的判断上,大家的标尺完全不同。

汽车工业作为国民经济的支柱产业,其发展速度与销售情况与所在国家的经济发展、国民收入水平等密切相关。要说明大型汽车集团的业务发展趋势,必须先说明经济发展情况、GDP 增长速度、百人车辆拥有率等宏观指标的变化。以 2020 年销量为例,虽然增速放缓并且是近些年的低谷,但其绝对销量仍达 2 531 万辆,这是约 12 个英国,或者 8 个德国的汽车销量水平。而且 2021—2022 年的销量水平正在缓慢回升,趋势向好,包括 2023 年以来国家对于经济发展的重视程度,各行业主管部门逐渐出台的各种政策等,这些都说明了行业发展的潜力所在。

因此,要说明企业情况,先要说明行业情况,要说明行业情况,就先要说明国家宏观的情况。

企业价值链和行业发生了什么

国家的形势说清楚后,接下来需要说明的是企业整个价值链具体发生了哪些变化,整个价值链包含从供应商、渠道到客户的整个价值传递过程。

以宝马汽车公司为例,宝马汽车在中国有整个供应链,从零配件、整车装配厂、营销渠道,到最终的 4S 店,以及配套的汽车金融公司、汽车租赁公司等一应俱全。那么宝马在中国销售情况怎么样?首先看一下中国整个汽车行业的销售量,2020 年数据呈现断崖式下跌,4S 店门可罗雀,很明显客户不再上门买车了。

渠道发生了什么?对于 4S 店来说,大量的汽车积压,经营马上就出现了问题。因为渠道中所有的车都是依赖于资金杠杆才能进行采购。所以这几个月里出现大量的存货、大量的贷款、大量的利息支出，但是几乎没有任何收入，这对渠道是一个摧毁性的打击。宝马的高层最终同意取消渠道绩效考核。

在当时还需要评估的是价值链前端的供应商发生了什么？供应商的产能情况，供应商的生产延续性如何？以物流为例，很多公司的供应链都受到了物流运输的影响。例如，航班的减少，导致空运运力急剧下降。从这个角度来讲，一定要让受影响的各方了解为什么突然物流效率这样低，甚至出现了中断。

上述是宝马汽车的情况，但所有的汽车企业都有同样的问题。那么对于车企来说，此时需要强调的就不应仅限于自身，而应该是整个行业受到了怎样的影响。例如以宝马为例，这时就应告知其德国总部，概述直接竞品的奔驰、沃尔沃在中国的销售情况，间接竞争的对手如通用、福特销售情况以及不直接竞争但是表明行业情况的三线车企如"众泰"等的销售情况。

企业应该怎么办

说到了企业的应对以及未来，肯定首先就要告诉总部和投资人，在这个行业里，最大的行业领导者做了些什么？竞争对手做了些什么？比如在销售方面，销售业绩下调了多少，行业参加者可以相应地做一个对比。

接下来就是对未来走势的判断，需要注意的是上述一直讨论的是"危"，那么是否存在"机会"？

资本都是逐利的，对于资本来说，投入之后是需要有回报的。如果总部（投资人）认为，企业销售断崖下跌，需要大量资金支持，且看不到未来的希望。从资本的角度，站在一个集团公司CFO的层级上，理性地看这条业务线，应该如何决断？当然是考虑这条业务线是否还有存在的必要。所有人都相信了危机，这家企业也就被放弃了。

所以客观描述"危"的同时，必须要有应对方法及对未来清晰的思路。例如，在2020年，需要预判下半年企业的销售额会发生怎样的变化。而在2023年，则需要对中国市场的发展做出预判，并进行沟通。例如，最近麦肯锡提出的观点"The next China is China"（下一个"中国"在中国），就可以作为非常好的论据，企业完全可以用类似的逻辑来说服总部（投资人）。

沟通细节很重要

在沟通过程中有几个细节要注意。

第一，尽量避免苍白的描述，多用图片及数据。苍白的描述、无力的文字往往会使沟通低效，中国人和欧美等国家的人使用非母语进行沟通，意思表达本身就是比较吃力的，用词也不见得很准确。可能导致不能充分的、完整的表达意思，而用图片和数据才能更好地支撑论述。一张销量的柱形图对比，远胜千言万语。

第二，面临危机，业绩下调或者需要总部、资金支持，都很正常。但是一定要注意限度和时间，也就是前面提到的"危"中有"机"，如果让总部（投资人）觉得在中国的业务已经没有任何存在的必要，把业绩下调到总部（投资人）已经决定放弃这部分业务，那么就适得其反了。

第三，就是要建立双方的互信。

人与人之间的互信来自何处？

描述情形是否一致？中国在向欧美描述自身业务的时候，经常会碰到一个问题：中国实在是太大了，中国的地区差异也太明显了。用西班牙的情况来描述北欧四国肯定是有问题的，用东三省的情况来描述江、浙、沪包邮区肯定也是不行的。这时就需要注意描述地区性的差异。

以国民消费水平统计，不同地区差异巨大，从国民受教育程度看，不同地区的差异同样巨大。曾有来自欧洲的同事与我谈及此事，她非常惊诧中国英语教育的发达程度，似乎她遇到的每个人均受过高等教育，都能以英语交流。其实原因很简单，她到中国的商务旅行活动区域仅限于北京国贸以及上海的陆家嘴区域，这些区域本就是城市的 CBD（中央商务区）。这些区域的企业本就代表着中国经济的成就，这些区域集聚了全国的资源与人才，收入及消费水平相应较高，而国家统计局提供的数据"中国有 6 亿人，每个月人均收入 1 000 元"，恰恰反映了中国的基本国情。中国仍然是世界上最大的发展中国家，广大农村和中西部地区相当一部分居民收入水平依然偏低。在整个中国经济发展程度差异巨大的情况下，怎么来描述呢？对于西方人来说，在他的认知中，很可能就会觉得描述前后矛盾，那么就必须要强调地区性的差异，只有通过地区差异的描述建立起来一个完整的图景，让从不同环节、不同渠道获得的支离破碎的信息进行组合，进而促进双方的信任。

除了要说明地区差异之外，还可以介绍竞争对手的情况。对国内同行业竞争对手的策略进行了解，从另外一个角度也就印证了自身的判断和策略有否问题。

利用财务常用的多场景分析。多场景指的是多种未来假设，如果 4 月底业务复苏了会怎样，如果 6 月底复苏了会怎样，如果 8 月底复苏了会怎样。如果复苏的速度是 50% 会怎样，如果复苏快于预期 80% 会怎样？这就是管理会计诸多工具中的场景分析。这也是财务人员在变化之前发挥重大作用的工作内容。

小提示：

危机当前，从宏观到微观的情况汇报，让总部（投资人）及时了解情况并作出应对，事关企业存亡。沟通过程中一定要注意逻辑及沟通细节。与此同时，既要说明"危"，也要说明"机"。

3.4　财务如何管理企业风险

企业经营过程中，风险无所不在。对于所有企业的经营者来说，怎么去管理风险都是非常重要的话题。

而对于管理风险的流程来说，逻辑非常简单。也就是界定风险（Identify）、评估风险（Assess）、管理风险（Manage）以及复核效果（Review）。用其首字母简写即 I AM R，如下图所示。

风险怎么管 –"我是R"

I	Identify	界定风险
A	Assess	评估风险
M	Manage	管理风险
R	Review	复核效果

企业风险

什么是风险

讨论风险管理，首先需要明确风险是什么，是不是天灾人祸，水火无情的事件才叫风险？对于一个企业来讲，风险是指对企业的战略或者经营目标的实现产生的不确定性。基于这个定义，不同的企业，对于风险的界定就会不一样。

既然风险是基于企业战略或者经营目标而言的，那么就产生了不同企业之间非常大的差异。即有些事件在一些企业是风险，但在另外一些企业中可能就不作为风险应对。例如，传统制造业常见的工伤事故，工人在生产线上由于没有遵守标准操作规程或者疲劳操作，也可能机器本身故障等原因，不慎切掉了一节手指，这类事件算不算是重大风险事件？对于管理不太规范、对劳动者权益保护不太规范的小厂，最多赔点医药费了事，以侥幸的心理处理工伤事故，把风险隐藏起来。但是在非常重视劳动者权益、安全生产的企业，这可能就是一件天大的事情，就此可能展开严肃的内部调查，并修改相关操作规程，甚至对生产线进行改造以避免将来的类似风险。

以此类推，以金融市场剧烈波动这一现象来看，对于投资类企业，波动也许代表的非但不是风险，反而是机遇。但对于非金融类企业来讲，所有金融市场的操作都应该以套期保值对冲其主业风险为目的，剧烈波动会导致非但对冲主业风险，反而叠加了套期保值对冲交易自身风险。

界定并评估风险

了解了什么是风险，在企业需要管理风险时，界定风险是一个步骤。首先最高管理层、企业股东、企业实控人，对风险到底是怎么理解的？其次，这些人的商业逻辑中有多高的风险偏好，最后再来分析企业有哪些经营过程中的风险。

汽车行业曾有个经典的笑话，微软的比尔·盖茨在演讲中高谈阔论，他比较了信息产业和汽车工业的发展速度。比尔认为，假如汽车厂商的技术能像电脑技术那样发展的话，现在大家应该能用 25 美元买到一辆加 1 加仑汽油就能跑 1 609.34 公里的汽车。不过汽车行业高管马上反唇相讥，他们认为，如果汽车工业像微软那样的话，我们现在开的汽车会出现以下几种情形：

（1）每次道路交通标志重划后，驾驶人就得要买辆新车。

（2）发生事故时，车子里的安全气囊弹出前，会先问你"你确定吗？"

（3）行驶时或许还会出现"方向盘驱动程式：这个程式执行作业无效，即将关闭，原因不明或是刹车系统没有在指定的时间？请洽汽车制造商！Abort，Retry，Fail？"

这充分展现了工业时代汽车从业者的高傲，到了电动车和燃油车竞争的时代，虽然巨亏，但是努力提升销量且获得资本市场追捧的特斯拉俨然成为新时代的"微软"，那么企业主营业务持续亏损是不是一个巨大的风险？在传统汽车企业经受过训练的高管无不把盈利作为最高优先级目标，那么如特斯拉般的做法就是极高风险，无法接受的。而从特斯拉的商业模式来看，推行的是互联网经济的理念，效法亚马逊，亏损本身是其商业模式的必由之路。这就决定了在对待亏损的看法以及应对策略必然不同。

在基于企业战略和风险偏好对于风险进行定义之后，接下来需要做的就是尽量穷举可能带来风险的事件，并基于所有的风险事件来进行评估影响。风险评估可以从定量和定性两个方面来考虑。

1. 定量评估

从发生风险事件的可能性以及风险事件可能带来的影响高低两个维度来进行评估。在大致估计可能性和影响之后，可以通过风险地图工具来展示，并且可以通过（可能性 × 影响高低）对风险事件的后果定量，并基于此排序，以便确定后续管理的优先级。

2. 定性评估

在很多业务场景中的风险事件很难评估其发生概率，或者发生之后的损失到底有多大。例如，地缘政治风险、法律合规风险等，企业无法从量化角度对其进行考量，但是一旦发生，往往后果是颠覆性的。大致判断后也可以通过风险地图工具来展示。

风险地图工具有两个维度：一个维度是可能性，排序依次为极低、低、可能、极可能、几乎肯定；另一个维度是影响程度，排序依次为近乎没有、轻微、中等、重大、灾难。再将界定出来的风险事件基于两个维度，填入到风险地图中去，如下图所示。

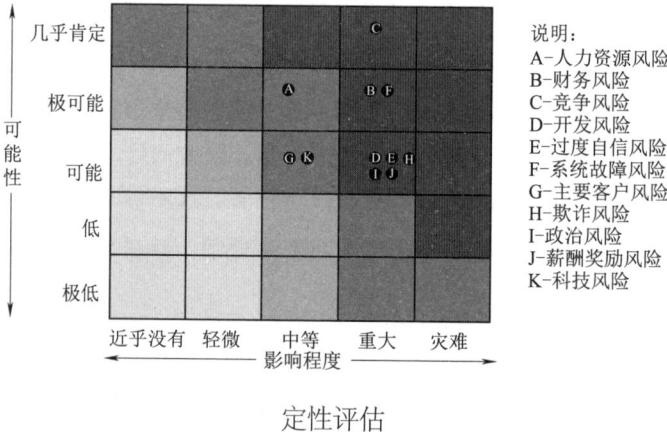

风险地图（或风险共同语言）

说明：
A-人力资源风险
B-财务风险
C-竞争风险
D-开发风险
E-过度自信风险
F-系统故障风险
G-主要客户风险
H-欺诈风险
I-政治风险
J-薪酬奖励风险
K-科技风险

定性评估

上图为企业的风险地图，也叫风险共同语言，代表企业整体对于风险的认知，以便后续进行风险管理。

管理风险并复核效果

完成了风险地图以及定量排序之后，风险管理方法有个非常成熟的工具叫 TARA 模型，也就是四种管理思路的英文单词首字母简称，即转移风险（Transfer）、避免风险（Avoid）、小心管理以降低风险（Reduce）、接受风险。

结合上述提到的风险地图，把整个区域划分为四个组合，并对不同的组合使用不同的管理思路，如下图所示。

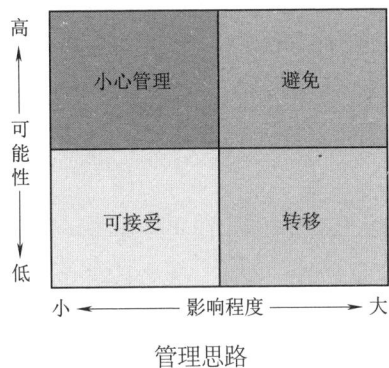

管理思路

● 低可能性但影响程度大——转移风险

此类的典型风险事件如火灾、洪水、爆炸事件、合规事件等，不可能天天都发生，但是一旦发生后果非常严重。此类风险事件最常见的管理方法就是转移风险。

例如火灾风险，通过购买保险把风险转移给保险公司。一旦发生灾害，立刻向保险公司索赔。保险由大型企业的一个专门团队管理，该团队绝大多数情况下归属于财务部门。

例如合规风险，通过在当地和其他专业合作伙伴进行合资、联营，将风险转移给合作伙伴。通过把部分业务进行外包，将风险转移给外包供应商。人们常常调侃的"出了事儿都是临时工顶包"，其实反映出来的就是这种将风险转移给供应商的管理思路。

● 高可能性且影响程度大——避免风险

此类风险事件所对应的业务活动应该立刻停止。例如野蛮施工、违法运营等。

● 高可能性但影响程度小——小心管理以降低风险

此类风险事件是在企业日常经营中碰到最多的。例如制造型企业生产过程中的报废、服务型企业经营中遇到的客户投诉事件、商贸流通企业经营中的到货延误问题等，每次发生对于企业的影响不会很大，远非涉及企业生死存亡的大问题，但是如果管理不善，导致经常发生，累计损失巨大。

这类事件最好的管理方法就是加强企业内部管理，通过规范流程等方法对问题反复抓、抓反复发生，降低其发生可能性，直至其转化为下一类"低可能性且影响程度小"风险事件。

● 低可能性且影响程度小——接受风险

此类风险事件的实质是偶发且后果轻微。大多数企业加强风险意识教育，尽量再降低其可能性即可。对于一个企业来讲，想把所有的风险都管理好，把风险降低到 0，且不论需要投入多少资源，这个目标本身就是不现实的。

根据 TARA 模型的逻辑选择了风险管理的方法之后，非常关键的步骤就是复核。

有过企业实务经验的同事都知道，在实际业务环境中，知道怎么做是一回事，是不是真的做到位了完全是另外一件事。无数成功企业家在谈及内部管理时，无不提及"一个成功企业哪里天天会有那么多生死存亡的大事需要作出决定，无非是平平常常的事情，重复重复再重复。"在风险管理领域，管理逻辑也是一样。

执行情况的复核可以借鉴风险地图并在此基础上加以延展。如下图所示，横轴是风险处理效果的评级，纵轴是风险评级。在执行后，过一段时间，一个季度或半年，企业再来复核一下情况。

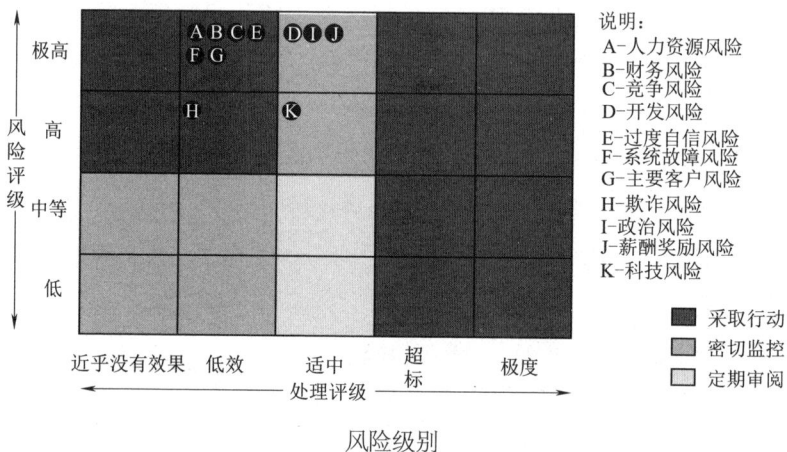

风险级别

78

一方面，风险事件的等级有没有因为内外部环境的变化而调整。例如以2020年实际情况考虑，大多数企业需要调高现金流安全、贸易成本、供应链安全的风险等级。另一方面，对于前期已经决定采取的风险管理手段，需要复核其效果。从执行效果角度看，很多时候企业要么矫枉过正、处理过头，要么执行力度不足。如果是矫枉过正，企业耗费了太多的资源，造成巨大浪费，那就要降低相应处理力度。但如果是几乎没有效果，表明风险管理手段都流于形式，那就必须加大执行力度，确保落实。

较好的情况就是在上述的处理效果图上，将尽量多的风险事件控制到处理评级适中的区域，并针对不同风险事件处理情况，黑色区域必须立刻采取行动，浅灰色区域需要密切监控其情况，而白色区域相对受控，定期审阅其状态即可。这样既管理了风险，又避免了对于企业经营的过度影响。这才是企业风险管理要追求的效果。

在企业的实际操作中，一般要么有专门的风险管理组织负责，要么由财务或者企业的战略部门牵头，对企业的整体风险进行评估，并履行相关风险管理职责。

风险管理的原则——全面性、融合性、重要性、平衡性

在《管理会计基本指引》中，系统性阐述了风险管理的一些原则，以下对这些原则在企业的具体运用做一个简单的介绍，如下图所示。

全面性原则	融合性原则
企业风险管理应覆盖企业所有的风险类型、业务流程、操作环节和管理层级与环节	企业风险管理应与企业的战略设定、经营管理与业务流程相结合
平衡性原则	重要性原则
企业管理权衡风险与回报、成本与收益之间的关系	企业应对风险进行评价，确定需要进行重点管理的风险，并有针对性地实施重点风险监测，及时识别、应对

风险管理的原则

原则一：全面性原则。

对于一个企业来讲，风险无所不在，并非着火了，被水淹了才叫风险事件。风险可能来自很多个方面，往大了说工厂意外事故、研发失败、人员的大批量离职、传染病、政治事件、法规的变化等；往小了说，员工由于对公司不满删除了服务器数据，客户购买产品出现意外故障，ERP系统参数出现问题导致某条生

产线无法投料，甚至员工雨天跑去食堂用餐摔倒骨折，所有这些都是企业的风险事件。对企业风险进行评估时，应该全面考虑。

原则二：融合性原则。

所有风险管理方法都不是孤立存在的，必须与企业的业务流程密切结合在一起。

例如，前文提到保险是常见的风险转移手段。当一个企业要去投保的时候，千万注意的是，并不是负责投保的部门或者财务部根据自己的理解，去签订一份保险合同，付了保费就可以的。

以火灾风险为例，如果企业有厂区、有仓库，那么势必要相应地投保财产险，而保费的高低与保险公司对于企业风险水平高低的判断呈线性正相关。此时就涉及如何评判火灾发生的概率，怎样能够尽量地降低火灾发生的频率。如制造型企业的工厂现场管理和安全部门，以消防设施为例，企业是否依照规定设置消防通道，是否设置消防水池，消防水池的压力值是否达标？企业内部的厂房有没有安装消防烟感器，是否灵敏？消防管道喷淋压力够不够？对于易燃易爆的车间，是否完全遵从相关的建筑规范，是否符合国家的相关安全标准？火灾发生时可能存在有毒有害气体泄露问题的车间是否为负压环境？这些都不是通过买保险就能解决的，解决这些风险一定是从最初厂房的设计，包括土建安装做起，包括厂区建设时的现场管理，如厂区是否禁止明火、员工是否禁烟？只有将风险管理意识、方法和企业的业务流程结合在一起，才有可能有效地降低风险。

原则三：重要性原则。

此前提到企业的风险没有办法完全消除，所以从实际操作角度，就必须抓大放小，找到主要矛盾，把最主要、最重大的风险全都控制住，而对于一些影响较小的偶发风险，采取风险自留，或者小心管理的方法来进行处理。

原则四：平衡性原则。

对于一切风险管理手段，企业都是要投入资源的。即使仅仅是加强安全教育，也需要对企业员工宣传并贯彻，耗费的是企业有效的工作时间。绝大多数情况下，风险管理是需要资金投入的，那就必须考虑成本与收益之间的回报。如前文所述，企业投保财产险或者其他险种，但是保障范围越全，保险标的价值越高，那么支付的保费也就越高。

以洪水灾害为例，长江流域很多城市房屋被淹导致财产损失的概率比较高。对此类风险是否可以投保，通过保险转移风险？从下图两个保险产品报价即可知，如需覆盖台风、暴雨、洪水等灾害损失，保额 500 万元，保费就要 358 元起；而不覆盖洪水灾害损失的保险产品，保额高达 800 万元，保费仅 100 元起。这充分体现了保险范围与保费之间水涨船高的关系。

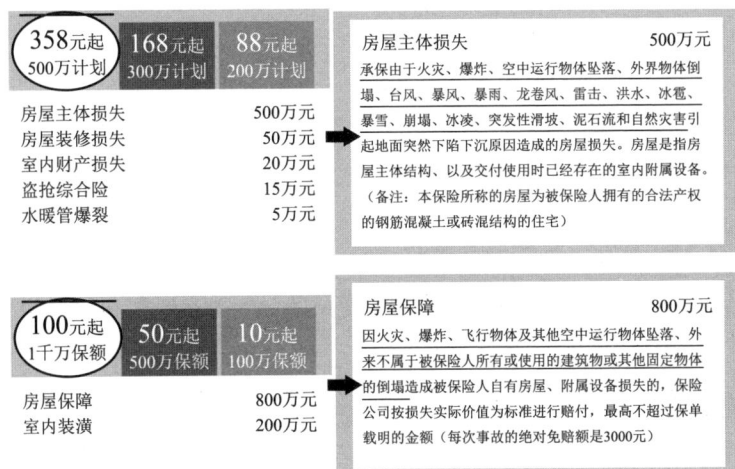

<table>
<tr><td>358元起
500万计划</td><td>168元起
300万计划</td><td>88元起
200万计划</td></tr>
</table>

房屋主体损失　　　　　　　　500万元
房屋装修损失　　　　　　　　50万元
室内财产损失　　　　　　　　20万元
盗抢综合险　　　　　　　　　15万元
水暖管爆裂　　　　　　　　　5万元

房屋主体损失　　　　　　　　　　　500万元
承保由于火灾、爆炸、空中运行物体坠落、外界物体倒塌、台风、暴雨、暴雨、龙卷风、雷击、洪水、冰雹、暴雪、崩塌、冰凌、突发性滑坡、泥石流和自然灾害引起地面突然下陷而沉原因造成的房屋损失。房屋是指房屋主体结构、以及交付使用时已经存在的室内附属设备。
（备注：本保险所称的房屋为被保险人拥有的合法产权的钢筋混凝土或砖混结构的住宅）

100元起
1千万保额
　　50元起
　　500万保额
　　10元起
　　100万保额

房屋保障　　　　　　　　　　800万元
室内装潢　　　　　　　　　　200万元

房屋保障　　　　　　　　　　　　800万元
因火灾、爆炸、飞行物体及其他空中运行物体坠落、外来不属于被保险人所有或使用的建筑物或其他固定物体的倒塌造成被保险人自有房屋、附属设备损失的，保险公司按损失实际价值为标准进行赔付，最高不超过保单载明的金额（每次事故的绝对免赔额是3000元）

产品报价

（资料来源：企鹅号　老萌有个存钱罐）

而实践中，很多中小规模企业是从不考虑投保的，其商业逻辑就是以少支付保费成本的确定性与发生风险的不确定性进行对赌。

小提示：

企业风险无所不在，通过 IAMR 流程，未雨绸缪进行风险管理是企业必须考虑的工作。

3.5 企业怎么通过保险来转移风险

企业财务往往肩负着保险相关工作，来确保企业风险有效转移给保险公司，避免企业经济效益受损。

保险业务作为比较专业的一个领域，很多时候企业的财务人员并不了解保险操作的全流程，而仅仅是简单操作，无法起到管理风险，最优化保险支出的效果。

后续内容将完整地介绍企业投保的全流程，但请注意此部分讨论的保险不涉及职工医疗保险、养老保险、公积金等法定缴纳的相关职工福利。

简要将流程按先后顺序罗列如下。

确定保险范围→选定保险经纪 / 保险公司→风险勘查及投保→事件索赔

确定保险范围

这个环节的工作实质就是囊括企业所有中、低可能性风险事件，但是又会导致重大影响的那一部分进行甄别，然后匹配市场上的保险产品，并基于成本收益的原则具体判断如何投保。

以下结合复杂的大型制造业项目实例，从设计、施工到运营阶段来确定保险范围。

1. 设计施工阶段

这个阶段保险最主要覆盖的就是两大类风险：一类是物的风险；另一类是人的风险。

● 物的风险

企业的初创阶段，在产品研发的同时，还有就是整个生产设施的建设。随着研发工作的完成以及所有厂房设备的安装调试完成，接下来就到了正常生产运营的阶段。

大多数行业研发阶段都不存在特别重大的危险，不管是内部危险还是公众危险，故不做过多阐述。

从一个企业的角度来讲，重大的风险往往出现在什么时候？是在整个设施建设的过程中。一般来讲，从土建施工一开始，马上就会有建筑工程险。土建进行过程中，需要购买设备，运输设备到现场，并且安装调试设备。相对应的是只要设备准备发运，设备在运输过程中就应有设备运输险，无非是设备买方还是卖方承担的问题。

在建筑工程险和设备运输险均已投保之后，企业在一个特定的时点上，整体项目还没有完工，但很可能有部分建筑物已经移交，对这些建筑物需要考虑财产一切险。等到设备运输到现场，只要开始安装设备，就需要考虑安装工程险。所有的土建工程以及设备安装完成并验收移交，接下来就是整体厂房设备由财产一切险覆盖。不管是什么行业，只要涉及厂房、设备安装、调试、运输，基本上都遵循了这样的规律。（注：实务中建筑工程险与安装工程险一般同时安排，较少分成两张保单），如下图所示。

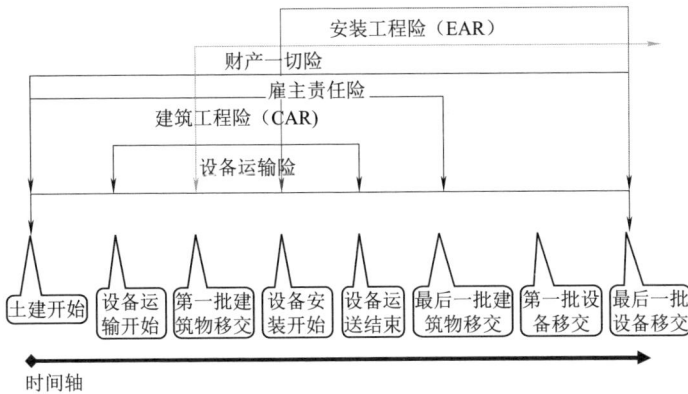

不同阶段险种

- 人的风险

在土建工程以及设备安装过程中，现场人员的风险是比较高的，例如高处坠物、人员跌落等。各类伤亡事故防不胜防，还曾经碰到过农民工不佩戴劳动防护用品进行开挖作业，结果土壤中有过往排放化学品残存，导致数十人足部灼伤的意外情况。对于现场人员，既然存在伤亡风险，那么业主方员工投保雇主责任险，同时要求施工方对其现场员工投保雇主责任险也就顺理成章了。鉴于工地人员的流动性极高，保险公司往往不愿意接受雇主责任险。此时往往通过建筑工程险、安装工程险或者建筑工程意外险来转嫁人员风险。

另外需要说明的是，只要企业有雇员，不论在企业运营的哪个阶段，雇员都有遭受意外而受伤、死亡或者罹患职业病的可能。从企业角度看，较好的选择就是要投保雇主责任险，后面内容不再赘述雇主责任险的作用。

2. 运营阶段

设计施工只是企业的某个阶段，更多的风险事件会发生在正式运营后。运营中的风险事件基本可以分成以下几个大类：有形财产损失风险、财务损失风险、法律责任风险。

- 有形财产损失风险

有形财产包括什么？一般指的是企业的厂房、设备、存货，包括寄售的货物，等等。

具体指的厂房起火、爆炸、水淹、库存意外毁损、机器损坏等，究其原因则会有多种多样的情况。例如机器损坏，可能是以上提及的灾害，也可能由于工艺

83

设计缺陷、原材料缺陷、操作疏忽、离心力导致断裂、电气原因导致毁损，等等。

一般来说，对于所有有形财产应考虑财产一切险。从厂房设备安装就位正式移交，财产一切险马上就要跟上。由于制造过程中机器可能损坏，对应的是机器损坏险。在原料、在产品以及成品运输过程中可能遇到的损坏或损失，则有对应的货物运输险。

● 财务损失风险

此类风险具体指的是企业运营过程中由于各种原因导致的营业中断，因营业中断导致企业产生了财务损失。针对此类损失，就有了一个对应的险种——营业中断险。一般附属于财产一切险／机器损坏险项下。

哪些因素会导致营业中断呢？生产流程的瓶颈、关键设备替换、公共能源供应、运输物流、供应链中断等均属于营业中断因素。营业中断险这个险种就是确保以上原因导致企业营业中断，企业受到的损失，能够获得赔付。

目前，国内最著名的营业中断损失赔案当属韩国 SK 海力士无锡工厂大火案。SK 海力士是全球第二大 DRAM 芯片制造商，全球 DRAM 市场占有率达到 24.6%，仅次于三星的 50%，无锡工厂的产量占到了 SK 海力士总产量的一半。2013 年 9 月 4 日，SK 海力士无锡工厂发生大火，造成 DRAM 生产线全面中断，导致全球手机和计算机的存储芯片价格在火灾之后猛涨。这场历时两个半小时的火灾，导致保险估损约 9 亿美元，其中物质损失部分 6.5 亿美元，营业中断部分 2.5 亿美元。

那么 2020—2022 年因特殊情况所导致的损失，算不算是营业中断险可以覆盖的一部分？这高度依赖于是否投保，以及投保当时，相关保险条款是如何约定的。尤其是保单所定义的财产损害是否包括病毒污染引起的无形的损坏，以及其相关的除外责任约定。根据银保监会的统计，2019 年投保了营业中断险的企业在国内差不多只占 3.6% 的比重，而在这 3.6% 的企业投保的保单中是否包括了病毒引起的无形损坏暂无法得知，但可以合理推断大多数企业在这次新冠疫情中，是没有办法得到营业中断险赔付的。

那么营业中断险一般会赔付哪些损失呢？主要包括企业正常业务毛利，因中断导致增加的营业成本，为估损导致发生的费用等。

● 法律责任风险

除了上述两种直接与企业运营相关的风险，有些风险与企业运营有联系。例如，经营过程中出现风险事故，导致第三者伤亡、损失，或者企业生产出售的商品出现事故，导致使用该商品的人产生疾病、伤亡或者损失，等等。

如果在整个生产运营的过程中，工厂出现意外事故，造成周边第三者的人身伤亡、财产损失，一般就是公众责任险覆盖的范围。

例如，曾有工厂建设在呼和浩特市郊的开发区土地上，建设时周边是放牧的荒地。随着经济的发展，开始有牧民的房屋建设到了厂区，甚至邻近厂区危品库。如果一旦危品库发生事故，大概率对于牧民及其财产造成损伤，这就是典型的公众责任险承保范围。

如果是企业生产出售的商品出现事故，导致使用该商品的人产生疾病、伤亡或者损失，一般是产品责任险覆盖的范围。

例如，夏季经常看到新能源汽车起火事件的新闻报道，或者某国际品牌新能源车存在争议的车辆自动加速导致事故，如果起火或者自动加速导致车主伤亡或者财产损失，那么对应的保险产品就是产品责任险。

那么，如果新能源车企业在车辆没有出现起火事故之前，自己发现了产品可能存在问题，进行产品召回，避免后续产生实质伤害，那么产品召回保险就可以赔付相关损失。

除此之外，如果工厂在运营过程中发生了一些事故，可能会导致周边污染。污染影响的范围可能会非常大，污染物随着大气，随着水流会影响到第三者，并导致了第三者的损失，那么由此产生的身体伤害、物质损失、清污费用以及法律费用等可能金额巨大，对应的保险产品为环境污染责任保险。

考虑上述保险产品之余，对于企业雇员除了社保、公积金等法定义务以及雇主责任险外，还有一类常见的险种，即董事及高级管理人员的责任保险，简称高管责任险。

这是什么险种？其实质就是公司董事及高级管理人员在行使职权时，因过错导致第三者遭受经济损失，依法应承担相应经济赔偿责任的风险，这个风险可以通过高管责任险转嫁给保险公司，由保险公司按合同约定来承担经济赔偿责任。这种产品可以帮助高管在履职过程中减少其决策的后顾之忧，或者减少其因所在企业或所投资企业不当行为而带来的风险，更好地履行其职责。需要特别指出的是，凡涉及诈骗或者犯罪类的个人责任均非高管责任险承保的范围。

例如，最近美国资本市场上沸沸扬扬的某中概股数据可能存在造假的问题，据传其股东中的某基金高管就未投保高管责任险。如果传言属实，那么当该企业公众股东索赔确认后，该高管需要承担的经济赔偿责任可能是巨大的。

● 网络安全风险

随着移动互联网的深入，企业正在不断拥抱互联网，以求改造提升自身业务。不过，恰恰如此，互联网的便利性也让网络安全事故频发。黑客攻击、数据泄漏等一系列网络安全风险，都对于当今企业的发展提出了新的挑战。例如，用户数据泄露，造成严重的数据安全事故，企业在泄露用户隐私的同时也导致企业公信力受损。而被黑客攻击之后，经营数据外泄，形成严重的商业泄密，企业容易受到经济损失的同时也给竞争对手可乘之机。

这一领域的风险保险防范体系相对来说还不成熟。根据美国保险代理和经纪理事会（CIAB）数据，在保险市场相对成熟的美国，约25%的商业组织投保了网络安全保险，类似产品正在从欧美扩散到以中国为代表的新兴市场。

还有一些常见险种，如企业购车行为，车辆需要投保车险等，因其常见故不再展开。

选定保险经纪（保险公司）

选定保险经纪或者保险公司的环节与确定保险范围一般均同步展开。一方面企业自身根据对于业务的了解以及风险事件、风险偏好的确认来对保险范围进行分析，另一方面也可以借助保险经纪、保险公司的行业经验以及对保险产品的了解来对保险范围进行确认。

对于比较简易的险种，例如典型的车险，不涉及过多的企业风险管理方法定制化，也不涉及比较专业的保险条款设计，企业可以直接与保险公司接洽并投保。

但是对于较复杂的业务，例如前述营业中断险，等等，很多时候需要高度依赖专业第三方——保险经纪人进行。保险经纪人之所以对于大型企业来说不可或缺，是因为保险经纪人可以起到以下的作用。

● 保险经纪业务，即风险评估、分享行业实践、设计综合方案并进行市场询价

保险经纪主要在于帮助企业了解行业普遍的保险选择，避免过度保险覆盖，

或者保险覆盖不足。而综合方案的设计则帮助企业避免漏保风险，比如，前述制造业项目从施工到验收的转变，需要确保建筑工程险、安装工程险以及财产一切险的无缝衔接，否则很容易产生企业误以为已经将风险转移，但是实际上某个特定阶段存在脱保的风险。

市场询价则是保险经纪人的另一重要作用。在行业中比较成功的经纪人与所有保险公司、再保险公司均保持着密切联系，当有大型项目出现时，经纪人在对保单询价的及时性以及确保价格合理性方面起着无法替代的作用，而且保险经纪人的服务从表面上看是不从投保企业方收取的，而是从保险公司方收取。当然企业管理者需要意识到"羊毛出在羊身上"，保险经纪人是不会提供免费服务，只不过未从企业收取而已。

- 风险咨询业务

一般风险咨询业务与保险经纪业务捆绑进行。保险经纪人很少仅向企业提供风险咨询业务，而是把风险咨询业务作为保险经纪业务的附属产品。一方面对于客户来说是额外的增值服务，另一方面也是对于客户风险管理情况的摸底以及帮助客户规避风险的有效方法。例如，对于财产损失风控手段的查勘，帮助企业建立风险管理制度，以及开展防灾防损培训，等等，均是风险咨询业务的体现。

- 理赔业务，特别是对于重大损失与巨大灾难的理赔策略

保险的目的在于转移风险，并不希望风险事件真的发生，更非借助于保险牟利。但是天灾人祸在所难免，投保之后是否能够有效，及时索赔直接决定了保险这一风险转移手段的有效性。专业保险经纪人对于各家保险公司的索赔程序、索赔文件要求等的熟悉程度是企业所望尘莫及的。

与此同时，更加体现保险经纪人价值的工作在于理赔策略的选定。

例如，制造业企业的厂房房顶以彩钢板覆盖，江浙地区夏季多暴雨。某日暴雨，厂房房顶排水口排水不畅，房顶积水，导致过载，房顶因此遭到破坏，房屋内存放的货物均遭水淹而毁损。那么碰到这类情况，企业是通过工厂建设方索赔损失，还是通过财产一切险保单索赔损失？哪种做法既确保索赔及时有效，又能够避免企业保险费在后续年度攀高，保险经纪人的意见非常值得借鉴。

目前，全球声誉卓著的保险经纪人包括达信保险经纪有限公司、韦莱韬悦保

险经纪有限公司，等等，其员工数万人，业务几乎覆盖全球所有国家与地区。具有内资背景的保险经纪公司也在企业风险管理意识越来越强的背景下蓬勃发展，但与全球大公司相比，在业务规模、全球性业务开展能力等方面存在一定差距。

风险勘查、投保及后续索赔

风险勘查可以归纳为保险经纪人风险咨询业务的内容之一。对于未经保险经纪人投保的企业，保险公司也会对企业进行现场风险勘查，以评估其风险水平，并就此估算其费率。如前述的消防设施设置、厂房设计、产品管理等均为勘查内容之一，包括厂房地理位置是否处于地震多发地区，地势是否低洼，水文地质条件，甚至对工厂使用的电气设备，如配电箱采购于国际一流厂商还是三线小厂，均纳入考虑范围。

前述工作完成后，具体的投保行为相对较简单，即签订合同、支付保费、保单生效，并后续更新。

待企业发生风险事件，按照保单要求第一时间通知经纪人或保险公司，保留现场证据，准备相应索赔文档即可。

成本效益配比原则

和保险经纪人（保险公司）打交道的过程，往往会让企业财务人员感觉到无风险不可保，一切灾害、事故似乎对企业来说都能获得索赔。但世上从来没有免费的午餐，任何一种风险的转移对于被转移方来说都意味着或有损失，作为经营风险的保险公司，对于任何风险转移均明码标价。

以新能源汽车为例，夏季高温，电池导致的自燃频发。从风险转移角度看，这是典型的产品责任险投保的范围，"在保险期限内，由于被保险人所生产、出售的产品或商品在承保区域内发生事故，造成使用、消费或操作该产品或商品的人或其他任何人的人身伤害、疾病、死亡或财产损失，依法应由被保险人承担赔偿责任"。但是实践中，很少有汽车企业投保产品责任险，原因何在？

（1）汽车企业"马太效应"明显，弱者逾弱，不堪保费支出压力，而强者动辄年销数十万、上百万辆，车损毕竟是小概率事件，不如节省保费对赌车损风险，万一发生，企业负责赔偿损失即可。

（2）具体到新能源车电池导致的自燃，因技术手段与目前原料性能所限，车企为达到获取国家补贴的性能要求，不得不提升单位高能量密度，形象地说就是在数量、体积不变的情况下，加大电池功率，那么自燃风险必然升高。从保险公司角度，往往对此会要求高保费来对冲风险，或者在产品责任险保单中，将电池相关风险排除出去。

由此可见，在企业财务人员确定保险范围，选定保险产品的过程中，一方面需要了解市场上有哪些产品可以用来转移风险，另一方面也需要对投保所发生的成本以及通过投保转移风险所带来的收益进行权衡，确保企业利益最大化。

小提示：

保险是管理风险的好方法，通过保险经纪人／保险公司熟悉行业实践，选择保单产品对企业至关重要。保险也不是买得越多越好，还需要兼顾保费成本与收益之间的配比关系。

第4章

当务之急，确保企业不失血

现金流是企业生存的根本。面对意外事件，弄清楚企业自身现金流情况方能进退有据。

融资过程中企业全员协同才能有效增强债权人、投资人的信心，而集中管理散落各处的现金与存款则是加强企业资金利用效率、降低风险的好办法。

4.1 必备的短期现金收支预测

在任何时候，企业的现金流都是至关重要的。现金是企业的血液，现金流出现问题，企业可能很快就会进入清算阶段。

在整体商业环境都受到经济危机等因素影响的情况下，无论企业规模大小，或多或少都出现了现金流的问题。

不论企业后续采取什么业务战略，当务之急都是先把自身的现金流情况弄清楚并确保安全。通俗地说，保障企业现金流有以下三个步骤：

第一步，"先算账"。搞清楚企业现在有多少钱，能赚到多少钱，还要花多少钱。

第二步，"控支出"。在钱不够的情况下把要花出去的钱控制一下，量入为出。

第三步，"找来源"。即使省着花仍不够，那么就要想办法找更多的钱来。

在考虑现金流情况的时候，需要避免的一个问题就是"利润幻觉"，详见 5.1 节：认清报表利润幻象。

先算账——现金流预测工具

在进行现金流预测之前，建议每一家企业都做一张现金流预测表。一般来说，至少要做出未来三个月的预测，如下图所示。不同企业现金流预测的长度有所不同，有些企业做六个月、一年、三年，甚至有现金流回收期间非常长的企业，如油气开采类的企业，它的现金流预测甚至要做到十年以上。

现金流预测表

项目	3月	4月	5月
期初余额			
+现金流入			
−来源1			
−来源2			
−来源3			
−现金流出			
−用途1			
−用途2			
−用途3			
＝期末余额			

为什么说企业至少应该准备未来三个月的现金流预测呢？主要是因为按照大多数银行的操作实践，以流动贷款为例，从达成意向、提报材料、完成审批到最后放款，多数情况下需要三个月。所以从企业角度看，至少要做三个月的预测，以便调整自身现金流，同时很多银行也需要企业提供用款计划以确认款项的正当用途。一般也至少以三个月为一个周期，如果企业管理水平较高，对于未来业务掌控到位的，可以在三个月的基础上适当延长。而对于资金进出频繁的行业，如三方支付类企业，时间维度的颗粒度可以到周，甚至到天。

现金流预测的起点——期初数

预测现金流，首先要搞清楚手里有多少钱，也就是期初数。考虑期初数时需要避免的误区是直接取资产负债表"货币资金"来计算库存现金、银行存款和其他货币资金。如果是编制现金流量表，这种取数方法没有问题，而且必须做到"资产负债表"时点数与"现金流量表"期初、期末数的钩稽。

但在考虑现金流预测时，这里的期初数实际上代表的是企业可用的货币资源，此时需要对一些干扰因素进行调整，例如"受限制的现金"，避免高估。建议在进行现金流预测相关估计的时候，尽量保守、稳健些，不要过于乐观，一旦出现由于过于乐观而导致实际现金流不如预期的情况，这个后果是企业无法承受的。

企业在开展业务的过程中，可能会存在很多种资金不能自由使用的业务场景。

最常见的如企业开立银行承兑汇票，只有信用极好的企业才有可能采用100%银行授信敞口开立，绝大多数情况下保证金比例至少是开票金额的30%。随着企业信誉的积累以及授信额度持续有效，银行才有可能逐步减少保证金比例，直至免保证金。如果企业在银行没有授信支持，那么保证金就是开票金额的100%。此类要求同样适用于信用证的保证金、保函的保证金。

也有可能存在企业质押银行存单进行短期融资，甚至通过这种安排来向关联方输送资金等情况。这种业务会导致企业不能在质押生效期使用该存单提款，如下图所示。

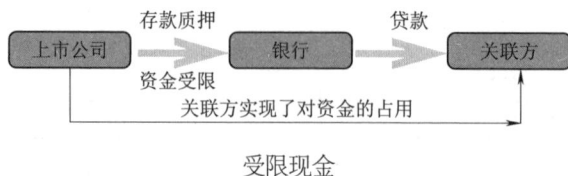

受限现金

在使用资金池进行现金归集管理的企业中，当使用虚拟资金池架构以优化税负时，虽然所在账户的资金为当前企业所有，但是头寸已经归集在资金池主账户，当前企业不能自由使用。

企业的实际经济业务灵活多变，无法穷举所有现金使用受限的情况，这就需要在准备现金流预测时要基于对企业业务精准的把握来进行调整。

现金流预测的过程——流入流出"四种匹配"

有了准确的期初数，现金流预测的计算就变得非常简单：期初数 + 现金流入 - 现金流出 = 期末数。在简单的计算背后，体现了对于业务前瞻性的高度要求，同时也体现对财务人员的技术性要求，总结起来就是现金流的四个匹配。

1. 总量匹配原则

体现的是量入为出，确保期末余额大于零。利润表结果如果是负数，则体现了企业经营亏损的事实。但是现金的期末余额绝对不能是负数，因为负数代表的是企业现金流断裂。

2. 用途匹配原则

现金流预测经常被忽视的一点是资金用途是否匹配。

企业消耗现金的业务多种多样，例如购置土地、建设厂房、购买原料、发放工资、投资其他企业等都会导致现金流出。

企业现金流入的途径有很多种，例如在资本市场定增拿到一笔钱，有可能是银行贷款授信获批，银行可以放款一笔钱，也可能是企业提供服务或者销售货物，经营回款有一笔钱，还有可能是股东注资一笔钱。对于这些钱，企业是否都能够自由支配？是不是所有钱的来源都可以任意匹配到上述的用途去？答案是否定的。

假设企业是从银行贷款获得的资金，在贷款用途审批过程中已经确定了贷款产品的种类，包括贷款用途。以固定项目贷款为例，如果企业希望挪用于其他用途，如支付工资、购买原料、支付房租，这都是不可行的。而在二级市场上定增所获得的资金，按照监管要求，不可以挪用，只能使用在定增审批时对应的项目。

所以财务人员就必须留意企业的资金来源和用途必须要能匹配。例如，在流出用途里面，某一笔资金支付是为了采购原材料，但是在"期初＋流入"中没有足够的资金来源支持这一业务活动，哪怕现金流入总量很大，但是这时企业的资金流依然是有问题的，就像漂流在海上，放眼望去都是水，但最终仍然干渴而死。很多企业往往就会在此类问题上犯致命错误。

注意来源与用途匹配的同时，还要关注到资金能否自由使用。哪些资金对于企业来说是完全可以自由支配的呢？例如股东资本金、经营汇款等企业自有资金自由支配度较高，各类后续融资不论股权、债权融资，均有可能使用受限。一方面企业应尽量先利用用途受限的后续融资，保留自有资金以备不时之需；但另一方面所有先利用的融资均有成本。两者之间如何取舍，则高度依赖于企业自身资金实力、融资能力、营利能力以及对于后续业务发展的展望等。

3. 时间匹配原则

企业现金的流入和流出，一定要有一个先流入、再流出的关系，在任何时间点都不能让现金流断裂，不能让它成为一个负值。怎么来理解这个关系呢？设想一个极端场景，企业账面有一笔钱，考虑可以做定期理财或活期存款。理财肯定比活期存款获得的收益多，但是理财到期日正好是支付原材料或支付工资日之后的那一天，那么该如何选择？

明智的选择是千万不要为了几十个基点的年化收益来冒推迟付款与工资的风险。

● 从内部看影响太恶劣

要知道，企业里面大多数员工在衡量一个企业的财务人员是否专业、水平高低的时候，并不是财务带着这个企业做的 IPO 有多么成功，也不是财务的税务筹划能力有多强，更不是预算的准确率等。评判的标准其实特别简单，而是工资发放得及不及时、报销处理得快不快。而推迟付款的企业，后果将会非常严重。

● 从外部看风险也很大

在目前许多企业现金流都比较吃紧的情况下，当供应商发现企业出现付款延迟的时候，很可能他们就会理解成企业的资金流出现了问题。万一发生类似银行挤兑的现象，必然会导致现金流断裂，如果不是资金实力雄厚到一定程度的企业，后果将是灾难性的。

4. 币种匹配原则

当企业存在有多种货币交易的时候，货币间的汇率剧烈波动经常会对企业的财务状况造成意外影响。以美元与在岸人民币汇率计算，在过去几年里，汇率波动区间为 6.240 9~7.327 5，波动幅度将近 15%，如下图所示。

股价波动图

这种巨幅波动一方面会导致资产负债表日存在较大的汇兑差额，另一方面就是在实际发生货币兑换时产生汇兑损益。

在进行现金流预测时，当付款和收款涉及多种货币的时候，最好的汇率波动风险管理办法是做一个自然对冲（Natural Hedge）。用收来的某种货币支付该种货币的付款，通俗地说就是收美元付美元，收欧元付欧元。在自然对冲无法覆盖，产生了对某种货币的头寸（Position）缺口的情况下，再通过远期结售汇等方法来进行汇率风险的对冲。

现金流预测的关键点

不熟悉银行信贷实际操作的财务人员往往认为，在银行申请授信并获批后，企业需要放款使用时直接依授信审批额度及用途提出即可。但在实践中，授信的获批有时只能看成是信贷业务的真正开始。银行会在授信额度使用中考虑以下因素：

- 企业在申请使用授信额度时有无风险

如果被认定为有风险，大概率会被银行拒绝。以某民营造船企业为例，在资金链出现断裂之前，该企业有大大小小十几家银行，三百多亿元的授信额度，但却没有一分钱可以使用。

- 银行当期放款额度

特别是在银行总体额度上限确定的情况下，很有可能就会延迟放款。例如个人房贷，往往会碰到审批成功但是过段时间才能放款的现象，其背后的原因是一样的。

- 银行考虑客户综合贡献度

当总体放款额度受限时，商业银行作为营利性机构肯定会"价高者得"。所谓价高，并不一定是利息高，可能是捆绑了许多附带条件，例如放款前企业客户必须配套回存多少，必须开具或贴现票据多少等，甚至还曾碰到过银行负责人发现各种常规"配套要求"均已提出并得到满足后，叠加要求再买点银行销售贵金属来帮助网点达标的情况。

- 是否为重点监控行业

企业客户所在行业是否为重点监控行业，例如曾经的"两高一剩"（高能耗、高污染、产能过剩）行业等。

鉴于银行商业实践，就导致在考虑现金流预测时必须对银行授信对应的现金流入谨慎对待。

类似情况在所有外部融资对应的流入均有可能发生，如现在很多所谓"未来独角兽企业"往往对外宣传成功融资多少亿元，有可能确实投资人承诺并在法律文本中确认该项投资，是否能够确定如期足额到位也是非常值得商榷的。

考虑到上述融资流入的不确定性，企业经营流入也有可能随着市场变化而剧烈波动，所以在现金流预测完成后，财务人员不妨以"杞人忧天"的心态对预测中的每个大金额变化进行压力测试。例如某行审批的某项金额授信额度，万一无法使用怎么办？预期下个月销售回款多少金额，万一客户推迟付款怎么办？股东承诺注资，但资本金延迟到位怎么办？为确保万一发生极端情况，企业应预先做好准备。

小提示：

企业要确保现金流安全，第一步就是要先搞清楚现金状况并预测接下来要产生的现金流。预测中就必须注意四个匹配，即总量匹配、用途匹配、时间匹配，币种匹配，然后尽量谨慎假设，避免过于乐观，多进行压力测试，确保心中有数。

4.2 如何保证现金流

在现金流吃紧的情况下，大多数的企业如何来保证日常运作？在 4.1 节 必备的短期现金收支预测中提及，第一步是"先算账"，搞清楚企业有多少钱，能赚到多少钱，要花多少钱。第二三步是"控支出"和"找来源"，在此基础上再考虑如何优化资金管理，如何防范资金风险。

控支出——判断支出的刚性程度

"量入为出"是大家都知道的一句持家名言。对于企业也是一样，相对于存在不确定性的"资金来源"，企业控制各类支出的确定性会强很多。

在具体采取控支出的措施之前，首先需要做的是对企业的现金流出进行分析并分类。我个人的经验是把支出分成三类：强刚性、刚性、柔性。三个分类的名称就代表了区分的逻辑。柔性与刚性是相对于延迟支付的后果严重性来界定的。

以柔性支出为例，相关款项到了付款的时候，稍微晚点支付行不行？如果比较容易协商、延迟支付问题不大，那这类支出的分类就是柔性。到期必须支付，不支付就有一定后果，这类支出的分类就是刚性。如果到期不付，后果很严重，导致企业无法承担，这类支出的分类就是强刚性。

对于很多企业来讲，把支出进行分类，然后通过账期的管理进行延迟支付，这是常见的做法。

在具体操作过程中，会涉及如果企业账面资金不足覆盖所有支出，那么如何判断支出的柔性程度，并对账面资金支付顺序进行优化？

对于企业来说，在日常运作中，什么样的支出到期必须要付？我曾就这个问题请教过非常多的同行，得到的回应一般集中于税金、工资、房租、物业、水电费以及银行的贷款利息等。在讨论过程中，有一个有趣的现象，来自国企、大型企业、事业单位的财务人员，在排列顺序中，工资是最强刚性，其他支出都可以延迟，唯独工资不行。而来自中小企业、民营企业的财务人员，工资被认为刚性程度没有那么高。由此也可以观察出目前中国企业在公司治理方面的巨大差异。

在刚才罗列的这些项目中，我认为最强刚性的是贷款本息。

讨论这个问题的前提是，企业账面资金已经不足以覆盖所有的支出。由此可以推定该企业可以寻求的融资途径应该都尝试过，极高概率从银行获得过授信支持。在现金流比较紧张的情况下，企业一定是希望获得金融机构更多的支持。而企业的本息逾期未支付，会导致债权人金融机构立刻将此现象体现在企业征信中，有本息逾期记录的企业，征信记录立刻就会引起所有金融机构风控部门的关注并进而采取行动。此时所有的金融机构会同时要求提前还款，不能兑现的情况下就会导致对抵（质）押物或者担保方立刻采取行动。这对于企业来说是摧毁式的打击。所以贷款的利息和本金永远是最重要的，除非这家企业在实践中可以强势到无视征信管理体系。与此同时需要强调的是，本着鼓励企业发展，特别是强化金融扶持中小企业发展的原则，《中国人民银行 财政部 银保监会 证监会 外汇局关于进一步强化金融支持防控新型冠状病毒感染肺炎疫情的通知》（银发〔2020〕29号），对于受到极端情况影响的企业和个人经过认定，符合特定条件可以将相关逾期贷款不做逾期记录处理。

税收，对于企业来说是应尽的社会义务，且逾期不缴纳是存在法律风险的。但是在现金流的确无法覆盖税收支出的情况下，可以向主管税务机关汇报并视情况申请缓交。从纯粹资金管理角度来说，延迟缴纳税款的行为可以理解为通过延迟现金流出变相获得融资。依照《中华人民共和国税收征收管理法》第三十二条规定："纳税人未按照规定期限缴纳税款的，扣缴义务人未按照规定期限解缴税款的，税务机关除责令限期缴纳外，从滞纳税款之日起，按日加收滞纳税款万分之五的滞纳金"。按日加收滞纳税款万分之五，相当于年化 18.25% 的资金来源。相对于很多时候企业不得不寻求高息民间融资来渡过难关，年化 18.25% 的融资来源也是一种选择，虽然最高法于 2020 年 8 月 20 日发布新修订的《关于审理民间借贷案件适用法律若干问题的规定》，为利率上限划定了新的红线，设定为不超过一年期贷款市场报价利率的 4 倍（2020 年 9 月为 15.4%），但是可以预期的是借出方肯定会通过"砍头息"、"多期还款、先还本金"等方式来确保名义利率符合最高法规定的利率上限，但是实际利率远超红线的做法来牟取不正当利益。18.25% 的年化利率大概率还会是比较偏低的资金成本水平，只是企业需要非常慎重地考虑相关后果。

对于工资能否延迟支付，这完全取决于企业与员工是否能够协商一致。在极端情况下，如果员工愿意与企业成长，工资发放的延迟或者金额的调整都可以在合法的框架内进行讨论。

至于供应商款项，包括原材料类采购付款、工程建设类财务付款、服务类采购付款等，则完全取决于买卖双方的博弈情况。在企业总体现金流无法覆盖所有支出的情况下，与供应商沟通获得谅解，分期分批结算是非常通行的选择。在此基础上，叠加一些金融手段，例如从 T/T 付款转为票据付款、从短期票据转为相对长期票据等，甚至不排除有些企业在供应商结算过程中采用一些变相的供应链融资方法来挤占中小供应商的资金，如下图所示。

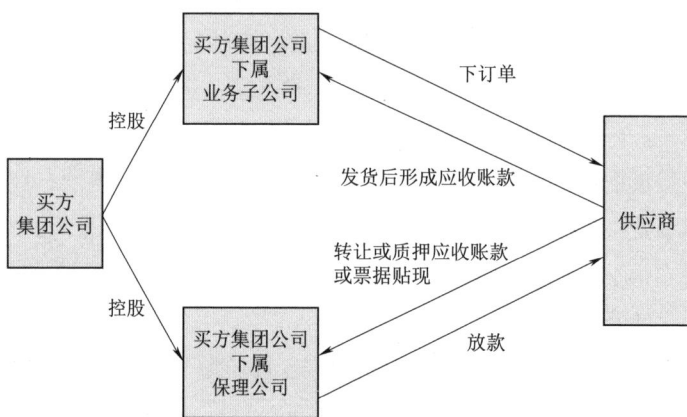

付款流程图

需要注意的是国务院正式公布了《保障中小企业款项支付条例》，并于2020年9月1日起施行，要求建立长效机制解决拖欠中小企业款项问题，其中第六条提道："机关、事业单位和大型企业不得要求中小企业接受不合理的付款期限、方式、条件和违约责任等交易条件，不得违约拖欠中小企业的货物、工程、服务款项。"第十条提到"机关、事业单位和大型企业使用商业汇票等非现金支付方式支付中小企业款项的，应当在合同中作出明确、合理约定，不得强制中小企业接受商业汇票等非现金支付方式，不得利用商业汇票等非现金支付方式变相延长付款期限。"对于需要根据刚性程度来控制支出的企业来说，需要额外关注下相关的条例规定，做好事先的沟通协商工作，并进行相关文本的合规修订。如果从收款的角度出发，更需要认真学习相关条例作为保护自身权益的有力工具。就如同生活中，打针、吃药、动手术是帮助人们治疗病痛的技术手段，但避免病痛侵扰最好的方法是养成良好的作息习惯、保持运动、健康饮食来提高免疫力。

通过上述方法确定付款刚性程度，并对付款节奏进行把控，利用企业有限的资金来避免现金流断裂。这就类似于打针、吃药、动手术的技术层面，不断增强企业竞争力，确保自身在产业上下游商业利益博弈过程中，立于不败之地才是企业避免现金流风险的长久之计。

找来源——找钱，努力地找钱

"控支出"的同时，需要加强的领域是找来源，也就是节流之余，更重要的是开源。开源的主要途径无非来自主营业务、政府扶持及税收优惠、对外融资等。

- 主营业务

在企业的主营业务中，一般利润与现金流都是负相关关系。

例如，西贝这家企业在董事长发出公开信之后，很快拿到了银行的贷款，与此同时也卖了将近5 000万元的消费卡，牺牲一部分的利润，预收了资金，获得了资金的快速回笼。很多航空公司推出的"随心飞""随便飞""自由飞"等产品也是牺牲了业务部分的盈利性，但是确保了一部分现金的回流。

除了在传统业务模式中牺牲利润外，努力拓展新业态将成为主流。

例如会展行业，当面对面的线下活动受限时，可以说行业受到的打击是毁灭性的。企业无法举办线下活动的遗憾和企业需要举办商业会议或者展会的刚性需求，就催生了尝试线上的模式。一提到线上会议，大多数人想到的就是一块电脑屏幕上面一个一个的小窗口对应着摄像头后面的与会者，最初的线上推广会确实如此，而对于主办方来说其效果较差，从会展行业的角度来说提供的增值部分较少。

很多会展企业开始通过VR技术协助主办方打造虚拟的现场展会场景，让与会者如同参与到实景游戏中一般在线观展，有效地解决了不能线下活动的问题，帮助主办企业有效推广其产品，同时会展企业自身也开拓了新的业务形式。

● 政府扶持及税收优惠

自2020年初至今，国务院及发改委、财政部等多部委和地方政府出台了许多扶持政策，例如延迟税收缴纳、推迟或减免社保缴纳等措施均为现金流紧张的企业提供了保驾护航的作用。从企业端认真学习相关政策、多关注相关部门执行情况，对自身相关优惠政策及时提出申请，对于现金流安全至关重要。

● 对外融资

企业的融资从财务角度究其本源无非就是债权和股权两种方式。

债权对应的渠道包括银行、非银机构、民间借贷等。其主流方式，特别对于资金流较紧张的中小企业来讲，当属银行融资。

从银行融资角度来看，当下可以尽快采用的方法依企业是否有存量授信而不同。

◆ 有存量授信的企业

有存量授信代表着与相关银行有着比较稳定的合作关系，在此基础上可以探讨是否适量地追加贷款额度。即使由于种种原因无法追加，那么灵活地利用银行权限内的利息优惠政策也可以帮助企业有效降低财务成本。

在现金流吃紧的情况下，与合作银行申请还款的展期，实质上等于变相地获得了新授信，而且避免了先还本所导致的现金流压力。除了展期之外，还可以通过申请无还本续贷的方式缓解必须先还本金，再续贷款做法的资金压力。仅此一项就可以避免许多企业过往为了还本续贷不得不通过民间借贷"过桥"导致的金融风险，也帮助企业避免银行借还本续贷名义借机压降授信的风险。

◆ 无存量授信（存量授信）额度较小的企业

如果无存量授信，则可以考虑优先争取额度小但是审批速度快的品种，各家主流银行都推出了通过网银就可以预审额度的产品。在此基础上如果可以叠加普惠金融、政策扶持品种的银行授信产品尤佳。

与此同时，多拜访几家银行来寻求合作机会也很重要。但是在此过程中需要首先避免敏感产业实体作为授信主体。例如过往的"两高一剩"（高污染、高能耗、产能过剩）行业以及目前的房地产业融资红线等。

在拜访银行的过程中应避免为了增加授信审批通过可能性而刻意夸大自身经营实力、过度美化财务数据等行为。作为"百业之母"的银行业，其风控人员对于行业的了解以及对信息的把控，可以非常容易发现此中异常之处，避免弄巧成拙。

此外，还应避免操之过急。企业希望尽快获得相对于企业规模而言的大额度授信，但银行对于过往无合作或者合作规模较小的企业，往往会审慎判断以规避其自身风险。与其期望额度过大最终落空，争取额度小但审批快的授信品种反而可以更好地帮助企业渡过难关。

但银行毕竟是商业性组织，对于基本面较差，还款能力弱的企业来说，寄希望于目前的金融扶持政策以及相对宽松的货币环境来确保其获得债务融资，往往最终仍然会失望而归。

除了债权融资之外就是股权融资。在当前情况下，要求股东注资支持不见得是一个好的时间点。企业的股东一般分为以下两大类。

◆ 专业投资机构

如果企业股东是专业的投资机构，如市场上的 VC、PE 等，现在某种意义上正进入其黄金阶段。在众多实业机构全体缺钱的时候，这些 VC、PE，早期已经与企业有所接触的投资机构，往往会利用这个时机来大幅度的压降欲借款公司的估值，用更少的钱获得更多的股份。所以我们会经常看到报刊、媒体公布的很多 VC、PE 大举投资这样的报道，其实原因就在于此。但对于企业的创始人团队来说，不见得是件好事情。

◆ 个人或者实业企业

如果企业股东是个人或者实业企业，很可能在企业碰到资金困难的同时，股东自身也遇到了资金困难，企业很难从股东处获得支持。

未雨绸缪，有备无患

现金流遇到问题的企业，往往会存在一些风险意识不足的问题。

例如西贝董事长贾国龙在接受采访时提及，他们的现金流按照发工资的极限，即使贷上款发工资，他觉得也撑不过三个月。年前他们货款付完了，奖金发完了，好多干部都是十四薪，而且年底发放。他们平时也不存多少现金，因为知道每年过年期间就是营业高峰期，现金流马上就回来了。平时有那么多存货，一卖出去就能变现，然后再发工资，以此循环。2020年初，生意骤停，所有的东西都停了，但是人员的费用支出不能停，一下就傻眼了。没遇到危机的时候，他们觉得还挺牛的，现金流足够。危机来了，突然发现现金流根本扛不住，一个月、两个月、三个月就耗没了。原来他们认为现金流充足，不要融资，不要基金。银行贷款什么的他们都用不完，给他们授信，他们就用上一半。现在发现不行了，一算账，他们连三个月都扛不过去。

从现金流管理的角度，餐饮行业是一个收取现金的行业，当客户到餐馆吃饭的时候，都是付钱后离开，没有账期问题，现金回流非常快。而对应的现金支出，例如房租、食材采购均有账期。至于人工成本，即使是在当月发放当月工资，一般也都是月末时候，从资金流角度来说，等于无息占用员工一个月工资。如果餐厅生意不错，那么其现金流之强劲可想而知。但问题就出自贾国龙董事长说的"我们不存多少现金的"。

由此可以供同业借鉴的是在任何一个企业日常管理过程中，永远都要考虑，万一有了突发事件怎么办？如同2011年"日本3.11大地震"引发福岛核电站核泄漏，进而导致诸多在华日企原产于日本的核心零部件断供；2020年澳大利亚全国性大火对商业活动的影响等均为前车之鉴。

所有存活下来的企业，即使目前现金流再稳健，消费回暖，也应该保存一定的资金存量。如当当网李国庆公开接受采访时提到，在一个企业如果没有留存6个月以上的现金，就说明企业的管理是失败的。

还有一个就是利润的幻像，这是非财务专业出身的高管经常遇到的一个问题，即一定要明白，利润和钱是两件事情，很可能公司赚到了利润，但是没有拿到钱。怎么来理解呢？在企业的利润表上，企业卖出去大量的东西，按照会计准则，就确认企业有盈利，但是如果所有的应收账款都是在一年后，这个时候就是我刚才提到的，企业有了盈利，但是没有收到钱。

在特殊情况下，企业预期业务要萎缩、资金要吃紧，如果再没有收到钱，这个时候对于财务人员来说是非常危险的。所以在向董事会、管理层进行相关汇报说明的时候，一定要告诉他们，企业有利润，不一定是赚到了钱，在当前情况下钱最重要。

小提示：

在锱铢必较算完账，预测现金流之后，开源找资金的同时节流控支出是当务之急。增强现金流风险意识，有备无患方能确保企业基业长青。

4.3 资金为什么要集中管理

此前分享了对于资金开源节流的想法，在此基础上如果企业能够对内部现金管理方法进行优化，也能起到改善现金流的作用。

如同生活中，很多人习惯把钱随手放在抽屉里、包里、口袋里、夹在书里等，这些零散的现金既容易遗失、又容易导致现金的闲置。如果养成定期整理，凑整数就存银行的好习惯就可以有效改善此前的问题。

对于企业，资金集中管理也是值得推荐的做法。

资金集中管理是将集团内各成员单位的资金集中到总部，进行统一的管理。

很多人认为资金集中管理是大型集团企业的事情，是比较复杂的管理手段。或者说资金集中管理必须通过资金池或者投资构建资金管理系统才能够推广。

单个企业把不同账户资金归集到一个账户使用也可以叫作资金集中管理。存在关联关系的多家企业把资金归集到某家企业的特定银行账户也可以叫作资金集中管理。在此基础上存在关联关系的多家企业把资金归集到某家企业的特定账户，并在此基础上进行收付款处理的集中、进行投融资行为的集中也可以叫作资金集中管理。只不过以上业务活动体现出了所在企业不同的资金集中管理程度而已。从其难易程度来划分，如右图所示。

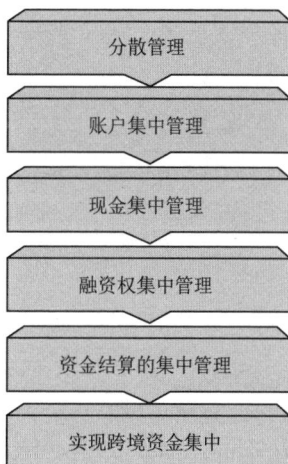

分散管理

账户集中管理

现金集中管理

融资权集中管理

资金结算的集中管理

实现跨境资金集中

集中管理

企业资金管理现状

所有企业都把现金管理作为核心工作，特别是在现金流较为紧张的企业，现金管理尤为重要。甚至在很多企业中，负责现金管理和投融资的人员直接向最高领导层汇报，更加凸显出其地位的特殊性。

在大多数企业的日常运营中，普遍存在着"乱""慢""高"的问题。

● 乱

具体体现为集团企业总部对各成员单位资金监控不到位、不及时。单体企业则体现为资金散落于各家开户行的银行账户中。进而体现为企业缺乏统一资金调控工具，难以实施及时、有效的资金管理。

即使在目前网上银行已经普遍运用的情况下，此问题依然存在。

以我曾经负责的一个企业收购为例，在完成交割、工商变更后，被收购企业合计在 13 家银行开立银行账户，作为接收手续的一部分，对印鉴的接收以及网络银行相关证书 U 盾的确认和签收必不可少。当天一一安装各家开户行网银系统，逐一测试 U 盾证书并验证余额的同事耗时一整天方能完成此项工作。

"乱"还可以表现为由于各个下属企业各自收付，当集团总部需要对现金流情况进行预测时，预测的出发点是已经实际发生的收付及对应账户余额数据，而收集收付及余额数据耗时过久，进而导致现金流预测工作丧失其及时性，影响了决策质量。

● 慢

一方面体现为账户余额、收付款交易数据归集汇总时间过长。在多账户收付结算情况下，会计人员手工清账速度慢；另外一方面也体现为当企业希望在各个银行各个账户之间进行资金划拨使用时，从指令下达到资金到账所需时间较长。

● 高

"高"的问题一方面体现为"存贷两头大"，个别子公司资金充裕，但收益水平较低、而其他子公司高度依赖债权融资。虽然每个子公司就各自资金及经营情况做出了最优选择，但是从集团合并报表层面体现为"三高"，存款余额高、贷款余额高、财务成本高。无法实现集团内部资金的有效流动。

另外一方面体现为风险高。由于子公司各自维护银行关系、管理银行账户及资金,集团总体的资金管理政策流程贯彻容易出现问题。当涉及利率、汇率敞口时，集团层面也难以对整体风险进行评估，也就无法有效采取套期保值、期权等衍生工具进行风险对冲。

资金集中管理的好处

对于企业普遍存在的"乱""慢""高"的问题，资金集中管理是非常好的解决方法。按照其重要性排序，可以体现为以下几个方面，如下图所示。

运营效率	集权、合规、风控	收益提升
• 数据云端查询	• 账户集中监管	• 资金利用率上升
• 上下游融资速度快	• 交易集中把控	• 融资能力、信用额度、利息收入
• 提高现金流预测准确性	• 风险敞口对冲	• 银行手续费、贷款利率
• 会计协调，对账速度快	• 现金、投融资集中管理	

集中管理

● 企业的集权、合规以及风控水平的提高

企业的资金必须经由银行账户进行结算，而银行账户的开立、维护以及注销是防范资金管理风险的必备步骤。对于任何分（子）公司管理层意图自主进行银行账户操作的，往往都伴随着特定的目的。

开立账户之后，对于资金的收付行为，外汇结算敞口的套期保值，如果由各个分/子公司各自处理，其操作风险、管理风险均较高，而且特定领域的专业程度也会相对较低，尤其是对于外汇业务以及大宗商品业务。

● 收益的提升

资金集中管理可以有效地避免此前提到的"存贷两头大"的问题，进行企业内部各分/子公司之间资金的削峰平谷，进而提高了整体资金利用效率，降低了融资成本。

资金集中管理为集中投融资创造了条件，当与外部金融机构进行任何业务谈判时，企业的业务规模以及资金量永远都是有力的筹码。

以银行业为例，为商业银行创造最多利润的企业并非想象中的如中移动、中石油这样的大企业，因为这些大企业可以自己在资本市场上进行直接融资，其内部财务公司等同于金融机构，归口银保监会监管。而众多的小规模企业，特别是资金密集型企业，融资能力差、议价能力弱，这些企业仅贡献了商业银行 70% 左右的利润。

鉴于此，如果企业能够将自身资源进行整合，虽然不见得有资格与商业银行总行级部门进行总对总业务对接，是否可以有机会与分行级部门、二级分行级部门，甚至支行进行谈判，争取对自身更有利的利率、银行手续费费率、结售汇点差等。

除了价格或有优惠之外，企业集中资源与金融机构进行业务对接，其总体抗风险能力较之于单个子公司一般会较强、授信主体灭失的概率相对较低，所以以银行授信为例，企业也会有可能获得更大的授信额度。

● 运营效率的有效提高

在资金集中管理情况下，首先其管理人员的专业程度相比较于分散管理肯定会变得更高。其次对于账户状态、账户实时余额、账户往来的查询速度会远高于分散管理。

如果企业在资金集中管理的同时，愿意引入很多银行所谓的"虚拟账户"（亦称二级账户），那么会计部门就可以借助于系统功能有效改善清账效率，直至完全自动清账，仅需财务人员对存在异议的往来账项进行甄别即可。

资金集中管理的工具

基于资金集中管理的诸多好处，具体如何落实于企业的日常运营？主流的商业银行均有能力为其客户提供资金集中管理服务。很多商业银行还将此类业务从公司银行部划分出来，成立交易银行部以资金集中管理为抓手，为客户提供增值服务，并同时扩大银行自身市场占有率和客户黏性。

对于特大型企业来说，由于其业务的复杂性，通用型的银行资金集中管理平台往往难以满足其业务要求，且特大型企业的资源投入力度较大，可以内部开发资金集中管理平台。

以下以某商业银行为例，依托于网络银行，其公司银行部推出的"财资盈"企业集团财资管理平台就是银行中做得比较好的范例。简要总结其功能具有"易查询、易交易、易归集、易记账、易融资、易定制"六大特色。

——易查询

覆盖绝大多数银行，包括国有银行、股份制银行、城商行、农商行以及较大规模的外资银行。通过一个 U 盾用户登录一个查询界面可以实现集团企业跨法人、跨地域、跨银行的实时余额以及交易明细的查询。不仅可以通过电脑端进行查询，还可以通过移动端查询。

——易交易

帮助集团企业总部只通过一个 U 盾，实现总部和分 / 子公司的转账或审核，无须多家银行之间的 U 盾切换，并可以通过银行平台直接进行理财产品购买或者结售汇交易。

——易归集

兼容国内资金池、跨境外币资金池以及跨境人民币资金池。实现定额归集、全额归集、保底超额归集、约定金额下拨、固定余额下拨、按上期归集金额下拨等功能。有效地解决了分 / 子公司账户头寸管理难、资金手工划拨时效性差、现金调度难以及预测准确性低的问题。

——易记账

帮助企业提供二级账户（亦称虚拟账户），支持自主设立二级账户，二级账户可以独立对外收付款，有效帮助企业避免人工逐笔对账清分的工作。

——易融资

当集团企业存在大量票据结算情况时，依托于票据池的成熟产品，将持有的银票（含纸票、电票）统一质押，集团内即可实现共享额度、质押融资、批量提示付款等功能。集团企业总部还可以自行调配成员企业融资限额，池额度占用有偿计价来进行内部财务考核。

——易定制

基于企业的业务要求，可以对于系统设置、界面等进行定制化设计。

该银行作为所有国内上市银行中，投资市场愿意给出最高市盈率（PE）的中小板上市银行，其产品确实有独到之处。资金集中管理服务作为有效获取企业集团整体业务，增加客户黏性的银行产品，国内主流商业银行均在此领域投入巨大。

资金集中管理的注意点

资金集中管理这类工具可以帮助企业极大地改善资金的使用效率，但是在推广使用过程中，也存在着诸多需要谨慎考虑的方面，甚至有些企业是完全不适合推广资金集中管理工具的。

● 有些企业不能推广

如前所述，资金集中管理即将集团内各成员单位的资金集中到总部，借助于商业银行的资金管理平台进行统一的管理。这种业务安排必然会导致企业现金流信息对于银行的完全透明化。借助于强大的数据收集分析能力以及银行风控部门海量的行业标杆数据，银行可以比企业的财务部门更及时、更全面、更有前瞻性地发现企业现金流已经出现或者将要出现的问题。作为经营风险的营利性商业机构，银行往往被诟病为"晴天送伞、雨天收伞"的典型代表。对于现金流较为紧张的企业或者后续经营情况与银行授信申请过程中提交信息存在有一定偏差的企业在银行完整收集到账户及现金流信息后，是否还能维持现有授信，通过贷后跟踪审查，并进一步扩大授信规模均会带来不确定性。

除此之外，凡是涉及合资企业的资金集中管理往往都会比较困难。其根本原因就源于双方股东或者多方股东之间的信任以及利益分配。具体而言，如果合资企业的资金被某一股东扫划归集，是否会存在恶意占用而无法返还合资企业的问题，进而导致其他股东利益受损？即使不考虑股东间的信任问题，合资企业资金扫划归集到某一股东账户中，该股东可以享受到资金归集的诸多好处，对于其他股东却并无好处可言，其他股东们也就没有必要冒着或有的信用风险来"为他人作嫁衣裳"。

此类问题在证监会会计部发布的《会计监管风险提示第9号——上市公司控股股东资金占用及其审计》中也可见端倪，控股股东利用其控股地位占用上市公司资金的手法之一就是控股股东通过与金融机构签订集团资金管理协议、资金池安排等，将上市公司货币资金归集并挪用，但上市公司货币资金项目显示为被占用前的"应计余额"。上市公司诸多的中小股东无法制止控股股东占用资金的安排，但是合资企业的其他股东是完全有可能通过《公司章程》或者《合资协议》等约定来避免资金占用现象，与此同时资金集中管理也就无法推进了。

例如以上市公司康得新为例，康得新（*ST康得，002450.sz）122亿元（曾）存在北京银行资金"不翼而飞"事件，恐怕是近期资本市场最大的事故了。其大股东康得投资集团有限公司（下称"康得集团"）董事长钟玉因涉嫌挪用资金被采取刑事强制措施后，122亿元存款去向依旧成谜：

——康得新董事长肖鹏两手一摊说，他无法回答；

——北京银行或出于商业秘密等原因在媒体面前也是撬不开口；

——张家港市公安局宣传部人士说案件复杂，资金挪用去了哪里还在调查中。

如今康得新与北京银行"隔空对战"剧情演绎下来，各种线索指向基本和我们最初的判断一致：钱是被集团账户资金归集掉了，康得集团借集团资金池管理之名，从上市公司挪走了资金。

因为根据康得新与大股东康得集团和北京银行西单支行签订的《现金管理业务合作协议》，康得集团在北京银行西单支行开立集团账户，下属企业（包括康得新及全资子公司康得新光电、康得菲尔等）在同一支行开立子账户。当子账户发生收款时，该账户资金实时向上归集，子账户同时记录累计上存资金余额；当子账户发生付款时，康得集团账户实时向下下拨资金完成支付，同时扣减该子账户上存资金余额。

简而言之，这种集中实时归集的方式，能让上市公司的钱往集团账上流，于是康得新的确曾有过122亿元，归集后，现在只有0元。当康得新债券到期，而大股东又没有如预期下拨资金完成兑付，就出现了债券违约，引起市场关注，由此引爆了背后各种问题。

银行集团资金归集服务的初衷的确美好，但在这个案例里，却事实上成为大股东的侵占上市公司资金的工具或通路了。

（注：以上案例引用自"愉见财经"《康得新122亿存款"消失"：银行资金池管理为上市公司利益侵占开通道了吗？》）

● 有些企业推广起来非常难

在企业日常管理过程中，体现企业权力分配架构的三个因素分别是"人""财""事"。而企业的资金、收付款和投融资是"财"的绝对核心。对于企业的分、子公司来说，没有资金集中管理平台之前，各自管理自有资金，虽然从集团总部角度来说不是最优做法，但是对于分、子公司来说，特别是资金流比较充裕的分、子公司，有着一片资金的"自留地"才是最好的状态。

对于这类企业来说，资金集中管理的障碍并非来自技术方面，商业银行完全有能力提供非常好的工具。主要的障碍来自集团与分、子公司对于资金管理权的分配，以及"被动了奶酪"的既得利益人员的各种不配合。

小提示：

小规模企业把不同账户资金归集到一个账户使用，大规模企业集团把各成员单位的资金集中到总部统一管理都是资金集中管理。借助于商业银行的成熟产品，技术上并不难实现，但是股东间利益博弈以及资金集中管理影响到的权力分配变化会导致资金集中管理方法无法落地。

4.4 全员协同，加大融资力度

说到融资，很多财务人员的认知是去银行贷点款或者收到银行承兑汇票然后贴现。从完整的企业运营角度看，这只不过是融资的具体操作环节而已，融资活动的范畴远超这些具体工作。

财务会计三大报表中的资产负债表可以帮助我们对融资活动有个完整的认识。资产负债表又称财务状况表，表示企业在一定日期，一般是会计期末最后一天的财务状况。同时资产负债表也表明了企业在某一个特定日期拥有或控制的经济资源所承担的现有义务以及所有者对净资产的要求权。

通俗地说，资产负债表除了表明在资产负债表日那一天，企业的资产、负债、权益情况之外，资产负债表还载明了在那一天所有的资产是怎样来的。资产 = 负债 + 权益的会计恒等式说明了资产要么通过负债支撑，也就是通过借钱获得；要么通过权益支撑，也就是通过使用股东投资获得。这就是企业资产仅有的两种融资方式，债权和股权。

针对这个结论，曾经碰到一个极端的问题，有一位银行对公客户经理就此跟我开玩笑说，如果出纳拿了企业的两块钱去买了一注彩票，这注彩票中了 500 万元，请问这 500 万元到底是债还是股呢？从财务会计的角度看这个经济活动，相当于企业用了两块钱的成本，获得了 500 万元非主营业务的收入，对应利润为肆佰玖拾玖万玖仟玖佰玖拾捌元（RMB 4 999 998 元）。收入、成本及其对应利润先归集于企业当期利润表，会计期间结束时结转为资产负债表权益项。也就是相当于企业赚了钱，应该给股东，只是股东暂时没有拿走，而是留在企业体现为股东权益的增加。

由此引申出去，资产负债表中"负债"项均代表着企业占用了第三方的经济资源为己所用，但承担着到期应给付的义务。如"应付职工薪酬"代表着企业暂时使用了员工的薪酬为己所用，"应交税费"代表着企业在依法纳税之前，暂时使用了应缴纳的税金。资产负债表中"所有者权益"均代表着企业所有者投入给企业的经济资源，如"实收资本"代表着投资者投入企业的股本，"资本公积"包含的"资本溢价"代表着投资者出资额超出注册资本中所占的份额等。

所以企业所有的融资来源只有两大类：要么是债权，要么是股权。

债权融资的两大灵魂拷问

● 灵魂拷问之一：借给你了，你准备怎么还

这个问题背后对应的就是金融机构一般所说的"第一还款来源"，指借款人生产经营活动及相关的发展与其产生的直接用于归还债权人的现金流量总称，代表着借款人的预期偿债能力。

以个人贷款为例，银行都会要求提供收入证明、个人所得税以及公积金缴纳流水等，通过这些信息判断借款的个人未来的收入是否能够支撑还款。

如果是企业债权融资，可能是贷款、债券、中票等形式，银行或者主承销商就会要求企业提供财务报表、拟披露信息、信用评级报告等，其中非常关键的一个条件就是"企业具有稳定的偿债资金来源。"

所以债权融资的第一个条件是，借款人需要说服债权人相信自身的还款能力。

作为风险厌恶型的债权人，只会对还款能力较强的借款人提供纯信用性质的债务。为了规避债权人自身风险，往往会要求借款人对风险敞口进行覆盖，即提供抵（质）押或者担保。这也就是接下来的第二个问题。

● 灵魂拷问之二：万一你刚才说的不算，那怎么办？

这个问题背后对应的就是金融机构所说的"第二还款来源"，指当借款人无法偿还债务时，通过处理债务担保，即处置抵押物、质押物或者对担保人进行追索所得到的款项。

以个人房贷为例，相当于在借款人无法还款的情况下，将其抵押的房产进行拍卖，所得款项归还债权人。

在我国业务实践中，作为债务融资最主要渠道的商业银行经营相对粗放，往往更看重抵（质）押及担保增信。

例如以伊利、蒙牛这些中国顶尖奶企为例，其最关键的原料是原奶。原奶供应商所在的畜牧业融资，是个老大难问题。俗话说：家有万贯，带毛的不算。畜牧业较高的风险性，使各金融机构出于资金安全性和效益性考虑不愿"担风险"。最终只能由伊利、蒙牛这样的供应链主体企业来对上游增信提供资金支持。类似问题也出现于在线教育、网络游戏、在线办公以及外卖等轻资产行业。好在随着扶

持实体经济力度的不断加大，信贷资源也不断地在往这些行业倾斜。

全员协同方能回答灵魂拷问

针对债权人的灵魂拷问，如何给出让债权人信服的答案呢？关键就在于说服债权人，企业有能力还本付息。以下通过主流信用评级 5C 原则为例加以说明，如下图所示。

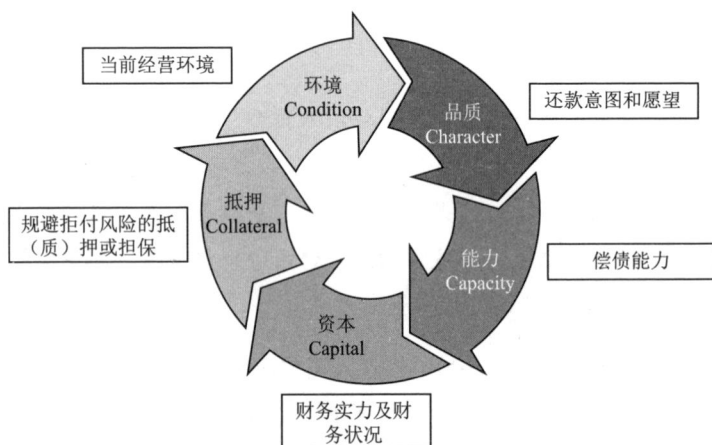

仔细研究下 5C 的内容，会发现没有哪一项是 CFO 能够基于财务技能单独提供答案的。

第一个 C- Condition 环境，指的是企业所处的整个经营环境，往宏观看包括经济形势、政治形势，所处国家或地区情况；往微观看包括所属的行业、技术发展趋势，所处位置等。

以旅馆业融资为例，连在街对面开了另外一个旅馆都代表着经营环境的变化，因为新旅馆必然会带来客流分化，影响收入进而影响还款能力。同理，以影院、餐饮企业为例，为何不到银行去借钱？因为银行不敢借，为什么不敢借？因为大环境让银行很担心，这些依赖于大客流量赚钱的行业，如果没有足够的客流量，那凭什么赚钱？凭什么还债呢？

第二个 C - Character，指的是债务人的品质、还款的意图和愿望。实质上代表的是企业最高管理层或者企业的股东在应该偿付外债的时候，账上有钱，他愿不愿意还？他的主观意愿是怎样的？甚至很多时候债权人最担心的并不是企业没有钱，而是企业根本不想还钱。

112

例如 2006 年的中国首富施正荣旗下企业无锡尚德，在 2011~2012 年陷入债务危机，2012 年 9 月，无锡市政府向施正荣表示愿意注资拯救尚德，以中国银行江苏分行为首的 12 家银行债权人表示同意债务延期，但条件是要用施正荣的个人资产做担保，被施正荣拒绝了。2013 年 3 月 20 日，无锡市中级人民法院依据《破产法》裁定，对无锡尚德太阳能电力有限公司实施破产重整。

第三个 C-Capability，指的是企业当前及未来的偿债能力。例如该企业历史上的偿债记录，目前的资产运营效率，盈利能力等。通俗地说就是企业到底有没有经营现金流，经营现金流能不能覆盖本息现金流？企业的业务赚不赚钱，赚到的钱够不够覆盖本息？

第四个 C-Capital，指的是企业的财务实力或者财务状况。例如有无巨额外债？资产负债率如何？流动比率如何？包括企业股东是谁，如果有个央企"爸爸"，一般来讲这家企业问题就不大了。但如果股东本身的资金链就很紧，例如上市公司大股东全额质押股份的情况，基本上企业的财务状况就令人担忧。

第五个 C-Collateral，指的是万一债权本息无法兑付，那么是否存在抵（质）押或者担保来覆盖债务？债务人企业可以将房产、设备、土地，或者其他有价值的资产抵押给债权人。一旦无法兑付，直接查封卖抵押物。其中包括寻找有实力的企业为其担保，一旦无法兑付，担保方有连带义务负责偿付。

综合以上 5C 的 5 个要素，当企业需要与债权人进行接洽时，财务人员更多的是起到信息综合、传递以及跟进协调的作用。CFO 能够根据对于企业的了解以及经营计划等信息建立财务模型对未来财务状况进行展望。但是对于长期债务还款能力的展望，若干年后企业所处的行业前景，未来企业产品的竞争力是否还依然强大、市场上新产品、新技术的出现为企业带来何种影响等？需要研发、工程、供应链、市场等相关部门会同后方能准备完成相关报告提交债权人。

以我服务于某整车企业推进融资工作的经验为例，在跟潜在债权人讨论融资问题的时候，大量的时间用在与债权人的后台部门讨论技术路线、制造能力以及市场销售问题。整车行业正面临福特开创流水线生产模式以来百年未有之大变局，新能源车及其代表的全新理念至今还没有形成一个行业的标准规范。未来究竟是纯电动还是氢动力？电动车当下技术路线是继续加大能量密度、油电混合还是增程？如果选择纯电，那么究竟是磷酸铁锂、钴酸锂、镍氢还是三元锂电池？为什么企业选择目前的技术路线？为什么企业有信心能把选定的技术路线落实到供应链中？产品的主要市场在哪里，目标客群是哪些人等？这些问题完全不是从财务角度能够回答的。

贷款使用更需协同配合

以上谈到的 5C，很多财务人员可能会觉得离自己的日常工作略远。例如有些企业业务模式比较传统，与银行的合作也集中于传统业务；有些企业依托于集团授信的额度切分来获得信贷资源等。对于这类企业，财务部门工作在整体融资工作中会占更大些的比重，但是各个部门的协同合作甚至更加关键。

就以贷款的使用为例，依照中国银监会 2009 年下发的《流动资金贷款管理暂行办法》规定，特定情形的流动资金贷款原则上应采用受托支付方式。实务中，贷款资金单笔金额超过项目总投资 5% 或超过 500 万元人民币成为受托支付的起点。标准操作流程中要求贷款人提供相应商务合同以及发票等证明材料，通过银行审核方能放款至借款人交易对象银行账户。在银行授信额度较紧情况下，对于议价能力较弱的企业来说，何时、何家银行，以何金额放款都非常动态。而财务付款从内控角度要求"三单匹配"，如果企业内部缺乏协同，采购部门、用户部门、财务部门包括主管领导工作计划性较差，能否及时确保相关证明材料齐备提交银行审核都存在不确定性的话，对于授信的使用效率肯定是偏低的。

股权融资的灵魂拷问

相对于债权来说，股权投资人考虑的问题就不是企业如何偿还本息了。股权投资人关心的是，这家企业凭什么能赚钱？

那么如何说服未来的股东、企业能帮他赚钱呢？我收集了一些著名投资人的观点，来观察他们对什么样的企业会有信心？

例如蓝海创投的总经理，他提到在做一个股权投资的时候，最看重三个要素，团队、市场和技术。只要有了这三点，即使这家企业当前没有钱，当前有很多的困难，但是这家企业还是有前途的，这个时候反而是股权投资人进入的良机。

凯雷投资集团的董事总经理提到，当他在考察一个企业的时候，第一时间吸引他的并不是一个持续增长的财务报表，真正吸引他投资的是一个良好的商业模式。

换而言之，从股权投资的角度来讲，他们关注的是什么？并不是当前立刻投资，你能给我赚来多少钱，那是债权投资人的玩法，股权投资人关注的是这种商业模式在未来的几年或多年里到底能发展到多大？这样才能够做出是否进行股权投资的决定。

作为一个印证，360 的董事长把决策逻辑描述得更加清晰。接受采访时，他提到在选择一家企业来决定是否要进行股权投资的时候，需要企业准备 10 页 PPT，这 10 页 PPT 的内容是分别什么呢？如下图所示。

市场介绍 ▷ 市场问题分析 ▷ 解决问题的方向 ▷ 调研市场 ▷ 分析竞争对手 ▷ 介绍核心竞争 ▷ 盈利模式 ▷ 近期目标 ▷ 资金预算 ▷ 团队介绍

依照这 10 页 PPT 的逻辑，不难推断股权投资人想知道的是什么？

企业要做什么，在哪个行业里做？这个行业的客户有什么痛点？企业为什么能解决客户的痛点？如何解决？有没有别的企业也在试图解决这个痛点？如果有，那么竞争对手的优势和劣势分别是什么？凭什么你比竞争对手有优势？你的核心竞争力是什么？

以上完全不是财务问题。把上述问题想清楚，接下来才是财务发挥作用的时候。基于上述问题的分析，企业盈利模式是怎样的？为了盈利，近期企业想做什么？为了做这件事情，需要多少钱？什么时候需要？什么时候能够给股东带来回报？如何帮助股东实现退出？

最后需要展示给投资人的就是哪些人在引领这个企业，说服投资人凭什么这些人能把这件事做成功。

从这几位股权投资人看问题的逻辑，不难发现一个企业吸引股权投资的时候，单凭企业的财务模型，是远远不够的。真正重要的是财务模型背后的逻辑以及可行性。

简单总结起来就是：债权融资是要说服债权人，企业可以还钱，股权融资是要说服投资人，企业可以赚钱。在说服的过程中，财务信息很关键，单单通过财务信息展示静态的历史还不够。更重要的是对于未来的展望，而未来的财务预测源于企业的各个部门，从企业价值链的角度，从前端到后端，从市场、研发、产品、制造、销售、售后这一整套体系，来向债权人或者投资人来展现企业核心竞争力。这绝不是提供下财务报表，分析下目前各类财务比率，做个杜邦分析就能做到的事情。

小提示：

不论借债还是吸引投资，企业都要全员协同，而不仅是财务人员单打独斗所能做到的。在吸引到融资之后，并不意味着协同配合的结束，后续的落实依然需要各部门协同，方能成功。

第5章

降本增效，从加强内部管理做起

人人都觉得应该降低成本，殊不知考虑不周全的降本战略对企业弊大于利。
人人都要学降成本，其实降本方法就在大家身边，没有什么太尖端的技术。

厘清思路，找准方向，做好基础工作就是降本最好的方法。

5.1 认清报表利润幻象

我很可能是唯一通过美国国家体能协会（NSCA）执业资格考试的财务专业
人士，高频次参加自行车、长跑、游泳、击剑及重量抗阻训练等各项运动，切身
体会到不同的运动项目需要的基础素质完全不同，甚至截然相反。

设想举重选手长于爆发力，怎么可能做到耐力强悍，举着数百斤的杠铃维持
静态？跑者讲究的是身体能量使用效率达到极致，怎么可能维持一身腱子肉？自
行车运动靠的是强悍的心肺功能及腿部力量；而游泳讲究柔韧、协调与全身力量。
除了专项运动员需要追求特定领域的极致以外，绝大多数参加各类运动的人们追
求的是均衡发展，尽量不要有明显短板。马拉松赛跑者讲究的是身体能量使用效
率达到极致，怎么可能一身腱子肉，卧推上百公斤的哑铃呢？

人的身体素质具有上述特点，企业经营同样具有类似特点。

企业财务的不稳定三角形

如同人有五大运动能力，包括速度、力量、耐力、柔韧与灵敏，无法将五种

能力集于一人。企业财务报表包括三大表，分别呈现企业的资产负债情况、利润情况和现金流情况。企业的资产、利润、现金流三者能否齐头并进，如下图所示。

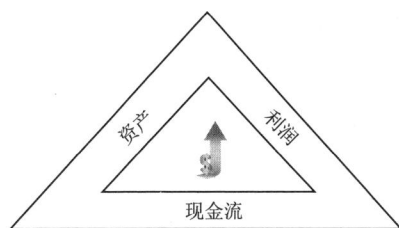

三者关系图

接下来，试着讲解三者之间的排列组合。

- 资产 vs 利润

资产投资可以粗略地分成两种。

（1）内生性资产投资。如企业投资建厂、投资进入新市场等，前期投资巨大，但尚未产生盈利能力。

（2）外生性资产投资。企业直接投资购买成熟期具有稳定盈利能力的资产，实现资产与利润的同时增长，但是现金流消耗巨大，如赛默飞世尔收购 Qiagen，物美集团收购麦德龙中国。

- 资产 vs 现金流

（1）内生性资产投资：对应投资项目的前期投入巨大，盈利能力尚未产生，经营活动不可能实现现金净流入，只能通过筹资性活动解决现金流问题。

（2）外生性资产投资：资产、利润同时增长，但是对应此投资行为，现金流必然为净流出，需要通过筹资支持。

- 利润 vs 现金流

在商业实践中，如果要求相关经营活动形成现金流，一般均通过价格折让推动客户提早付款。为了刺激销售收入增加或者调增价格，大概率需要放松信用控制条款或者增加账期。能做到既要利润，又要客户提前付款的企业凤毛麟角。在供求关系平稳情况下，同时实现价格提升与信控严格、账期缩短非常困难，任何变更都必然导致供求双方的新一轮商业博弈。

将资产、利润、现金流三者结合在一起看，三者完全让人满意可能存在困难。那么对于绝大多数企业，三者之间如何取舍可以帮助企业实现效益最大化？

对于绝大多数正常经营的企业，最重要的指标是现金流，而非利润。

现金流代表的是企业能不能"活得下去"，而利润代表的是企业"能不能活得好"，先"活得下去"，然后考虑"活得好不好"的问题。

地产行业在这方面表现得非常典型。以中国恒大为例。基于2019年年报公开数据，公司营业收入约4 600亿元，毛利约1 300亿元。4 600亿元收入规模是什么概念？中国百强县之首的江苏省昆山市一年的GDP为4 045亿元，公共财政收入407亿元，一个恒大地产相当于10个昆山市。

恒大地产资产规模扩张速度飞快，2019年底已达2.2万亿元，2019年全国GDP 99万亿元，也就是说恒大的资产规模相当于我国一年GDP的2%。资产扩张速度如下图所示。

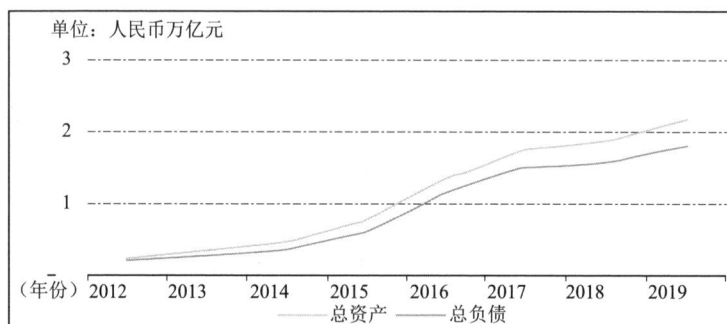

资产与负债曲线图

这一增长速度有一个重要的前提就是高杠杆，从上图中增长速度毫不逊色的总负债曲线就可见端倪。

这样的高速增长在全球范围内都已经很难重现了，这和我国过去多年高速发展，货币投放量快速增长有着紧密的联系。

更让人为房地产行业担忧的是，2018年之前各家企业大手笔的"走出去"收购行为，"买买买"的企业多元化策略顿时熄火，房地产行业更是有深切的感受，尤其在国家再三强调"房住不炒"，"三条红线"政策出台的背景下，房地产企业都会面临资金压力。

2021年，我国房地产市场遇冷，经过国家的宏观调控房价下降了不少，"房住不炒"深入人心。步入2022年，诸多知名房企曝雷，中国恒大集团（以下简称恒大）就是其中之一。截止目前，恒大负债7 537亿元，境外债务1 406.93亿元，恒大可用资金还不到7%。其业务领域不仅房地产领域深陷泥沼，其他业务也不容乐观。

如其物业公司资产总规模为 206 亿元，负债 97 亿元。恒大汽车行业总资产规模是 595.21 亿元，负债金额已经超过了 588 亿元。恒大想依靠自身努力来偿清集团债务，几乎是不可能实现的梦想。恒大最终何去何从，且拭目以待。

企业有利润就能活得好吗

有一个经常跟非财务背景朋友沟通的问题："如果一家公司持续盈利，这家公司一定不会破产吗？如果一家公司持续亏损，这家公司一定会破产吗？"

这个问题相当于在询问企业，什么叫作赚钱？很多人觉得只要企业收到了钱，那就是赚钱。我认为这种认知对于企业来说非常危险。最典型的风险就来自当前现金流与未来支出的错配。

以预付消费来看，诸如 K12 教育的学费、健身房的会员费、美容美发的储值卡，都具有一个特点，客户一次性缴纳并在后续较长的时期里获益。如我常去的某一家连锁健身房，10 年期钻石会员会籍，需现付 13 888 元。按照财务原则，从健身房企业角度应该把 13 888 元中的对应未来 9 年的至少 90% 作为预收款处理，而非当期的收入。但是绝大多数企业的做法是今天有钱今天花，把预收款用于当前的业务扩张与运营维护等。至于会员会费应该覆盖的后续年度房租、人员工资等均靠不断吸收新会员来解决。如果后续新会员缴纳会费金额稳定，企业风险尚不明显。一旦新会员缴纳会费金额下降，后续期间房租、人员工资等运营费用就无法支付，最终只能关门跑路。

剔除上述寅吃卯粮，吃光就跑的不正当经营模式，从现金流角度可以把企业粗略地分成两大类。

- 现金奶牛

所谓"现金奶牛"，其特性是采购时延期付款、销售时现金交易。

例如类似京东般具有强大议价能力的渠道商、西贝莜面村般食客盈门的餐饮企业，以及很多要求 T/T 付款，甚至预付款的 B2B 行业翘楚，只要其经营不受到外界的系统性风险影响，不需要借助任何外部融资手段就可以维持经营，而且还可以往外大量输送现金流。应收账款账期为短，甚至为负值，同时还存在大量应付账款。

对于现金奶牛型的行业和企业，一般其主营业务盈利情况也不错。即使由于各种战略考量，主营业务暂不盈利，但是依托于其强大的现金流，完全可以长期坚持并向着战略目标迈进。类似京东、亚马逊等企业就是范例。

所以"如果一家公司持续亏损，这家公司一定会破产吗？"

回答是"不一定"，不论盈亏，只要现金流强劲，企业是可以长期持续经营的。

●现金粉碎机

所谓"现金粉碎机"，其特性和"现金奶牛"截然相反，采购时，付款周期短，甚至采用 T/T 或预付款；销售时收款周期长，甚至收款时拿到的是具有回款保障的银行承兑汇票，或是商业承兑汇票。

例如，某些企业诸多产能过剩，缺乏技术壁垒。进入竞争红海的企业，对供应商没有议价能力，做不到长期赊购，对下游渠道或者终端客户却只能赊销。非但不能往外输送现金流，而且经常需要外部融资手段帮助补充现金流。应收账款周期远超应付账款周期。

对于现金粉碎机型的行业和企业，一般其主营业务盈利情况也堪忧。即使通过外部融资支持，但会导致融资成本的上升，进而恶性循环，越缺钱越融资，越融资其经营成本就越高，结果就是更缺钱，且很容易受到整体货币投放政策的影响。即使主营业务体现为持续盈利，但是如果不能适时补充现金流，企业资金链断裂的风险时刻都存在。

所以"如果一家公司持续盈利，这家公司一定不会破产吗？"

回答也是"不一定"，即使利润表上体现为长期持续盈利，只要现金流断裂，企业立刻就有破产的风险。

企业供销两旺就能活得好吗

还有一个经常跟销售部的同事沟通的问题："产品卖得多，对公司一定好吗？"

要甄别这个问题背后的商业逻辑，需要考虑至少以下这些因素：

（1）产品价格是否合理？如果价格定得偏低，看起来红红火火，但是卖一件亏一件，卖得越多，亏得越多。

（2）企业销售是否存在账期问题？如果回款周期太长，而付款周期又很短，变成企业垫钱赚吆喝，长此以往，企业风险会逐渐累积。

（3）为了确保销售，是否存在囤货现象？销售快速增长必然会挑战产品的供应能力，各行各业的产品原料供给充裕程度不同。对于产品供应、原材料供应受限的企业来说，为了确保销售快速增长过程中的产品供应，事先囤积产品与原料成为貌似合理的选择。先想清楚这几个问题：囤什么，往哪里囤，囤多少，囤货的钱从哪里来，囤了之后卖给谁，万一囤久了会不会坏。

囤积货物后一旦发生原材料供应量的急剧增加，原材料价格巨降，必然导致企业巨额亏损。例如，从"蒜你狠"谢幕到"蒜你跌得狠"登场，充分体现了农产品市场风险。我曾有机会与从事中成药行业多年的财务管理者交流，提到其所在企业曾有一味畅销中成药产品的原料含有野生动物成分，为了确保生产并打击对手，让竞争对手无原料可用，企业大量收购并囤积，但不久之后国家出台保护野生动植物相关法规，囤积的动物原料均不能入药，导致其所在企业损失惨重。

（4）为了确保销售，是否存在产能扩张问题？当企业管理者意识到销售迅速攀升时，制造体系的配套能力就会立刻成为挑战。在没有冷静分析的情况下，很容易产生由于销售攀升而仓促扩产的决策，后续刚刚形成产能，甚至还在投资期间产能尚未形成时，市场环境巨变，前期销售增长带来的利润全都沉淀在厂房、设备等资产中，企业无以为继。例如，满街可见的五颜六色共享单车的自行车生产厂家。

在一家企业生存发展的过程中，财务管理人员应该时时关注并及时预警企业管理层。例如过度多元化，现金流期间错配以及对于缺乏突发因素的事先准备等。

以多元化投资为例，多元化投资曾经在2010~2018年间大行其道，乐视曾经大举推进多元化投资，首创商业生态理念，后又形成生态化反的概念，乐视生态图如下图所示。

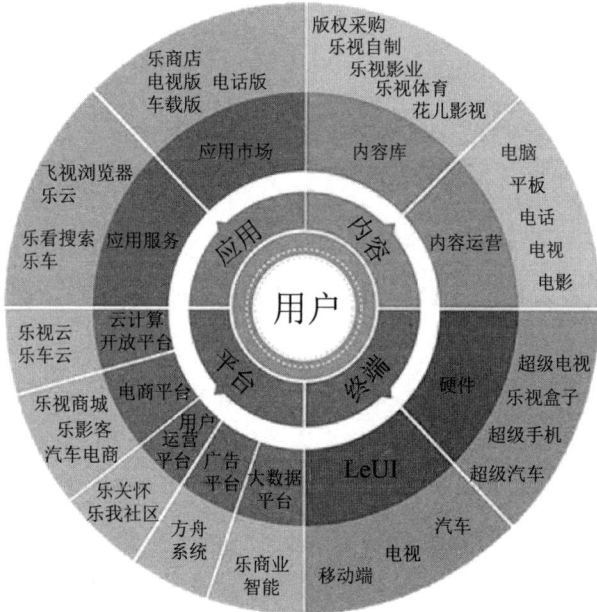

多元化投资图

随着乐视创始人的销声匿迹，以及整体融资环境的变化，宣扬并实践多元化投资的声音顿时少了很多。我一直坚持认为乐视生态是有机会成功的，乐视失败的关键在于现金流。营造整体生态的步子跨得太大、太快。如果稳健一些，量入为出，做得更踏实一些，有足够的现金流支撑，能够坚持到这一切结束，乐视有创造历史的机会。只是事实证明乐视选择了旁氏的手法汇聚资金赌了一把，就好像一个赌徒，自己出点钱再骗了筹码上桌，赌赢了就创造了历史，赌输了抽身快点跑。

小提示：

现金流是企业生存的基础，抛开现金流支持的盈利只是"纸面富贵"。

5.2 降本不一定能提升利润

收入 − 成本（费用）= 利润，这是财务会计三大报表中利润表的基础逻辑。静态地看，如果成本（费用）减少，利润应该相应增加。在企业经营过程中，努力地降低成本是提升利润的主要举措之一。但是降低成本是否一定会带来利润的提升吗？

算清楚成本是降成本的前提

如果企业需要推进降本增利活动，首先需要做到的是能否准确计量业务活动所发生的成本。

以贷款为例，如果有企业在银行获得流动资金授信支持，企业流动资金贷款业务一般是期末还本付息，提款后计息的年化利率5.5%。现在银行提出，如果想要提款，需要在我行配套一些存款，再安排些票据贴现业务等。我甚至还碰到过下属单位被银行告知，我行网点贵金属销售指标还有缺口，作为提款条件，企业还要买点金条以帮银行网点达标。所有这些行为都是银保监会明令禁止的，所以实践中银行提出的条件都是口头交流，不可能在文本中加以约定。但可以确定的是，如果不配合，贷款是拿不到的。

那么取得这笔资金的成本是多少呢？如果企业的财务人员片面割裂地分析贷款文本，贷款成本就是年化5.5%。但是对于企业从该行提款的决策来看，所有被要求的配套条件都是有成本的，所以该笔资金真实成本远远超过5.5%。如企业本身需要获得贷款，往往还需要回存一部分资金，实质上就是贷款里的一部分完全没有使用到，这一部分资金的贷款利息与存款利息之差额就是企业的损失。附加条件中的购买贵金属，除非企业本来就需要贵金属，否则购买的这些金条虽然在资产负债表上依然是资产，但是耗用资金的息差也是一种损失。如果要得出该笔贷款决策真实的年化利率，就需要把贷款利息本身加上所有附加条件带来的损失作为总资金成本，再和贷款总额进行比较。如果核算细致的话，还需要加上货币时间价值的影响，因为各类附加条件对应的损失都是立刻发生的，而计息按惯例在期末，所以存在时间价值问题。

不仅是融资活动存在类似问题，一切企业活动的成本核算均需考虑周全。但是很多时候，特定业务活动的成本甚至无法精确核算。

如同会展活动的成本，大多数企业的会展活动都通过外包专业公司进行。曾碰到一家大型企业，其会展活动均由企业内部各部门抽调员工来组成团队实施。当时我还曾建议该企业管理层可以通过大型活动招投标的做法，选定外包会展服务供应商，不但效果完美，而且还节省了成本。后该企业某领导酒酣之际，道出其中原委，帮我增长了见识。抽调内部员工的主要原因并非不了解行业最佳实践，是因为该企业偏居一隅，而大型会展活动要么在一线城市，要么在风景秀丽的城市，企业诸多员工将被抽调支持会展活动看成是因公旅游的大好机会，甚至有些部门的负责人将抽调员工支持会展看成是一种内部奖励。在这种大背景下，真实的会展成本是会议场地租赁、会展搭建等开支加上所有冗员的差旅费用。但是如何甄别所有抽调人员中哪些是冗员？甚至推进专业外包这种降本活动自身都会面临几乎企业全员的阻力，如果没有自上而下的组织变革，冗员的隐性成本将严重影响企业的盈利能力和经营效率。

降成本应"理性"应对

除了尽量精准地核算业务活动成本，指导降本工作之外，降本活动本身就是一种管理行为，而任何管理行为都会面临着组织成员的行为反馈。

例如，控制人数是降低企业经营成本的常见方法，很多企业经营压力大的时候，首选方法是暂停招聘甚至裁员。那么企业需要降低人工成本时，组织成员会如何应对这一变革？

首先暂停招聘对企业的影响是什么？企业各个部门的负责人立刻就会有趋利

避害的反应，不能在这个时候进行组织的优胜劣汰。如果团队里有一些绩效表现不好的员工，此时进行组织优化，就不能再招聘新员工，如果不能招聘新员工，那么缺员对于工作的影响如何处理？很多部门负责人此时的理性反应，很可能是即使老员工绩效表现不佳，但继续留用，这样老员工还可以帮助分担一部分工作。如果将其进行裁员，不能及时招募新鲜血液，就会导致团队工作量超负荷，进一步导致工作质量下降。

有些企业采取直接裁减人员的方法，那后果又会是什么？裁减人员所带来的成本节省扣除依法支付的遣散费用之后，省钱效用立竿见影。但是带来的后果是什么呢？在裁减人员的过程中，除了那些被动离开的员工外，主动选择离开的员工，往往是市场上最有竞争力的。对企业来说，暂时性地节省了人员成本，但从长远角度来说，牺牲了优秀的人才队伍。当企业业务复苏需要扩张时，能否再招募到这些优秀的人才则存在高度不确定性。由此所带来的对于企业经营的影响是在当前无法量化的。

2020年5月6日，《哈佛商业评论》中也提到，在当前的环境下，很多公司正在裁员，以削减公司的规模，控制成本。这似乎是危机来临时企业默认的做法，但是很多明智的公司其实是反其道而行的，不管经济形势如何，这些公司愿意在人才上投资，也为危机之后的复原和增长做好了准备。

降成本应关注相关收入与相关成本的影响

通俗地讲，相关收入与相关成本是企业决策之后，除了决策自身带来的影响外，由该决策带来的周边影响都要考虑进去。

例如，在一些成熟社区，都会配套大型购物中心，里面包含餐饮、购物、影院、停车场等业态。顾客在购物中心可以整整一天不用出门，所有吃喝玩乐的需求被一站式满足。如果从分析企业盈利性的角度来看，其中的各类业态不见得均能盈利，物业自持的停车场大概率是亏损状态。从降本的角度来看，最经典的分析方法是将各个实体进行财务核算，得出其盈亏状况。假如某个购物中心的管理层在完成核算后，发现停车场业务利润表为亏损，商场购物类业务微利，影院盈亏平衡，餐饮类业务盈利。接下来最合乎逻辑的降本增利举措应该是什么？是不是把停车场关掉，让整体运营成本下降？

理性的管理者马上会发现这个逻辑中的问题：如果大型购物中心没有停车场，那么驾车出行的客户怎么办？

从相关收入的角度来分析，假如企业做出了关闭停车场的降本决策，这个决策自身带来了降本增利的效果。但是这个决策所带来的周边影响是购物中心客流量迅速下降，进而导致购物、餐饮、娱乐等所有业态收入的下降。虽然在停车场业务上省了钱，但是把所有业务综合在一起看，企业则是亏了更多的钱。

任何降本的决策都应该从企业全局角度来加以分析。

类似事例在企业经营中屡见不鲜，例如某家 500 强企业曾经有过深刻的教训。当时企业 KPI 之一就是降低物流成本，供应链部门为了达成目标考虑了很多方法。其中之一就是利用海关清关后的免费货物存放期。即货物在完成海关报关之后，可以暂时免费存放在海关监管仓库。而把清关货物运走之后，货物就需要储存在租赁的仓库里，并为此支付仓储费用。供应链部门基于降本的压力，希望把这个免费的存放期用足。但海关监管的堆场，货物储存条件不一定符合企业特定的要求，货物外包装水浸之类的事件频发，进而货物受损、货值降低。虽然企业投保了财产险并成功索赔，但是一方面是储存费用略有下降，另外一方面是后续年度财产险保费上浮，加上由于货损补缺发生的额外运费。如果从总体上进行分析，并没有实现降本增利。幸运的是货物安全库存水平设置得较高，并未因为水浸原材料导致工厂停工问题，否则损失巨大。

而各个业务部门出于各自 KPI 角度考虑，往往会将注意力集中在如何改良自身绩效，而非企业整体最优化。

同样的思考逻辑，在不同行业会有不同的体现。例如在奢侈品之类的高利润行业，为了降低存货成本，最好的做法是减少存货，降低存货占用的资金成本。仓储成本以及日常保管成本。但如果企业销售情况比较正常，当有销售订单出现的时候，无法及时供货损失的利润远超节省的存货成本。所以对于高利润行业来讲，此时关注的不是怎样减少存货，而是怎样确保备货充足，能够及时满足客户需求。

小提示：

推进任何降本增效活动时，一定要考虑清楚周边影响。合理、全面地衡量降本决策，而不局限于利润表当期数字变化。否则看起来节省了很多钱，但实则亏了更多的钱。

5.3　处在花钱与省钱的矛盾中心，怎么推进工作

在经济发展速度相对放缓的大环境下，企业改善经营利润所采取的主要措施之一就是识别不必要的开支，提出成本削减的计划。在所有企业里，只要一提到削减成本，要省钱，财务人员的高光时刻就到来了，财务部门立刻成为关注的中心。总经理、各部门管理者及同事都觉得财务应该当仁不让，勇挑重担。与此同时，降成本、降费用归根结底要落实在各个部门，财务部门又因此成为矛盾的焦点。即使对于财务高管来说，因降费用被含蓄地奚落也是常见的事。

例如，某公司外部会议惯例为与会者提供咖啡，行政部门的同事往往会和财务部门的同事表个功劳顺便开个玩笑，"现在开会时候不定星巴克了，您看我们为了降费用改订速溶咖啡了呢"。

其实这种节省对于企业来说只是杯水车薪，企业要削减的远远不止这类日常开销。

降本工作为何要财务牵头

为什么一提到降本，财务部门就成了中心？在企业运营过程中，成本的控制就如同全面预算工作，必须是财务来引导，各个部门参与方能奏效。

以预算为例，什么是预算？预算是特定时段里确定达到经营目标所需要资源的经营计划以及控制工具。定义中提到了资源，即企业的资源，归根结底都可以用钱来量化表示。例如，为了降本，企业要优化产能，优化过程中就涉及控制原料的采购、工人的招聘以及生产班次的安排，把所有这些因素结合在一起，优化产能为企业带来的好处到底是什么？最终只有财务人员才有能力量化解影响，并体现为金额的估算。

以降本为例，性质也是一样。只有财务才能够把诸多的降本举措进行量化，并最终体现为对于财务报表的影响。如果财务当仁不让地成为推动成本削减的主力军，具体如何推进工作呢？其实成本控制的方法非常简单，但在所有企业实施降本时，最大的挑战来自如何落实。

降本是企业的一种管理行为，而且是让各个部门少花钱且还不能少产出的管理行为，类似于既要马儿跑得快，又要马儿吃得少。管理会计之所以难，不是因为会计方法难，而是因为管理难。管理就涉及与周边部门合作，与方方面面关系

的协调与推动，确保周边的人能够跟随你的脚步往前走。此时身负降本重任的财务部门切忌自我膨胀，挟降本大旗以令诸侯，最终导致各职能部门群起而攻之。

达成降本共识的具体方法

第一种方法，上传下达，借力推进。

这种方法的采用取决于所在的组织层级，如果是集团里的某一个分支机构，某一个下属的公司，或者大公司的某一个区域，推动成本削减的工作相对容易。例如集团有要求，所有经营开支降低50%，从具体落实角度来讲，就非常容易。在降本工作推进过程中，往往还会伴随一些与高级管理人员相关的举措，例如高管降薪，或者福利削减，在这些高层表率作用之下，企业内部推动降本相对容易。

第二种方法，标杆的比较。

在企业管理学领域有一种观点，激励员工最好的方法不是告诉员工我们的公司有多好，而是要让员工清醒地认识到周边的竞争对手，我们的同业对待员工有多么差，外面的世界有多么不如意。

当企业要进行成本控制，削减不必要开支的时候，是不是也可以从总体情况考虑，整个行业现在面临的情况，行业里最主要的竞争对手，他们采取了哪些举措。

2020年至今，各行各业都受到重大影响。以汽车行业为例，所有整车厂及其供应链上下游，都需要推动削减开支。如捷豹、路虎公布全球裁员将近2万人，还有很多整车OEM厂商开始降薪。除汽车行业外，例如最近埃森哲公布全球裁员19 000人，其中包括大连共享中心。而且从大连高新园区传出来了的消息，埃森哲已经正式启动了裁员计划，这次被裁的不是外包人员，而是人事、财务、Call Center等共享中心的正式员工。

在行业巨头纷纷瘦身的背景下，很容易就可以在企业内部形成降本共识，进而采取具体措施。

此时此刻，大家不用担心推进过程中有任何的阻力，但凡在一个大企业里，能成为一个部门的负责人，或者成为某一类业务的负责人，他们的政治敏锐性，他们对于行业的研判远比一般财务人员来得敏锐、直接得多。

不论采取哪种方法，在具体操作过程中，都需要注意数据和方法的公开公平。

在大多数企业里需要考虑的还是如何长期开展工作，而非达成下月、半年的短期目标。这时就会涉及在降本过程里各个部门之间有失公平，比如哪个部门好说话，就在哪个部门或者在哪一条业务线上进行大力度地削减。哪个部门强硬些，降本幅度就小些，这种"会哭的孩子有奶喝"的处理方法，很快就会经由不同部门之间的交流和沟通而公开。直接结果就是各部门负责人对于财务工作失去信任，各部门均采取强硬态度来确保获得公平待遇，甚至不排除各部门负责人产生"对人不对事"的误会，影响未来各项工作的展开。所以在降本过程中，处理方法应该是公开的，确保在不同的部门，不同的业务线，不同的区域有一定的公平性。

进行数据选取和标杆比较时，常用的一个比较口径就是去年怎样，然后今年降低多少。如果在数据选取上不能做到公平，对于推进工作就容易产生负面影响。特别是财务工作由于其专业性，例如执行权责发生制而非收付实现制的会计原则、会计估计、法定财务报表与管理会计报表差异、转移定价所导致的会计利润与实际利润差异等方面的原因，周边部门甚至企业的最高领导层，本身对于财务数据是如何得到并计算的，就不一定清楚。如果在数据选取过程中，财务人员为了达到特定目的，而进行过一些修正且不完整披露，一旦被发现就会失去所有人的信任。

在降本工作的推进过程中，还需要注意的一点就是推进的力度，这主要取决于两个方面的因素：企业导向以及企业文化。

● 企业导向

业界有一个笑话，有一个人上山打野猪，一枪打出去之后野猪没有死，反而冲过来了，这个时候子弹打完了，凡是把枪一扔拔腿就跑的，一定是职业经理人。凡是子弹打完把枪一扔，从腰上拔出匕首跟野猪拼命的，那一定就是老板。

在企业运营过程中，不同的人心态不一样。财务人员在不同的环境里，所采用的方法也会不一样。如果是以职业经理人为主导的企业环境，从削减成本的角度来讲，只要能够达到高层的需要，让财务指标达到特定要求，督促执行就可以了。再之后进行的无非就是偏差的分析，确保在这个基础上制度正确，方法准确，周边部门顺利推进而已。

如果是在一个以企业家为导向的企业环境中，企业就是老板的身家性命，就不适用这样的方法。必须要跟组织的实控人站在一起，努力地把所有能够节省成本的空间全都发现出来。每挤出一分钱，都是企业拥有者增加一分钱的财富。

不难发现，在企业遇到问题时，职业经理人和老板的心态是不一样的。

● 企业文化

有些企业对各项降本措施落实得非常细化。最近肯定有些企业内部会发出倡议，比如说要双面打印，取消矿泉水改成饮用水，不在公开区域提供咖啡等。其实这些非常细节的举动更多的是表明一种降本态度，并不能真正带来显著的降本成效。但是有些细节导向的企业或者总体成本管理水平较高的企业以及利润水平相对较低的企业还是会把这些领域作为降本的重点。而有些企业就会认为纠结于这样的一些细节，对于大局没有什么帮助，不如把注意力更多地放在如何正确进行业务决策上。这就是两种不同的管理风格。

传统制造业对公用动力的管控比较看重，以精益生产理念发源地的某企业为例，厂区里讲究的是人走灯灭，当员工在午餐时间离开办公区域时，仅留下照明所需的灯，其余均需关闭，将不浪费的理念发挥到极致。而以高收入闻名的投资行业，从没听说过哪家基金公司有此种要求。同样的逻辑在差旅费用的管控实践中也非常类似，以低利润行业为例，交通工具的选择要求非常细致。如高铁的座位等级，对租车的严格控制等。但以某著名咨询公司为例，其员工出差时往往订同一航线不同时段的多张机票，以确保员工可以按计划抵达目的地。这就是由于行业不同、业务模式不同、管理侧重点不同所导致的不同做法。

从财务推进工作的角度来讲，就必须注意我们所处的行业做法及企业文化。如果是行业利润较高，那么财务人员天天纠结于双面打印，把咖啡豆降级等节约成本的举措，意义不大，反而与企业整体格格不入，导致工作推进困难。但如果是在讲究严格管控、细节导向的企业，那么秉持"从毛巾里挤出最后一滴水"的精神，强调人离开要关灯，冬夏空调温度需节能等的一些细节管理就非常必要。

在选择最适合当前企业的做法之后，还需要做的是确保信息和方法的公开。如前所述，财务是专业部门，财务遵循的方法和逻辑如会计准则、税法等都非常专业。对于没有经过系统学习的人来说，很难理解财务数据。当一个人碰到了不太理解的事情的时候，往往会通过他/她自己掌握的知识体系、生活经验甚至道听途说来进行解读，就如同古人用鬼神来解释他们理解不了的科学现象一样。而这种解读大概率是错误的。那么当财务在推进工作的时候，就一定要将采用的方法和逻辑尽量用非财务的语言来沟通，一定要尽量让周边部门，让管理层能够知其然且知其所以然。

例如，某整车企业，在实际运营中，除了生产线直接输送物料之外，各部门偶尔会通过手工流程领取零配件。物流部门就调侃："你们财务怎么说都是对的，然后到底是对还是错呢？只有你们自己知道，我们也不懂。"他想表达的是什么意思？隐隐传递出来的是一种不信任。其实用财务逻辑解释就是当不同的部门领零部件的时候，零部件就会归结到不同的科目。如果是实验中心领用，这就是研发费用。如果是市场部门领用，用于展会或者客户展示，这就是营销费用。但是从非财务人员的角度来讲，就很难理解为什么同样的一个东西不同的人来拿，就要进行不同的处理，进入不同的会计科目。

同样的问题在财务的日常工作中非常普遍。

在过去几年，只要企业存在供应链存货都会碰到同一个问题。货物滞留在供应链中，一旦当货物接近有效期或者已过期的时候，如果企业出于各种原因对这些货物进行退换，应该采用什么样的方法？从实质上看，不管采用什么方法最终肯定对企业的利润产生负面影响。尤其是渠道存货，涉及企业生死存亡。

如何寻找对企业经营结果影响最小，且能帮助业务部门达到目的的方法，决策至关重要。渠道里的货物到底是直接退货、换货还是由渠道处置，以比较低的折扣把新的货物卖给渠道商弥补其损失，或者是使用市场营销费用回购渠道部分存货作为展示用，还是有其他的方法？所有的这些方法，都可以达到帮助业务部门消化渠道存货的目的。但是在利润表上就有了完全不同的体现。此时财务部门就不应仅仅考虑降本的目的，而应和业务部门一起了解业务诉求，寻求对利润目标最优，且合规合法的方法来实现最终目的。在这个探讨的过程中，让周边部门也知道这么做的原因。长此以往建立起互相沟通、互相信任的工作关系，后续推进工作就会很顺畅。

小提示：

一旦企业要降本，财务人员就会是此项工作的推动者。工作开展时需要认清所在的环境，选择合适的方法和推进力度，把使用的数据、逻辑以及方法进行顺畅地沟通，避免成为"背锅侠"以及矛盾的中心，以便高效地推进工作。

5.4 如何确保降本效果

推进降本工作，与推进其他工作一样都有着多种多样的方法。在工具或者方法具体实施时，如何能够确保达到预期效果？

我的经验是，要想取得正确的结果取决于三个方面：第一是决策的方向，第二是推进的方法，第三是执行的人，如下图所示。

决策的方向 ✖ 推进的方法 ✖ 执行的人 🟰 正确的结果

从降低成本改善利润目标来看，肯定是正确的决策方向。在推进过程中，就要避免"歪嘴和尚念好经"。"好经"就是我们选择的方向以及管理工具，"和尚"就是执行的人。"和尚"对经的理解对不对，念得对不对，念得认不认真都会直接影响最终的效果。对于管理者来说，在自身确保决策方向无误的前提下，如何确保团队准确理解，选择行之有效的方法并有效推进往往是个挑战。

讨论降本的常见挑战

以企业降本为例，当财务人员跟任何部门讨论降低成本，削减费用的时候，希望减少开销总是充满挑战的。

但凡是做过预算工作的财务人员都会遇到过以下场景对话。

某些部门同事会说："这些事情都是要做的，如果为了省钱，可以不做，你能不能承担这个后果？"

有的同事会稍微委婉些表达："为什么你们会觉得我们部门花钱多，我们做了这么多的事情，其实和工作量比起来，和我们要做的这些项目比起来，花的钱一点都不算多。"

有些部门还可能会这样说："只要做这件事，就必须花这么多的钱。如果少花，就会有多么严重的后果，对于这个项目及工作进展有多么大的影响。"还可能会直接找到财务分管领导抱怨，"为什么我们部门的预算要减少，我们部门的钱本来就很紧张，别的部门怎么不减少，我们部门为什么就非要减少？"

在谈企业应该降本增效时，人人举手赞成，当真要削减部门预算的时候，马上就会出现争论。革命是好事，别革到我这里就行，这是企业运营的常态。

如何继续往前推进工作，首先，当碰到这些关于削减费用成本的争论时，尽量避免和业务部门进入到技术细节的讨论。除非你具备进行细节讨论的专业知识和经验。

我在汽车整车行业工作多年，最初接触到新车研发时，工程师都告诉我说要进行三个寒暑循环的路试，也就是需要历时三年。三个冬天，三个夏天进行所谓的三高试验：高温试验、高原试验、高寒试验，然后进行近百万公里的路试。基于这个假设，需要多少样车，多少工程师常驻在什么地方等，进而推算样车研发工作中的路试成本。作为一个财务人员，如何判断是否一定要做三个循环测试？削减里面一个循环行不行？在路试过程里把样车数量削减一些，行不行？路试公里数削减到几十万公里，行不行？财务人员怎么判断？最主要的途径无非还是询问工程师，从工程师那里学习相应的知识，然后反过来再挑战工程师为什么一定要这样做？除非财务人员在这方面有丰富的经验，了解行业的常规做法，否则财务人员希望通过对于技术细节的讨论来说服专业人员，无异于痴人说梦。毕竟刚刚学习了技术的皮毛，反过来就要挑战老师，这是非常困难的。

其次，当碰到这些关于削减费用成本的争论时，避免对超出权限范围的事情发表太多的意见。千万要记得管理会计最难的不是会计方法，并不是做个加减法，把数字调整了就可以，最难的是管理，要确保大家步调一致地往前走。

当碰到一些事情，有可能涉及权限的时候，一定要非常的敏感。不排除有些同事在跟财务人员讨论降本之后，立刻跟本部门领导汇报说，因为财务部门要削减预算，所以某件事情不能继续进行下去。当财务人员觉得达到了降本目标的时候，有可能在下一次的经营管理会议上，特定部门就会把自己推进起来有困难的项目，归咎于财务削减预算，所以项目停止。如果在降本讨论中，是财务人员提出为了降本，中断项目或者取消工作，那就妥妥地被利用成了"背锅侠"。在这种情况下，可以把整个成本削减的目标以及得出此目标的逻辑甚至高层的指导意见告知业务部门，至于业务部门的工作如何开展，怎么进行调整，是业务部门自行决定并为之负责的。

除此以外，有时候财务人员不得不超越权限做一些表态。比如在很多的企业里，不论全面预算也好，降本增效也好，往往自上而下、再自下而上反复多轮讨论。

以某集团公司下属企业举例，财务部门很可能已经和周边部门以及总经理进行了讨论，并达成共识，今年的销售费用下降10%。结果刚等财务向业务部门拍完胸脯表完态，许诺营销费用只要下降10%就可以达到上级要求，这一轮的成本削减就告一段落。但集团总部的要求有所变化，那么财务立刻会陷入非常被动的境地，这会带来怎样的负面影响呢？当财务希望再和业务部门、总经理进行新一轮降本讨论，以执行集团总部相关成本削减新指令的时候，大家会认为跟财务部门讨论是在浪费时间，任何讨论的结果都是没有用处的，进而导致后续工作开展起来非常被动。

所以在这个讨论的过程中，首先就要把集团总部的工作时间表，自身授权范围与周边部门和总经理进行坦诚地交流，然后在工作过程中可以收集信息，提出建议，由于没有被授权决策，那么只能在被授权的范围内表明态度。

再次，财务人员需要师出有名。很多相对资历较浅的财务人员，可能由于其在工作中存在畏难情绪，毕竟预算或者降本的多轮测算代表着大量的往复工作，也可能是为了博取周边部门的认同感以便开展工作等原因，对这些存在多轮讨论的工作存在抱怨。换位思考一下，财务人员的这些言论不仅仅代表他／她个人，也代表着财务部门的态度。如果作为主导者的财务部门都在质疑当前工作的正当性，那么周边部门工作人员怎么可能认同财务的工作，进而积极配合，最终贯彻落实？

财务人员的有力工具

财务同行可能会有个疑问，既要降本增效，也许还领了指标，立了军令状，但又很难和各个业务部门进行针对该部门业务的讨论，那财务怎么知道需要花多少钱，降本到什么程度算是合适？

在任何情况下，财务开展工作都可以借助一个非常好的工具，那就是标杆，以及基于标杆比较思维所收集的数据。

最常用的思考逻辑简化如下：

同样的工作，去年花了多少钱，今年计划花多少，按照预算应该花多少，现在实际可能要花多少，这就是以过去的数据为标杆，跟现在进行一个对照。与此同时，还可以进行区域之间或者不同经营实体之间的对照。

以营销团队费用为例，假设某一个产品线有5个营销的小团队，那么马上就可以在这5个营销小团队里，进行营销费用开支的对比。比较的维度可以有很多种，如5个团队营销费用算术平均后，可以询问特定团队为何所需费用超出公司平均水平，并要求降低到接近平均水平，也可以和竞争对手类似团队、同行业平均水平进行比较，其他企业的财务状况如何？自身企业状况又如何？

如果这样的话，是不是费用低于平均水平的就没有降本空间了呢？

其实，除了横向团队间比较外，还可以进行纵向的比较。如今年全年和去年全年相比，今年同期和去年同期相比。除了比较绝对数，还可以比较百分比，如营销费用增长率，公司平均营销费用增长率是多少，兄弟团队费用增长率是多少？费用绝对数低于行业平均数，并不代表营销费用增长率也低于平均数。

如果此时还不能有效说服营销团队支持降本工作，那么也可以再换几个维度来进行比较。如团队营销费用和团队销售收入百分比（用营销费用除以销售收入），横向来看，这一比例是高于公司平均还是低于公司平均？纵向来看，团队本身的这一比例与去年全年、去年同期是升高了，还是降低了？升高了，为什么升高，能不能降低？如果该团队坚持不能降低，理由是什么。以上比率除了团队间横向比较以及该团队自身情况的纵向比较外，该比率在不同期间的变化幅度同样可以在不同团队间进行比较。

同样的思路拓展开来，标杆比较可以不局限于该营销团队费用，可以用在利润结果的比较上，也可以用在利润率的比较上。

显而易见，没有一个团队能够在任何维度都是佼佼者。

类似这样的标杆比较思维，千万不要把它局限在只是用来砍费用，或者控制成本。标杆思维在企业管理中，可以用在非常多的领域。

如产品价格的对标，当企业的营销部门提出产品定价方案的时候，管理者就应该了解，竞品价格是多少？为什么我们的价格和竞品之间会有差异，差异原因是什么？讨论时还可以引入其他变量。借助于标杆比较的思考逻辑，把价格、成本和费用结合在一起看产品盈利的能力，可以和企业其他产品盈利能力对比，和竞争对手盈利能力对比，还可以和行业平均水平盈利能力对比。判断所在企业的盈利能力到底处于什么水平？如果盈利能力较强，强的原因是什么，如何保持并提高。如果盈利能力低于标杆对比对象，那么为什么会低，如何改善？

同样的逻辑可以延展到与管理相关的指标。

例如，应收账款的账期，如果行业惯例是"一手交钱，一手交货"，那我们的企业要给客户多长账期；如果同行业都用三月以上的票据结算货款，为什么我们的企业就要 T/T 付款呢？T/T 付款是否在采购价格上相应的体现折让？

战略方向以及业务模式的标杆比较思维也是一样。如果当一类业务举棋不定的时候，最容易的做法就是打探下竞争对手怎么做，对手为什么这样做，我们能不能这样做。如果能，凭什么我们可以比对手做得好；如果不能，为什么对手能做，而我们却不能。

可见，在任何情况下，当在和业务部门讨论的时候，标杆思维都是非常有帮助的。在诸多财务与业务部门协作的过程中，"业财融合"是一个必须的前提，确保双方能够理解对方的立场、逻辑和业务背景等，但是在很多关键决定上，不同部门的意见不见得都可以调和。降本就是一个典型的例子，任何部门都希望在允许的范围内尽量多地获得资源，包括财务部门也是一样。

写到此处正值节日，对于很多财务人员来说，由于职业所限，不得不在假期坚持工作，绝大多数的财务管理者此时也会想着为部门同事争取些加班福利，所有的部门在资源争取上皆同此心。

业务部门坚持开支的合理性，合理性对财务人员来说很难从业务合理性角度来进行辩驳，那么就侧重于数据、标杆、历史趋势、同业竞品、行业平均等。往往最终达成一个折中方案，让方案能够为绝大多数利益相关者接受。利益相关者包括财务部门、业务部门、高管团队、董事会直至股东，在利益相关者群体中，核心高管以及董事会的认同尤其重要。

小提示：

降本增效是企业的竞争战略，好的战略仍需合适的工具确保有效落实。财务最强的工具之一就是标杆比较。

5.5　匹配价格与成本来满足客户

从产生成本的源头看，企业提供的产品（服务）要满足客户的需求，由此产生产品（服务）成本。从客户服务的角度来说，企业界一直都宣扬"客户是上帝"，但是"上帝"是不是真的清楚了解自己的需求？"上帝"的需求是否都是合理的，都应该得到满足？但凡需要满足"上帝"的一项额外需求，对于企业来说肯定意味着额外的成本，且不一定能带来价格上升。

客户为满足核心需求付费

如果企业能够分析清楚客户的核心需求，进而引导客户的期望值，为客户提供它真正需要的产品（服务），避免提供冗余的功能，从成本管控角度来看是彻底地降本。

被需求管理的实例非常多见，例如自打我下决心不能成为油腻的中年人之后，健身卡成了生活的标配。在住处的楼下有一家健身房，大楼的后门直通健身房，是出入小区的一条捷径。去体验了一次之后，感觉这个地方非常让人不满意，比如没有拖鞋，不提供毛巾，空间狭小，洗浴用品虽然有，但也搞不清楚是什么品牌等。最令人不满的是，健身房的销售看到我天天进进出出，知道就住楼上，怎么都不愿意给我打折。从健身房这个企业的角度来看，是不是应该稍微加点投入，提升下客户满意度？事实是并没有，可是生意依然不错。原因之一就在于这家健身房服务的客群就是社区居民，它的核心价值在于距离近。对我来说，一想到大雨天我只要坐个电梯下楼就直达健身房，一想到上海的冬夜我可以穿着运动衣就可以到健身房，只要那里的条件我还能忍受，那就肯定会成为它的会员。当满足了客户核心诉求的时候，刚才提到的杂牌洗浴用品，没有毛巾等，这一切细节都可以忽略，它的价格也因此而十分坚挺。

对于客户来讲，选择一个产品或者服务时，关注的是自己获得的价值到底是什么？价值＝收益－成本－风险，也就是花了多少钱，承担了多少风险，剔除之后，剩下的那部分就是获得的价值。当客户把这个价值与其次优选择比较后，只要优于次优选择，客户就会选择。

就如同我选择的健身房，次优选择很多，基本上 2 km 半径内有近 15 家，但是考虑到往返时间，距离大概率会扼杀中年男人那一点点坚持运动的决心，其他健身房的服务再好，价格再优惠，也依然不会选择。

只要掌握了客户最关注的核心价值，其他非核心需求都不那么重要。

客户真的知道自己需要什么吗

在设计开发产品和服务的时候，有一个有趣的问题，客户是不是真的知道自己需要什么？当客户在选择购买产品或者服务的时候，真的了解这个产品吗？很多时候答案都是否定的。客户对于产品的选择依赖于企业的宣传，这取决于企业厂商如何向客户灌输消费理念。

我自己是重度的咖啡依赖者，每天都需要咖啡"续命"。由于依赖就慢慢地对咖啡的口味越发挑剔。为此，还专门买了关于咖啡的书来学习。学习之后发现了一个大众认知的误区，在很多咖啡馆，包括著名的"开封菜"海报上都会写着，选用阿拉比卡咖啡豆。回想第一次看到这个广告语的时候，顿觉阿拉比卡咖啡豆是很了不起的咖啡豆，肃然起敬。当学习了咖啡的相关知识之后，才知道全世界咖啡豆就三大类，阿拉比卡种、罗伯氏特种和利比里亚种。适合绝大多数人口味的就是阿拉比卡咖啡豆，至于曼特宁、耶加雪菲等咖啡豆种类都是再下一级的细分，就如同大米包括东北大米、泰国香米等。那么商家大肆宣传自家卖的是用阿拉比卡咖啡豆磨制的咖啡，就跟宣传自家用大米煮米饭一样。

降本利器——价值工程法

基于以上的两个判断，客户关注其核心需求且客户不一定意识到其核心需求，那么企业在向客户提供产品或者服务时，有没有可能引导客户的需求？

回顾制造业的发展，制造业随着客户要求的变化而变得越来越复杂，如下图所示。

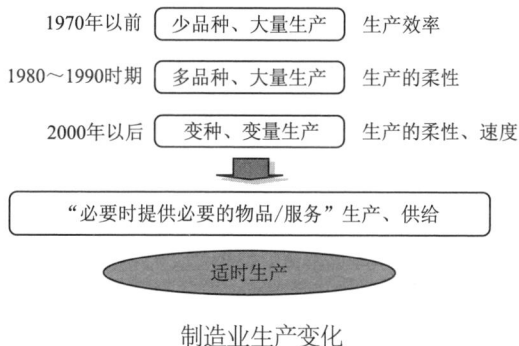

制造业生产变化

早期制造业讲求的是少品种、大量生产，典型的是福特的 T 型车。当年福特通过 T 型车引领了美国中产阶级的消费，福特当时认为人类世界不需要各种颜色，各种类型的车。T 型车这种黑色、方头方脑的产品就可以满足所有人的一切需求，人类从此正式出现大规模的生产流水线。这之后开始讲求多品种生产，强调生产线的柔性。为了降低固定投资，一条生产线上最好能够生产多种产品。再之后开始强调变种变量，生产既要有柔性又要能迅速响应，根据客户的需求大量定制，直至丰田（Toyota）提出适时生产理念（Just In Time）。

从产品（服务）成本控制来看，客户需求的定制化程度越高，成本就越高。如果要满足客户的核心需求，尽量降低制造（服务）成本，确保利润水平，就一定要分析客户的核心需求到底是什么？当客户自身都不清楚到底想要什么的时候，那么就需要帮助客户发现其核心需求。

核心需求的分析在管理会计领域里，叫作价值分析(Value Analysis)。基于价值分析结果，通过工程技术手段，用最低的产品生命周期成本来满足客户的核心需求，就叫做价值工程（Value Engineering），很多大型企业会设有价值分析、价值工程部门，专注于价值分析和价值工程工作。

每个人都坐过汽车，但有没有注意过坐在车上，按下汽车音响的开关，过了多久会发出声音呢？大多数朋友可能觉得这是个好无聊的问题，为什么要关心这个呢？反正音响开了以后能有声音就行啊。由此可以发现汽车用户的核心需求就是在能接受的延迟范围内，即汽车音响可以正常工作。站在整车制造厂商成本控制的角度，音响对用户指令的反馈速度越快，代表着电子元器件的灵敏度越高，而灵敏度越高，就代表着其物料成本越高。所以在客户感知不到差异的前提下，可以选择灵敏度相对较低的元器件来实现降本。

制造业主流的三种降本途径

第一种途径，商务降本。商务降本就是通过商务谈判降低成本。

实践中，客户与供应商询价谈判时，常要求供应商提供产品的具体成本分解。例如采购某产品，在报价过程中需提供产品的具体成本模型，包括产品的物料清单（BOM – Bill of Material）、工艺路线以及相对应的成本预估，也就是产品用了什么零部件，零部件是什么材质，零部件经过哪些加工工艺，零部件的料、工、费预估，甚至包括使用的是什么机器，对应机器的折旧费有多少等。在所有成本预估基础上加上管理费和合理的利润，构成最终报价。客户作为采购方，会根据自身掌握的生产工艺知识、要求的技术规范等进行同样的成本模型预测，然后在供应商成本模型和客户成本模型之间进行比对。如果两者之间存在大的差异点，特别是供应商预估的某项成本高于客户预估成本时，这些成本差异点就是商务谈判的关键。

第二个途径，低成本产地、供应商的转移。

在达到各种技术规范、质量标准的前提下，当商务降本到了一定程度之后，供应商成本降无可降，已无进一步谈判空间。这时可选的方法就是尽量把采购来源地转移到低成本地区，把现有供应商切换成低成本供应商，通过这种方法实现降本。

目前，美国政府不断地要求本国企业回迁本国，确保其就业，其中不乏还有些国家摇旗呐喊，也在鼓吹制造业从中国外迁，鼓励本国企业回迁等。但是只要仅保有中国诸多方面竞争力里面低成本这一条，就已经可以有效地避免制造业外迁，更何况我们的国家还有着很多其他方面的优势。从商业角度来讲，低成本产地和低成本供应商永远是优选。只要我国能够保持商务成本的比较优势，制造业外迁就不可能实现，而且还会反过来吸引国外追加投资。

第三个途径，技术降本。

技术降本的逻辑高度依赖于 VA/VE，此类降本空间随处可见。

以人们常用的手机和 iPad 支架来看，淘宝上支架有两种不同的材质，绝大多数是塑料材质，还有一种同样的形状、尺寸的铝合金材质支架。塑料材质卖 19.9 元，铝合金材质售价 51 元。从客户需求角度来讲，核心需求是有支架让手机、iPad 可以有支撑。至于是铝合金材质还是塑料材质并不重要，只要它够轻、够坚固、够便宜就可以了。

怎么定义质量好

在对客户提供产品（服务）的时候，除了需要考虑客户的产品（服务）和客户需要的产品（服务），以及对应成本是怎么匹配的，还要考虑产品（服务）的质量问题。

怎么定义一个产品的质量好不好？并不是经久耐用就是质量好。美国著名的质量管理专家朱兰（J.M.Juran）博士从客户角度出发，提出了产品质量就是产品的适用性，即产品在使用时能成功地满足用户需要的程度。用户对产品的基本要求就是适用，适用性恰如其分地表达了质量的内涵。

在国内大城市经常坐地铁的人都有体会，每当雨天，地铁口就会有很多小贩兜售雨伞，生意红火得很。价格水平非常稳定，多年来一直保持在人民币 10 元。这些雨伞的质量好不好呢？很多人会说这种雨伞质量非常差，用了几次就坏了，一刮起大风，雨伞马上就变形。考虑大多数人使用这把伞的消费场景，是平时不喜欢带雨伞，或者出行忘记带雨伞，到了地铁口出来发现下雨不得不需要一把伞。大多数人买这把 10 元伞的核心需求是有一把伞能够帮助他们从地铁口走到要去的地方，而且那个地方一般离地铁口也不会太远。这把伞满足的需求并不是让客户传承给子孙后代，也没指望能重复利用多少次。只要这把伞能够帮助客户挡雨 1～2 个往返以上，那么从产品适用性角度来说，这把伞就满足了客户的核心需求。

在客户的核心需求、产品价格以及成本之间进行权衡之后，如果价格 10 元的产品就能够满足客户需求，那么其质量就是好的，它的价值就是得到认可的，只要将使用的物料以及加工工艺维持在这个品质标准上就足够了，进而以此为标准控制物料成本和制造成本。

小提示：

当企业进行产品（服务）设计的时候，分析并引导客户的核心需求，在满足核心需求的前提下进行成本控制是从根本上进行降本工作。而不应该一味地满足客户所有的需求，更不是追求把产品的各个方面都做到尽善尽美。

5.6　价格低不一定就便宜

如果有人问，2 999 元的空调是不是比 3 999 元的空调便宜？这看起来像是一个小学一二年级的问答题，而且答案显而易见。在企业经营的商业环境中要回答这个问题，就没有那么简单了，其中涉及产品生命周期成本与产品全寿命成本的分析。

产品生命周期

一台空调售价 2 999 元，从财务的角度来考虑，这个价格是怎么制订出来的？大多数企业采用的主流逻辑基本都是先采用成本加成法，确定有利可图，再通过市场价格法来对标竞品和自身其他产品价格梯度来进行调整，也就是企业的成本会计先计算制造单件空调的料、工、费以及运营成本，加上企业的合理利润，得出财务建议的价格。以此为基准，再考虑市场竞争情况来进行调整，得出建议零售价格（MSRP-Manufacturer Suggested Retail Price）。那么成本会计核算的物料、人工、制造费用、销管费用等支出是否就覆盖了空调所有的成本?

如果是制造一台空调,那么答案是肯定的。如果是企业确保有能力制造空调且制造一台空调,那么答案就是否定的。这是因为产品存在生命周期所导致的差异,如下图所示。

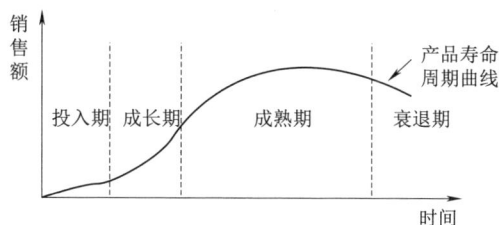

产品生命周期

企业要开发一个产品并推广到市场上,一般会经过以下几个阶段:即投入期、成长期、成熟期再到衰退期。

当企业发现市场有需求的时候,那么就需要研发产品来满足需求。例如产品应该具备什么性能,使用什么原料,采用何种技术等,这就是研发阶段,也是资源的投入期。

如果产品研发成功,那就会迎来在市场上的成长期。新产品在市场上开始试水,销量开始增长。如果是成功的产品,符合客户的需要,市场上反响不错,那么销量就会迅速增长。进入销量相对平稳,也是利润回报最丰厚的成熟期。随着时间推移,新技术的产生,新产品的不断投放,当前产品就需要升级换代,进入到一个销量下降阶段,也就是衰退期。几乎所有的产品都符合这样的规律,只是不同期间的销量变化,期间长短会有所差异。产品生命周期特征较明显的产品包括汽车、空调、手机等。

在考虑产品成本以及定价的时候,如果只考虑成熟期空调批量生产情况下的料、工、费进行成本核算,成本必然存在严重低估的情况。因为产品生命周期早期的研发费用投入,以及成长阶段的大量广告营销费用投入,进入衰退期后依然要给客户提供保修服务,甚至要保留零配件生产线来确保维修配件的供应,由此产生的库存、维护费用等,在制定空调价格的时候,都应该考虑进去,这样才能确保企业是有利可图的。

确保企业盈利的合理价格,应该把整个生命周期的所有成本按照预期销量进行分配，加上合理利润并根据市场竞争策略加以调整，而非仅仅是某一个时间点上的制造成本。

产品生命周期的理念对于财务报表的影响是什么呢，如下图所示。

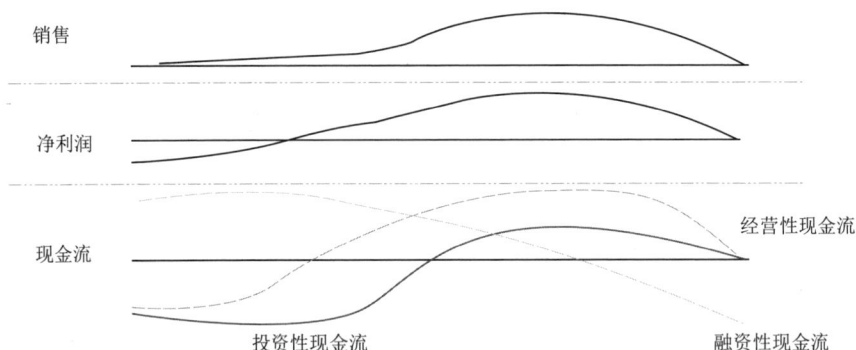

产品生命周期对财务报表的影响

- 销量

显而易见投入期的销量肯定为零，成长期销量缓慢上升，成熟期销量水平最高且比较稳定，到了衰退期，销量开始逐渐下降，直至归零。

- 利润

在投入期或者成长期，利润肯定是小于 0 的，只是亏损多少的问题。有些企业可能会考虑在这个阶段做一些研发投入的资本化处理。所谓研发，可以分解为研究与开发。《国际会计准则》和我国《企业会计准则》对于研究阶段的投入均要求当期费用化处理，对于开发阶段的投入在满足准则要求的前提下可以进行资本化处理。资本化的开发支出会暂时体现在企业的资产负债表上，不影响当期的损益。但不管会计上如何进行研发支出的确认，只不过是在影响利润表的时间上有了变化，终将通过减值或者摊销的形式影响利润表结果。

回归业务的实质，投入期和成长期利润为负，如果产品销售符合预期，亏损额会慢慢地降低，直至有盈利。在成熟期，销量达到峰值，利润也最丰厚。然后由于产品升级或者技术进步导致现有产品进入衰退期，销量开始降低，利润水平必然随之下降，直至开始亏损。

- 现金流

产品组合比较丰富，产品管线（Product Pipeline）储备丰富且经营比较稳定的企业关注利润表。对于产品较为单一或者研发投入金额巨大的企业来说，现金流则更加关键。作为财务人员，在考虑是否投资新项目时，首先要考虑的是现金流是否能够承受。

绝大多数新产品在投入期，没有销售，这个阶段只有投入，经营性现金流肯定是净流出，投资性现金流肯定也是净流出，企业只能依靠融资性的现金流，要么股东投入，要么借贷融资。随着时间推移，如果产品研发顺利，销量符合预期，经营性现金流会逐渐增加，可以通过净流入的经营性现金流来支付本息或者给股东带来回报。

全寿命成本——客户如何选择产品

回到最初的问题"2 999 元的空调是不是比 3 999 元的空调便宜？"便宜和贵是从谁的角度来评判的呢？客户的选择决定了答案。

小时候生活在上海，有一年上海的夏天非常热，家里就买了一个 4 000 多块钱的空调，当时简直是一笔巨额开销。小朋友当然非常开心，以为可以过上开空调、盖被子的幸福生活。但是空调买回来之后，几乎就没用过，为什么？长辈说空调要用电，电费很贵。同龄人可能都碰到类似的情况。

理性的判断应该是，如果知道电费贵而不舍得用，那么就不应该买空调，不用空调本身就是巨大的浪费。可惜当时还小，没有这个思考能力。从无数这种生活中的小事件就可以发现，在是否买空调的决策场景中，客户考虑的不仅仅是买空调要花多少钱，还要考虑买了空调之后的使用成本、维护成本等。

客户愿意为此付出的总价格相当于产品的售价加上购买后的成本，也就是产品的全寿命成本，如下所示：

客户支付的价格（企业生命周期成本＋合理利润）

＋客户购买后成本（使用、修理、处置）

＝全寿命成本

- 客户支付的价格

客户支付的价格就是空调标价多少。从企业角度看，是把空调产品整个生命周期所有的成本考虑在一起，结合预估的总销量以及市场竞争战略所制订的价格。实质是企业生命周期成本加上利润。

- 客户购买后的成本

客户还需要考虑购买之后的成本，即使用过程耗不耗电，修理过程配件贵不贵，修理的频率高不高，甚至包括二手货能卖多少钱等。

从企业角度来讲，如果想要在市场上增强竞争力，就一定要想办法降低客户的全寿命成本，而不单单是产品价格本身。

凯迪拉克与宝马之争就非常典型地体现了这一点。凯迪拉克CT5性价比极高，就是价格便宜且具有极佳的产品竞争力，动力足，用料实。CT5的定位实际上与宝马5系、奔驰E级、奥迪A6L属于一个级别，但是CT5为了能获得更多认可，以高一级的产品竞争力与低一个级别的宝马3系、奥迪A4L、奔驰C级竞争市场份额。结果以近一年销售量为例，凯迪拉克CT5销量明显低于同期宝马3系的销量，如下图所示。

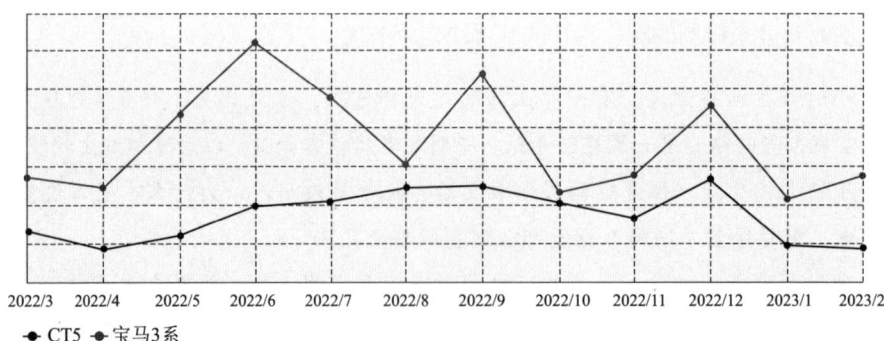

销量对比图

除去品牌知名度的溢价、维修便利性、油耗等方面的因素之外，二手车保值率起到了很关键的作用。客户买了宝马车，开了一两年，卖二手车也许打个6~7折，而同一价格区间的凯迪拉克可能就要打个4折到5折。

凯迪拉克的全寿命成本构成是价格低，购买后成本高。而宝马车相对来说价格高，购买后成本低。两者的全寿命成本差异要远远小于从售价上体现出来的差异。

同样的思考方法用在企业的决策上也适用。试想有一天类似 Oracle、SAP 这样的顶尖 ERP 厂商愿意给您所在的企业免费实施，甚至未来的收费也都全免，作为财务负责人是不是就一定会接受呢，是不是就一定会把原来的 ERP 系统换成 Oracle 或者 SAP，最终的决定大概率是不一定。毕竟在决策过程中需要考虑很多费用之外的因素，如数据迁移容易出问题，员工使用新系统要培训，整个的业务流程要修改，等等。所以即使到了极端情况下，新 ERP 系统的厂商报价是 0，客户也不见得会采纳。

但企业如果能够降低全寿命成本，由于后续支出少，后续产品表现稳定，客户可能会有意愿支付一定的产品溢价。

小提示：

客户在选择产品或者服务的时候，不应该仅限于考虑价格因素，还应考虑后续使用过程中会发生的成本。企业在向客户提供产品时应全面考虑产品生命周期成本，并在此基础上制订价格。

5.7　企业如何考虑为产品提供延保

延保指的是延长保修，也就是消费者购买产品后，在制造商提供的保修期之外，由延保服务提供商提供延长的保修时间，或延展服务范围等有偿的服务。这个产品理念于 2004—2005 年由一些跨国企业引入中国。现在产品延保已经非常普遍。

以淘宝天猫商城为例，选购某款空调，可以看到空调原价是多少，领券折后价是多少，在此基础上加选延长保修一年额外付 199 元，选延长保修两年付 259 元。消费者选购空调该不该买延保呢？

对消费者来讲，这个判断很简单。如果选择买延保，多付 100~200 元钱。额外获得的保障是什么呢？当空调过了保修期，或者在保修期内有一些不保修的部件，通过额外付费获得了保修服务。这很像个人购买的商业性医疗保险，为了获得保障必须支付保费。

买商业医疗保险获得的好处是什么？万一有国家医保不能覆盖的部分，或许可以额外获得保险公司的赔付。但是很多人会想，我自己保持锻炼习惯，我家族都长寿，我身体强壮不生病，买了保险就是浪费。空调或者其他一切产品的延保逻辑也是一样，相当于消费者与延保服务提供商在对赌标的产品损坏的概率。

延保服务对企业财务状况的影响

在企业销售延保产品时，确认销售的延保收入实质上代表着未来预期的负债。例如 259 元卖了延长两年保修期的延保产品，当期收到了钱，但是 259 元对应的成本什么时候发生呢？答案是未来两年内不确定的某个时点。未来如果标的产品发生损坏，对它进行维修时才会有真实成本发生。而从权责发生制角度看这个经济交易，在销售延保产品的时候，就应该递延处理相关收入并计提未来或有负债，这充分体现了财务会计的谨慎性原则。财务会计需要客观反映经济交易实质，坚持实质重于形式的原则。

不论是常规保修业务还是延长保修业务都涉及对未来或有维修成本的估计，是根据历史经验以及工程技术判断作出的最合理推断。即保修期间，结合预期的产品故障率、故障的常见部件及预估修理成本、修理故障需要的预期人工工时并折算为金额，就是企业未来可能要发生的成本。审计师马上就会联想到既然是根据历史经验，那么就有很多从统计抽样角度调整样本数据进而调节最终结果的技术性方法。既然需要结合工程技术方面的判断，那么作为财务专家的审计师又要面对产品专家和技术工程师了，除了通过逻辑推理和行业比较之外，能帮助判断合理性的方法实在是很有限。财务部门会借助于保修成本计提的标准设定做很多文章。计提完成之后意味着在财务报表中隐含了一部分对于未来的预期负债，那么当企业经营情况发生了变化，需要财务部门施展技能时，就存在对未来预期可能性的修正。通俗地说就是在报表里建了个水库，保修成本计提的标准相当于往水库里注水的速度，已经计提的保修成本相当于水库里的水位，水库能够起到的作用之一是调节流量，削峰平谷。随着企业业务情况和利润水平的变化，未来维修成本的标准存在相应调整的空间。

另外，需要留意的是现金流量表的影响，对于有延保服务的产品，销售当时就可以收到现金，这笔钱和从购买者手里免费融资没有本质的区别。但是世上没有免费的午餐，这笔免费融资存在一个巨大风险，如果对未来的故障率以及维修成本的支出预估得过于乐观，一旦当大量的客户在产品未来发生问题时都要求提供修理服务，届时支出远超此前预期，对于企业的冲击会非常大。巨大的现金流支出会给企业带来沉重负担。如果是财务管理不太规范的企业，甚至不排除在收到延保付款时就挪作他用，拆东墙补西墙，这种现象与某些培训机构预收学费然后疯狂扩张后跑路，与银保监会曾经严查的万能险资金挪用问题如出一辙。

从现金流角度来讲，这是一笔免费融资，但是未来也隐含着巨大的风险。

延保服务的必要性

从财务角度看，延保类的业务可以提前获得现金流，同时附带建了利润的"水库"。从业务角度看，延保业务也具有很多好处，最显而易见的就是业务本身的利润。

延保业务还可以增强客户的黏性。因为客户购买了延保产品，过了保修期之后，客户优先考虑的维修服务提供商一定是提供延保服务的商家，这类商家大概率与产品的提供商是利益相关方。在延长的保修期内，维修服务提供商锁定了客源，避免竞争对手获取客户。与此同时，如果客户愿意维修就代表着还在使用产品，客户依然和产品有极强的互动，那就代表着有产生后续业务的可能性。

同样的获客逻辑不仅仅体现于延保业务，还可以通过很多其他的营销手段实现获客。

例如，我的颂拓（Suunto）运动手表 3 月份时出了问题，在颂拓的门店这块不能用的旧手表被门店以 800 元回购了，但是回购的条件是我需要在同一门店买新的手表。原因非常简单，此类运动手表最主流的品牌有两个：来自芬兰的颂拓（Suunto）和来自美国的佳明（Garmin）。从很多使用者的感受来说，两者功能类似。客户很容易会有一个冲动，既然戴了颂拓很久，不如试试佳明吧。如何能够把客户留住，不让客户有尝试竞品的可能性？最简单的方法就是让旧手表折钱。如果客户要选竞品，那么这个旧手表一文不值，如果选择购买同品牌新手表，这个旧手表就值 800 元。绝大多数客户都会做出非常理性的选择。这种策略起到的作用也是提高客户黏性，只要客户被黏住了，早晚会给企业带来额外的收益。

小提示：

延保服务产品既是市场竞争手段，又是一种产品。排除其市场竞争作用，延保服务产品对于企业来讲，归根结底是一个变相的保险产品。企业与客户在对赌未来产品损坏风险对价与延保服务售价之间的关系。

5.8 如何判断项目投资的盈利性

原本造车的比亚迪现在已经成为全球最大口罩制造商，不论当时的决策是不得已而为之，还是高瞻远瞩预先布局，还是其他什么原因，在汽车行业整体低迷之时，比亚迪的口罩业务成为其上市公司财务报表中的亮点，充分证明了决策的正确性。比亚迪的口罩如下图所示。

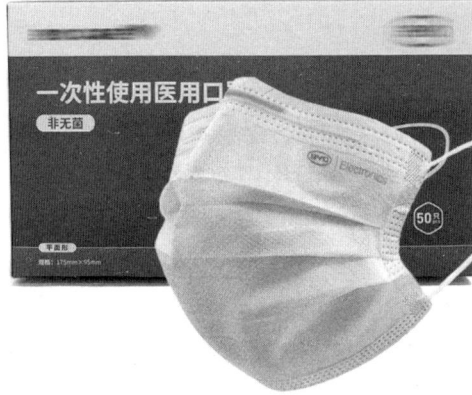

口罩

成功的投资项目总能总结出很多因素来证明其成功的必然性。而企业的管理者需要做的是在投资项目决策之前通过周全的考量来确保成功。衡量投资项目是否成功有多重角度，上至国家战略，下至打击竞争对手，赢得市场份额，缓解产能瓶颈，等等。在诸多角度中，项目是否赢利是投资时需要考虑的核心要素之一。

财务人员如何分析投资项目赚不赚钱？

从利润角度看盈利

财务三大表的利润表编制原则是权责发生制，现金流量表编制原则是收付实现制。投资项目从利润表角度是否赚钱至少要考虑两个维度，即边际贡献（Contribution Margin）和利润，如下图所示。

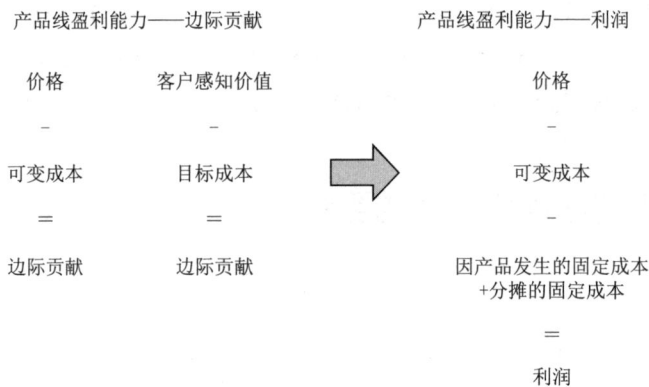

从利润角度看盈利

什么是边际贡献呢？就是产品价格减去产品可变成本。可变成本又称变动成本，指成本的总发生额在相关范围内随着业务量的变动而呈线性变动的成本。与可变成本相对应的概念是固定成本，固定成本是指在相关范围内不随业务量变动的那部分成本。相关范围（Relevant range），管理会计中把不会改变固定成本、变动成本形态的期间和业务量的特定变动范围称为相关范围。

以比亚迪生产口罩为例，口罩的可变成本是什么？口罩的原材料如熔喷布，就是典型的可变成本，多生产口罩就会导致原材料耗用线性增加，不生产口罩就不会导致原材料耗用发生。

口罩的固定成本则可能有两个来源。

一方面是为了生产口罩需要购入机器设备等，对于比亚迪的汽车制造企业来说，生产口罩的机器设备肯定无法用于汽车生产，所以这些机器设备是因为口罩产品才购入的。而这些机器设备的折旧费用在直线法下是一个固定数，不会因为口罩的产量变动而变动。这就是上图中提到的"因产品发生的固定成本"。

另一方面生产口罩的机器设备需要的生产场地、原材料及成品所需的物流场地等大概率是利用了现有厂房的资源。

（注：基于比亚迪投产口罩时间推测其利用了现有资源，在后续产能扩大时应存在新建专用厂房。）

那么这些场地的相关费用随着口罩的投产会分摊一部分给口罩产品。但是如果口罩产品没有投产，这些场地的费用其实依然会发生，只是分摊到了其他实际生产的产品上。通俗地讲，那些场地要花的钱一直就在那里，不因为新产品变化而变化。

那什么是相关范围呢？此前提到机器设备的折旧是典型的固定成本，不随着产量的变动而变动。但是在企业经营的实践中没有什么是真正固定的，如果比亚迪决定停产口罩，并把所有机器设备处置掉，那么"皮之不存，毛将焉附"，机器设备都没有了，折旧自然也就没有了。从长久来看，企业的一切成本都是变动成本。为了更好地分析问题，人为限定一个期间，在此期间内，固定成本是固定的，不因为业务量变化而变化。此期间就是相关范围。

在从利润角度衡量产品是否赚钱时，首先考虑的指标就是边际贡献。如果边际贡献小于零，说明企业造一件亏一件，造的越多就亏得越多。如果边际贡献大于零，至少从产品制造角度有盈利的空间了。边际贡献指标的特点是侧重于产品自身盈利能力，避免了固定成本，尤其是被分摊的固定成本对于产品盈利能力判断的干扰。但其缺陷也在于此，边际贡献指标不考虑产品对应投资的回收能力。

为了解决这一问题，后续考虑的指标就是利润，即产品总销量 × 单价 – 总变动成本 – 总固定成本。如果利润 >0，那么就说明该项目的产品收入非但可以覆盖所有因产品自身导致的成本，而且还可以覆盖所有投资。

从现金流角度看盈利

实务中，企业判断项目可行性更看重现金流相关的财务分析结果。因为利润相关信息会受到会计方法、会计估计等方面的影响，而且利润相关信息是根据权责发生制原则进行编制。极端情况下，由于某项目而成立某个企业，项目即企业，企业利润表结果为正，但是现金流为负，直至现金流断裂，企业破产。所以企业在对项目前景进行预测的时候需要考虑利润与现金流之间的差异，现金流入与流出的时间价值差异，以及项目投资流出时点早于投资回收所带来的风险因素，如下图所示。

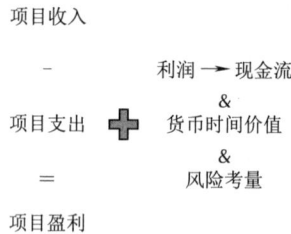

项目收入

－　　　　　　利润 → 现金流

　　　　　　　　　　&

项目支出 ✚ 货币时间价值

　　　　　　　　　　&

＝　　　　　　风险考量

项目盈利

从现金流角度看盈利

主要的现金流相关分析指标分为两大类：折现现金流（Discounted Cash Flow）以及回收期。

回收期法的逻辑非常简单直接，所有的项目共性是项目之初需要投入，那这些投入需要多久能收回，这个收回的时间就是回收期。根据常识判断，项目收回投资本金的时间越短，也就是回收期越短，项目风险就越低。如果某个项目未来预期非常好，但是回收期漫长，万一在投资本金尚未完全回收的时候项目夭折，原来的预期再美好，跟企业以及投资人都没有任何关系了。就如同大家都知道明天很美好，但万一倒在了黎明前，那也享受不到美好的明天了。

折现现金流相关指标的逻辑复杂些。由于货币存在时间价值，所以今天的100 元钱和 1 年以后的 100 元钱是不一样的。在分析项目的时候，就需要把未来的现金流折现到当前时点，然后基于当前时点的净现金流来判断项目的盈利能力。

最常见的折现现金流指标是净现值 NPV（Net Present Value）。计算方法如下图所示：

$$NPV = 现金流入现值 - 现金流成本$$
$$= \frac{C_1}{(1+i)^1} + \frac{C_2}{(1+i)^2} + \frac{C_3}{(1+i)^3} \cdots \frac{C_n}{(1+i)^n} - 成本$$

把项目未来的各期现金流入（$C_1 \sim C_n$）以折现率 i 折现到当前减去现金流流出的当前时点现值，就可以获知是否赚钱。

由此衍生出的一个折现现金流指标是内部报酬率 IRR（Internal Rate of Return）。如上图所示的 NPV 计算公式中，设 NPV=0，各期的预测现金流入（$C_1 \sim C_n$）为已知数，折现率 i 为未知数。之后求解这个一元 n 次方程，即可得出从项目现金流角度测算的在保本情况下的折现率，这是内部报酬率。内部报酬率越高，代表项目盈利能力越强。还可以在内部报酬率与企业的加权平均资金成本 WACC（Weighted Average Cost of Capital）进行比较，如 IRR 大于 WACC，那至少从现金流角度看项目有利可图。

基于现金流折现的思考方法，还有一个相对使用较少的指标盈利指数 PI (Profitability Index)。此前提到的 NPV 是把现金流入与流出的现值相减得出盈利与否的结论，但是无法表示盈利的效率。PI 则是用现金流入的现值除以现金流出的现值，相当于告诉使用者投了多少钱，赚了多少钱。

除了赚钱之外的财务考虑因素

多数情况下，企业都不止一个项目在进行。上述的边际贡献、NPV 等考虑因素都是针对特定项目自身的情况进行分析。在做最终决定的时候，除了考虑项目自身情况外，还要考虑对于企业的综合影响。

再怎么强调都不为过的首要因素就是现金流的承受力，任何项目前期都是投入期，其现金流回报一定会滞后。换而言之，一定先要衡量企业有没有足够的融资能力来支撑这个项目的投入，直至其产生现金回报。

除此之外，企业还需要考虑上一个项目对于企业总体财务报表的影响，以及后续的细节安排，如什么时候作出决策并公开，如何在合规前提下选择合适的会计方法，如何与投资者沟通等。

以会计方法为例，如项目投资包括研发支出，那么资本化还是费用化处理？理论上这取决于企业的研发活动实质以及会计准则的相关要求，但在实践中会发现同一行业中利润丰厚的企业研发活动支出费用化倾向明显，而盈利状态欠佳的企业则不遗余力地把研发活动支出资本化。项目投资一般都会包括资产投资，那么对于"在建工程"与"固定资产"之间所谓"转固"的进度选择也往往是企业关注的重点领域，这不但影响资产负债表和利润表的数据，对企业产生特定税种（如房产税）纳税义务的时点也可能产生影响。

决定之后，从财务方面，特别是从财务的操作层面，更多的工作其实刚刚开始，因为一个项目等到获批之后，在推进过程中，将涉及项目支出控制，财务可行性，相关的假设是否与预期相符等。

小提示：

项目决策过程中财务指标是必不可少的关键信息，一方面需要对未来利润进行分析，另一方面需要考虑现金流折现后相关指标的优劣。除此之外，从整个企业层面还需考量现金流的承受能力，项目优化后续对于企业财务报表的影响。

5.9 如何确保大额项目投资不超支

任何大型项目都需要进行财务预测来支持决策，预测中一定会包含项目投资总量的相关信息。在项目投资决策之后，这就代表着项目总支出已经确定了。财务后续有一个非常重要的职责是跟进项目投资进度，避免超支。具体来说在新项目推进过程中，研发费用、工厂建设支出、机器设备总体投资以及项目正式启动运转时候的铺底流动资金等都应该在原项目投资总预算范围内。从工作流程上就是首先估算项目支出，然后审批确定项目预算，后续跟踪核算项目实际支出，直至项目执行完成。这个过程中要求事先预估准确，执行过程受控，进展情况清晰。

项目管理支出的常见挑战

项目管理是一个非常专业的领域，项目支出会受到诸多因素的影响。例如，目标变更、工作范围变更，等等。在接下来的讨论中为了简化问题，我们假设项目工作内容没有任何变更，在这个前提下如果要确保项目不超支，财务会遇到怎样的挑战？

● 项目开支审批前松后紧

以建设一个工厂，或者研发一个新产品为例，假设整个项目获批投资款 10 亿元，项目周期持续三年。很容易出现的问题是项目开始时感觉钱很多，所有的支出都比较容易且快速审批，然后花着花着突然发现，10个亿不太够用，项目组开始过紧日子。导致前期支出很宽松，后期支出很吃紧，甚至到了项目的某些关键工作环节，反而没有足够资源来支持。

- 项目资产投资明细不清晰

目前，市场上对于涉及大量资产投资的项目非常流行的一种做法叫作"交钥匙工程（Turn Key Project）"。

以一个整车制造厂为例，冲、焊、涂、总（冲压、焊装、涂装、总装）四大传统工艺车间，新能源车工厂再加一个电池的打包车间外包给不同的总包商，企业把所有的技术规范要求都提供给总包商。项目总包商根据企业的要求，双方协定的工期和设备供应商等把车间基础建设、机器安装等完成之后整体交付给车主。这就像买了房子之后的装修，业主可以选择包工不包料，也可以选择全包，即包工又包料。交钥匙工程的实质类似于住宅装修全包的模式。

资产管理是财务部门最重要的工作之一，不论是从资产保全的角度，还是从财务报表准确性的角度，都需要对交钥匙工程的资产明细有所了解。如果和设备供应商、总包商之间没有事先对于项目资产明细有非常清晰的分解，就会导致后续跟踪的无序。进而影响到后续在建工程跟踪、验收转固、固定资产盘点以及折旧计算。

- 财务周期与项目节点不匹配

项目管理的特点之一是侧重于项目节点的完成情况，而项目预算管理的目的是确保完成项目。财务部门工作的周期性特点非常鲜明。项目节点的完成时间、项目的进程与财务年度基本上是不匹配的。项目的关键节点与财务月度、季度或者年度恰好契合，财年12月31日恰好是项目完工日的概率实在是太低了。

财务部门与项目管理部门之间的矛盾也就由此产生，项目管理人员会认为只要项目节点能够达成，整体项目没有超支就代表着项目支出受控，至于项目进展过程中按月、按季、按年切分项目支出那完全是财务部门的需要。但是财务报表以及财务全面预算又都是按照月、季、年的周期在执行。

- 项目开支加计扣除及加速折旧

加计扣除指的是企业为开发新技术、新产品、新工艺发生的研究开发费用，未形成无形资产计入当期损益的，在按照规定据实扣除的基础上，按照研究开发费用的 75% 加计扣除；形成无形资产的，按照无形资产成本的 175% 摊销。

加速折旧指的是在固定资产使用年限的初期计提较多的折旧，可以在固定资产的使用年限内早一些得到折旧费和减免税的税款。

以上两种做法都体现了政府对于鼓励研发、鼓励企业投资的政策导向。为了获得以上的所得税优惠，企业在项目立项之初就应该按照相关法规规定，合理的设置会计科目并保存相关支持文件，进行规范的会计核算，以便满足条件后进行申请。

项目管理最佳实践——甘特图＋WBS

针对上述项目支出容易出现前松后紧的问题，企业迫切需要在项目管理过程中能够把项目进度、项目预算、实际支出紧密结合的管理方法，来确保项目支出受控。

- 项目进度管理用甘特图

项目进度的管理一般都依赖于甘特图（Gantt Chart），通过条状图来显示项目随着时间进展的情况。财务部门需要能够了解项目整体时间表以及进展情况，包括项目的关键路径。

范例如下图所示。

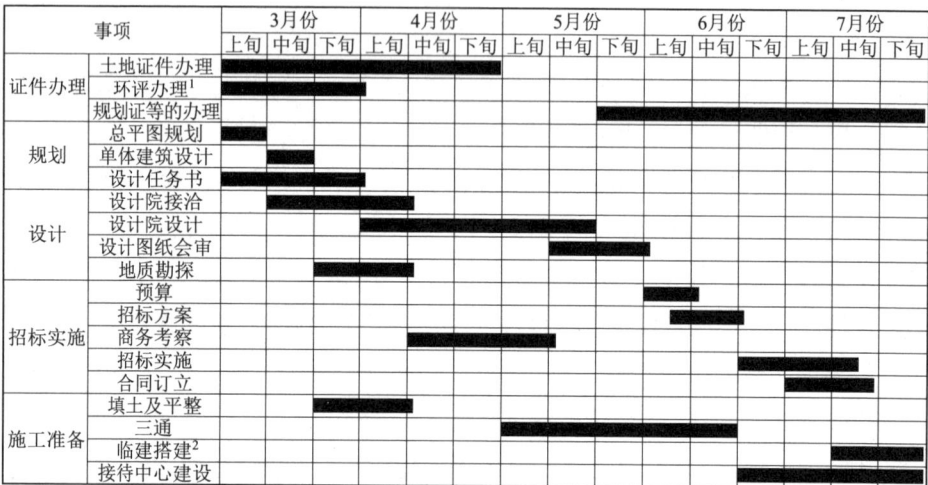

	事项	3月份			4月份			5月份			6月份			7月份		
		上旬	中旬	下旬	上旬	中旬	下旬	上旬	中旬	下旬	上旬	中旬	下旬	上旬	中旬	下旬
证件办理	土地证件办理	■	■	■	■	■	■									
	环评办理[1]	■	■	■												
	规划证等的办理							■	■	■	■	■	■	■	■	■
规划	总平图规划	■	■													
	单体建筑设计															
	设计任务书	■	■													
设计	设计院接洽	■	■	■												
	设计院设计				■	■	■	■								
	设计图纸会审					■										
	地质勘探			■												
招标实施	预算								■	■	■					
	招标方案															
	商务考察				■	■										
	招标实施											■	■	■		
	合同订立											■	■			
施工准备	填土及平整			■	■											
	三通															
	临建搭建[2]													■		
	接待中心建设										■	■	■	■	■	■

甘特图

1　环评，是指环境影响评价，一般业内简称"环评"。

2　临建，是指临时建筑物、构筑物和其他临时设施。建筑物如板房，构筑物如围墙、道路，临时设施如管线、变电箱，等等。

• 项目资源管理用WBS

项目预算及后续支出的管理常用的工具是工作结构分解编码（WBS - Work Breakdown Structure）。

WBS编码逻辑是什么呢？

在一个大型企业集团里，同时会有多个项目在推进，不同项目又有可能具备不同的属性，有些项目是建工厂，有些项目是研发产品，有些项目是实施IT系统。以建工厂为例，在一个大工厂里会有不同的车间、道路、公用动力设施、物流场地，等等，特定车间里又会有基建、设备等。

那就建立一个编码体系追踪主要的项目活动，就如同大城市的任何一栋建筑都可以通过地址编码来进行追踪。

以某企业制订的WBS编码规则为蓝本，略做修改说明WBS的运用。

第一级编码定义项目类型，是研发类项目，还是产品投产项目，等等。

第二级编码定义产品类型，相关项目活动是为了A产品、B产品还是其他产品。

第三级编码定义支出类型，相关支出使用于哪个车间，使用于物流设施，还是确保产品质量的相关设备，等等。

第四级编码更加具体地描述支出类型，例如对应车间的建筑物、设备、工具，等等。

第五级、第六级等编码则按需增加，根据项目管理规模以及详细程度加以定义。

细节如下图所示。

WBS 级别	1	2	3	4	5	.....
位数	1	3	2	2	......	......
范例	Z – 001 – 03 – FB　（代表用于A产品项目物流相关的建筑物支出）					

WBS 级别1: 项目类型
C: 资本性支出
E: 研发支出
Z: 产品项目
.....

WBS级别2: 产品类型

001: A产品
002: B产品
003: C产品
.....

WBS级别3: 支出类型
01: 甲车间
02: 乙车间
03: 物流相关
04: IT相关
05: 质量相关
......

WBS级别4: 支出类型分解
FB: Building建筑物
FU: Utility公用动力
TI: internal tool 内部工具
TV: Vendor tool 供应商工具

WBS 级别5: 按需

WBS的运用

通过这样的编码规则，再庞大的企业集团同时推进再多的项目，都可以通过编码的分级把所有项目相关的支出，以唯一编码的形式进行跟踪。在每一项项目活动均获得唯一编码后，再逐一匹配项目支出。假设上图中的 Z-001-03-FB 对应项目预算 50 万元，其他每一项项目活动也都具备唯一编码，那就可以根据业务计划和项目总预算分解赋值。最终所有项目活动均可以通过 WBS 编码进行追踪，每一项 WBS 编码都对应允许的项目支出，汇总之后就是项目总支出。（注：真实业务中，汇总后往往控制在项目总支出的 95% 左右，其余 5% 作为预备费机动使用。）

有了与项目支出对应的 WBS 编码体系之后，项目支出的审批和跟踪就变得非常容易了。

在管理规范的企业中，所有的合同必须经由财务部门审核同意，那么在提出合同申请的时候，该合同对应哪些项目支出，仅需罗列其 WBS 编码范围，财务部门就可以在合同审批过程中，检查该 WBS 编码对应活动的预算情况以及使用情况，批了一个合同，就在对应 WBS 编码预算下减去合同金额，审批多少减去多少，合同总额不应该超过该编码对应的预算总额。万一该项 WBS 编码对应活动必须超支，否则就会影响整体项目进度，那么超支多少就需要在项目其他活动中减去，确保总支出受控。如果特定活动超支且无法从其他活动中相应扣减，就意味着项目将要超支，该项目负责人应立刻向企业上一级管理层提请追加项目预算。

在合同签订的源头确保所有合同，订单的总金额均在相应 WBS 编码预算范围内的前提下，后续的管控就是财务的常规操作，即付款金额不应超过合同总额，付款审批支持材料之一的发票总额在"三单匹配"过程中不应超出付款申请总额。而且合同、付款总额、发票总额的控制机制完全可以通过 ERP 系统来进行自动校验。即使所在企业的 ERP 系统里面暂时没有项目管理模块，通过系统外的人工跟踪，也完全可以实现管控，即通过项目总支出确认、WBS 编码分解预算、WBS 编码控制合同总额，基于合同控制付款，通过付款总额来校验发票。在项目管理较有经验的企业，还可以通过 WBS 编码与会计科目的对应，来实现项目支出与会计报表自动匹配，进一步提高工作效率，避免人为失误。具体过程如下图所示。

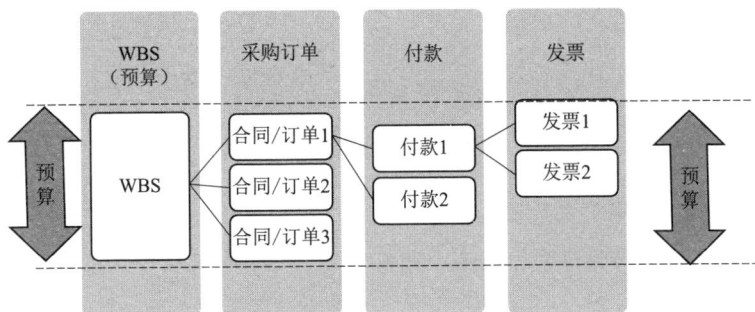

WBS编码与会计科目对应

当甘特图和 WBS 编码合并使用的时候，财务部门就可以知道任何一项项目支出对应的关键时间节点情况。既通过 WBS 了解项目支出全貌，又通过甘特图了解项目进展全貌，借此将项目进度与项目支出进度有机的结合，并定期复核，建立项目支出情况及时、准确的跟踪机制。

小提示：

企业项目支出一般都具有金额大，时间跨度长的特点，通过甘特图管理项目进度，通过 WBS 编码跟踪管理项目支出是企业最佳的业务实践。

5.10 复杂的成本管理

财务部门一谈到成本，都是从企业花了多少钱的方面来考虑问题。学术化的描述就是要进行生产经营活动或达到一定的目的，就必须耗费一定的资源，其耗费资源的货币表现称之为成本。作为财务管理者对于成本的理解就不能仅限于此，而更应该从企业经营效率的角度来看问题，避免成为那个只知道"数豆子的人(bean counter)"[1]。

如果要管理好企业的财务，还需要运用理性人假设。理性人假设，指每一个从事经济活动的人所采取的经济行为都是力图以自己最小经济代价去获得最大的经济利益。企业的管理者就应该努力让自己的行为符合理性人假设，为企业获得最大经济利益。

---

1 bean counter- 美国企业对会计师的俗称，带有多层含义，如精明、注重细节，但也用于描述过于关注细节忽略整体，关注历史而缺乏预判的会计师。

但是人的行为在很多时候又是非常感性的，导致在实际管理中，很多决策并不符合理性人假设。

感性的代价——沉没成本与机会成本

当你买好一张电影票走进电影院，看了 10 分钟后，发现影片完全不符合自己的预期，觉得电影超级无聊，这个时候你会怎么办？选择一，电影很无聊，纯粹是浪费时间，立刻离开去做别的事情；选择二，电影很无聊，但是票钱都花了，来都来了，那就凑合看完吧。

理性的判断应该立刻离开，可以做其他更加有意义的事情。

现实是绝大多数人不会离开。主要原因来自两方面：

第一个方面，人们厌恶损失，对于损失的痛苦感要比获得的快乐感巨大得多，所以人们天生就不愿意有损失，为了避免损失还会追加投资，这就是为什么人们觉得来都来了，还要坚持看完。人们在股市波动时候的心理感受可以很好地诠释这一现象，从 2020 年 3 季度的股市投资来看，很多人 9 月底的投资市值均有下降，以下图为例，9 月 30 日市值差不多跌回到 8 月中旬的水平。理性地看，第 3 季度获利非常丰厚，但是投资者在 9 月的痛苦程度远超其记忆中 7～8 月账户市值飙升时候的快乐。

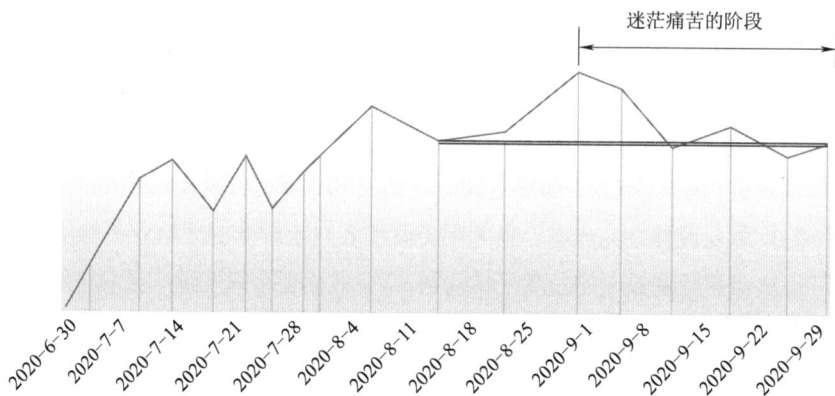

股票投资市值

第二个方面，人们都有自我开脱的本能。买这张电影票，坐下没多久就发现自己这件事做错了，电影超级无聊，但立刻走不但可惜票钱，还显得自己很愚蠢。

既然选择依然在电影院里看无聊的电影，就意味着失去了做其他事情的机会。就如同选择吃了麦当劳，就不能去必胜客，有可能必胜客正好有新品大促销。如果国庆长假宅在家里，就失去了去图书馆看书的机会，这时图书馆里可能会碰到喜欢了很久的男神或者女神。你去公司打工就不能创业，有可能创业能赚更多的钱。所以在选择过程中，作出这种选择，就会错过另外一个选择。

上面这种生活中常见的现象就代表了由于人们的感性，从而发生的两种成本。

- 沉没成本：已经付出的不可能收回的投资
- 机会成本：为了做一件事而放弃另一件事的机会

买完电影票看到一半，不论喜不喜欢，票钱都不能拿回来了，票钱就是典型的沉没成本。而当时看的电影超级无聊，已经带来了负面的情绪，可是又沉迷在过去票钱的付出里，坚持看下去，坚持到底其实就是无聊到底。这就是心理学上说的沉没成本谬误。

与此同时，坚持看完就代表着做不了任何其他事情，原本立刻离开影院就可能在门口邂逅独自逛街的女神，开始愉悦的交往。坚持看完就失去了这种可能，这就是经济学上说的机会成本。

在商业环境中里面，沉没成本和机会成本最终都能量化为货币。而在生活中，成本更多地体现为时间。

就如同生活中，如果喜欢某一个男神或者女神，且已经建立了关系，想维持这段关系，方法之一就是加大对方的沉没成本，不管是时间、物质还是其他方面。因为人都厌恶损失，且本能地不愿意承认自己的错误，所以这段感情可能做到长久。如果加入机会成本因素，万一那位男神／女神实质上渣得很，那所损失的就是错过了真正的男神（女神）。

财务报表体现不了的成本

类似坚持看完无聊电影的决策失误在企业里非常多见，导致发生的额外成本在财务报表中甚至无从体现。

某企业在沈阳收购一家工厂，收购整合完成后，分析运营情况以及新工厂所带来的规模经济效应和协同效应。具体测算的财务人员非常纠结，考虑了各方面的因素，和业务部门做了很多访谈，对整个项目收购之前的投资预测、整合后运营情况都进行了分析，但是企业管理委员会总是认为分析考虑的因素不周全，多轮反复之后，财务人员开始深深地怀疑自我。

此项财务分析工作其实是在管理会计四步"规划－决策－控制－评价"中的最后一步"评价"，即基于财务信息评价实施情况，并依此进行考核，完善激励机制。

从企业效益最大化来看问题，所有收购整合的工作均已完成，这就是典型的沉没成本。不论效果如何，对于企业来说已然覆水难收。

但既然涉及考核和完善激励机制的问题，那么财务分析人员既要根据事实进行分析，给出全面客观公正的结论，还要考虑一下项目决策背景，避免考虑的因素不够周全，毕竟感性的人们都会有自我开脱的倾向，更何况还涉及考核激励问题。

除去这类回顾性的财务分析需求，还会有辅助未来决策的分析需求。

如在企业中经常会碰到新订单类问题，即接到新订单A，此时企业是否应该接受该订单条件从而进行生产销售？

在无须发生新增投资前提下，新订单A导致的成本只是与订单生产销售相关的那些可变成本，如零部件成本与人工成本等。生产所需的厂房和设备是早已完成投入，只是现在使用而已。以沉没成本和机会成本的逻辑考虑，厂房设备生产线均为沉没成本，不管接不接订单A，这些成本均已发生。

所以在分析订单A盈利性时考虑的因素至少有两个。第一，从财务报表角度想，厂房设备等沉没成本是否考虑？答案是肯定的，因为厂房设备的折旧等就是会计范畴成本的一部分。第二，从业务决策角度想，厂房设备等沉没成本是否考虑？答案是否定的，因为不论是否接订单A，这些厂房设备都在那里，不会存在任何变化。

所以最主要的判断因素是订单A的边际贡献数据。

假设企业年销售额约1亿元人民币，订单A边际贡献100万元，是否可以断定订单A是个好订单？仅就此信息还不能判断。

加上一个假设条件，同期还有订单B，边际贡献150万元，在同一家工厂、同一条产线、同一批工人，订单A与订单B为互斥关系，即订单A/B只可择一，选择订单A就没有办法满足订单B。

如果选择订单A，财务报表结果为当期利润提高100万元。从企业决策角度看，订单A带来100万元边际贡献，导致丢失订单B及其150万元的边际贡献。也就是本来能赚150万元，现在赚了100万元，少赚了50万元。

这种情况下会计报表结论和经济决策结论产生了矛盾。在会计报表上体现利润增加100万元，从财务管理决策效果看少赚50万元就相当于亏损50万元。这就是机会成本在起作用。

小提示:

在企业决策时,沉没成本既然已经发生,除非是项目评价与回顾,或者有些组织或者人员的因素牵涉其中,否则,除了前事不忘后事之师的作用以外,无须再考虑。

而考虑企业利益最大化的时候,除了看到现在赚了多少钱,更要看到有多少钱是原本可以赚到但是现在没有赚到的。

5.11 最容易的成本管理在实践中却是最难的

2020 年 9 月 9 日,以"新制造时代"为主题的"2020 中国互联网制造峰会"召开,国家发改委产业司原司长年勇发表重要讲话,其核心观点是天天忽悠新概念,中国要为此付出沉重代价,并深刻指出"我们这个社会目前最大的误导就是制造业不行了,制造业落后了,要讲大数据、云计算、区块链、量子计算之类,才跟得上形势,才与时俱进,这是当前社会最大的问题"。此讲话一出,顿时引起实业界人士的纷纷认同。

同样的现象在企业的日常管理中也同样存在。企业成本管理虽然有着很多先进的方法以及工具,但是从理念角度来看,基础的概念也提出很多年,具体如下图所示。

早期阶段 (1880-1920)	近代阶段 (1921-1945)	现代阶段 (1945-1980)	战略阶段 (1981 以后)
• 建立材料核算和管理办法。实行材料管理的"永续盘存制" • 建立工时记录和人工成本计算方法 • 建立了间接费用的分配方法 • 利用分批成本计算法和分步成本计算法计算产品成本	• 实施标准成本制度 • 完善预算制度 • 应用成本会计的范围更广泛	• 开展成本预测与决策 • 实行目标成本管理 • 实施责任成本 • 推行质量成本 • 施行作业成本管理	• 视角由单纯的生产经营过程管理和重股东财富,扩展到与顾客需求及利益直接相关的、包括产品设计和产品使用环节的产品生命周期管理 • 更加关注产品的顾客可察觉价值 • 要求企业更加注重内部组织管理,尽可能地消除各种增加顾客价值的内耗,以获取市场竞争优势

管理理论进程

成熟的成本管理方法体系

在 100 多年前，学者们就建立了材料核算和管理的方法，实行了材料管理的永续盘存制，包括工时记录、人工计算、间接费用分摊分配、分批法、分步法等。在高度信息化、数字化的现在，以永续盘存制为例，企业在日常运营中永续盘存制的实际情况是什么样的？

理论上说，永续盘存制是指企业设置各种有数量有金额的存货明细账，根据有关出入库凭证，逐日逐笔登记材料、产品、商品等的收、发、领、退数量和金额，随时结出账面结存数量和金额。采用永续盘存制，可以随时掌握各种存货的收发、结存情况，有利于存货的各项管理。简单说就是期初存货＋当期入库－当期出库＝期末存货，再辅助以定期的盘点核对，对于物流效率要求高的企业在条码、射频识别等技术手段的帮助下还可以实现不影响正常运作条件下的循环盘点。

逻辑非常简单，概念人人皆知，在企业真实管理中能否做到逐笔准确并准时的入库、出库记录呢？检验的标准之一是盘点结果，盘点存在多种方法，如盲盘法、点盘法、唱盘法，等等。使用最广泛，效果最好的盘点方法是盲盘，即不看账面库存进行的盘点。

财务 ERP 系统中或者用于监管原材料进出库的系统中，凡使用永续盘存制的企业均应有账面数量，供应链部门在仓库进行实地盘点，供应链部门盘点结果和 ERP 系统中的账面数量进行核对，在核对之前确保供应链部门盘点人员不知晓 ERP 系统账面数，这就是盲盘的操作。基于这个操作原则，大家所服务的企业有没有真正地实现盲盘？

实际情况是很多企业所谓的盲盘都是虚的，常见情况是供应链的同事在实地盘点之前就已经从各种渠道知晓数量，虽然盘点表上没有体现 ERP 账面数，但是供应链工作人员大体上心中有数。

作为成本管理最基础要求的永续盘存在我们这个大谈互联网经济、工业 4.0 的时代还依然做得不够好。其他那些近百年前提出的成本管理理念是否就能够很好地运用？

以近代提出的标准成本法为例，并非只有制造业企业才适用标准成本法，标准成本管理的逻辑可以应用于各行各业。标准成本产生于预算过程，发现并分析实际成本对标准成本的偏离可以很好地帮助管理成本。

由于工作原因，我需要高频飞行。交通便捷的上海虹桥机场是首选起降地。我在经年累月屡遭航班延误打击后，养成了赶早班飞机的习惯，从住处到机场基本耗时 30 分钟，车费约 60 元钱。每次下车付钱的时候，如果远超 60 元钱就会特别留意下原因，是否中途堵车或者出租车司机选择了其他路线。

如果使用标准成本管控的思路描述，此项活动按照经验设定的标准成本为 60 元 / 次，当实际成本与 60 元 / 次的标准成本不符时，如果经常发生低于 60 元 / 次的情况，那么就应该降低 60 元 / 次的车费标准，如果经常发生高于 60 元 / 次的情况，导致企业车费总额攀升，那么就应该探究 60 元 / 次的标准设定过低，还是其他的什么原因。

其实每个人在工作中、生活中都不经意地使用了标准成本的思路，例如"上次从家到这坐车 60 元钱，这次为什么要 80 元钱呀？"人人可能都问过类似的问题。这就是实际成本高于心中设定的标准成本后，人们在探究原因并改善的过程。

作为标准成本法发源的制造业，管理方法就是先在预算制订过程中设定产品的标准成本，实际产品制造完成后，将实际成本与标准成本进行比较，确保实际成本受控。与此同时，从财务报表信息角度，先以标准成本对产品成本进行计量确认，标准成本与实际成本之间的差异再在产品间进行分摊。推而广之，哪怕是电竞游戏的开发，也可以通过对标类似复杂程度的游戏开发经验，需要多少个工时完成开发，工时标准多少？在实际工作过程中确保开发成本受控。标准应该是怎样的？开发完成的时候是比标准多了，还是少了？企业的管理过程就是在不断地循环往复，设定标准并逐年改进提高标准，借此优化企业经营结果。

此后到了现代阶段，学者又提出了成本预测、目标成本、质量成本、责任成本以及作业成本法（ABC–Activity Based Costing）等理念。以作业成本法管理为例，随着现在制造体系的自动化程度越来越高，间接成本占比随之升高，传统分摊方法往往会提供错误信息，并误导决策。所以出现了作业成本法来分析成本动因并基于动因来分摊成本。成本可追溯性和成本动因的分析，一般由财务和工程制造部门一起进行定期的更新，确保分摊准确。在真实的业务环境里面，作业成本法推行的比较好的企业也并不多见。

在战略阶段，也就是在过去的几十年间，提出了产品的生命周期管理，客户可察觉价值等理念。以此前讨论过的产品生命周期管理来说，需要预估在产品生命周期不同阶段对于利润、现金流、利润表的影响，并基于不同阶段的特点进行管理。

差强人意的运用

虽然上述耳熟能详的成本管理方法都是几十年甚至一百多年前提出的，而且大学会计本科阶段教育中系统讲授过，但我在诸多行业会议上与企业同行交流时，仍感在大量企业实践中成本管理是个老大难问题。如果降本这个决策的方向没有问题，推进的方法也都非常经典且有众多成功的先例，那么无法得到好的成本管理效果，问题很可能就出在执行环节，如下图所示。

我从汽车企业开启职业生涯，一路走来都获益于汽车行业对于财务技能的锤炼。以汽车行业的成本为例，汽车作为人类最大规模制造的复杂机电产品，对于制造体系的要求非常高，危急时刻汽车企业可以立刻转产呼吸机，充分证明汽车企业制造体系能力之强悍。汽车行业巨大的体量和规模对成本核算与管理提出非常高的要求。制造业所有奉为圭臬的理念及方法基本都是率先在汽车行业提出并倡导，如精益生产（Lean manufacturing）、适时生产（Just in Time）、看板（Kanban）、安灯（Andon）等不胜枚举。

很多行业中制造型的企业成本会计还在使用分批法或者分步法进行成本累积，并完工结转时，汽车行业早已经开始使用很多颠覆式的方法，例如反推成本法（Backflush Costing）。成本会计就是为求得产品的总成本和单位成本而核算全部生产成本和费用的会计活动，传统的分步法或者分批法，是当生产制造活动开始后，对逐步投入订单或者批次的料、工、费进行跟踪累计，直至其完工为成品存货阶段进行核算。那么为什么不能以成品数量为基础结合物料清单（BOM-Bill of Material）、工艺路线，以及生产环节中的标准成本来倒推成品成本？

以汽车装轮胎为例（为简化问题，暂不考虑会计期间结束时线上在产品因素），传统的成本会计方法相当于以某辆车的 VIN（Vehicle Identification Number）号为唯一识别号，装一个轮胎就在该 VIN 号累计一个轮胎，直至该 VIN 号下累计装了四个轮胎完工，装了多少辆车就累计多少次，直至完成当期生产计划，以此来获得当期的成本信息。反推成本法相当于按照生产计划装车，装的时候先不算，等所有汽车完工通过质检，统计当期共多少辆车，辅助以每辆车的物料清单中轮胎标准成本应是 4 个轮胎，以车辆数乘以 4 个轮胎来获得当期成本信息。逻辑非常清晰。

曾经去过一家花了上亿元资金上马 SAP 系统的整车工厂座谈，在反推成本法下，成本会计最终当期归结出来的单车成本金额相当于一辆车花了 5 个轮子的钱。是何原因呢？

反推成本法需要有物料清单（BOM）、工艺路线，以及标准成本作为依托，这样才能在完工度 100% 情况下反推单车成本。

关键信息中的物料清单的更新维护及时性与准确度对于企业内部管理水平是极大的挑战。在研发汽车时，工程师们将需要的零部件物料打散到最底层，此时工程师使用的物料清单表被称为工程物料清单 E-BOM（Engineering- BOM）；采购部门在市场上定点采购零部件时，供应商提供的不会是最底层的物料，而是组装之后的总成件，此时采购部门使用的物料清单表被称为采购物料清单 P-BOM（Purchasing-BOM）；制造部门在工厂里组装时，也不一定就是从供应商处直接采购的部件，有些是从二级供应商处采购但是委托一级供应商拼装后的总成件，此时制造部门使用的 BOM 表被称为制造物料清单 M-BOM（Manufacturing-BOM）；车辆销售到市场上之后，车辆维修时的零部件与制造过程中使用的零部件有相同的，也会有不同的，售后部门使用的 BOM 表被称为售后物料清单 S-BOM（Service-BOM）。

当车辆销售到市场上以后，一旦有了车主和潜在客户群的反馈，车辆的配置等经常会有修改，一旦大改，就意味着上述的 P-BOM / M-BOM 要相应修改。那么整车制造的挑战就是如何确保 P-BOM、M-BOM 与流水线上加工的车辆准确匹配，避免生产线上造的车按照工程师们的新配置投料，但是成本会计用的 BOM 还是旧版本，如果不能准确匹配，那就相当于生产过程是对的，但是反推成本的依据是错的。

反推成本法对物料现场管理有极高的要求。

物料的实际移动是从供应商处送至厂区零配件库再送至生产线旁物料超市，甚至不经厂区零配件库直送生产线旁物料超市，然后用于装车。物料在 ERP 系统中的移动是从原材料库位移到在制品库位再到产成品库位。此时反推成本法减少了不必要的劳动 - 投放物料无须点数，也缩减了不必要的程序 - 生产报废件不需补料，直接从线旁物料超市拿取使用。如果再结合不同工序之间的看板（Kanban）拉动，既能极大地提高生产效率，又能有效地降低库存水平。

但是设想如果现场生产 / 物流工人无法确保物料信息的准确，例如物料实际使用应及时体现为系统物料库位移动，但是物流工人未及时操作，甚至直至交班都未做到日清，那么必然导致在制品库位物料与真实物料的巨大偏差。由于反推成本法未对投料进行累计跟踪，成本会计在发现这个偏差时，已然无法追溯到具体产品，只能在当期或者当批次将偏差分摊至当期/当批次产品中去，导致单车成本金额异常，直至发生一台单车承担了 5 个轮胎成本金额的荒谬结果。

反推成本法的历史至今也有近 30 年了，能够成功推行的企业依然很少。鉴于行业差异，不同行业的企业会使用更适合自身行业特点的成本管理方法。反推成本法虽然具有很多的优点，但并不说明不同行业的企业，或者同一行业不同发展阶段的企业均应使用此方法，但分析某企业使用该方法得出的荒谬结果，不难发现两个共性的管理问题：

部门之间的协同是否同步，信息的沟通是否顺畅，一方面部门之间是否均有意愿协同，另一方面就是有没有合适的流程、工具和适当的培训来确保沟通效率以及准确性。

企业整体管理水平决定了是否具备高效的工作流程、员工是否具有良好的工作习惯，是否有制度制约确保错误不发生，一旦发生可以及时发现并纠正。

成本管理最好的方法是反复抓，抓反复

成本管理的历史主流方法有上百年，逻辑也都很简单，没有那么晦涩难懂，成本管理体系非常成熟，但是在许多的企业里就是管不好。原因之一就是基础成本管理工作不扎实。

要解决这个问题，最简单也是最好的方法仅六个字：反复抓，抓反复。

● 反复抓

只有反复抓，不断地强调，企业的各项制度才能够执行到位，各类事项才能落实；只有反复抓，才能改变员工不良工作习惯，提高员工的职业素养；只有反复抓，才可以让相应流程固化，成为一种习惯，并且优化；也只有反复抓才能形成良好的风气，形成优秀的企业文化。

● 抓反复

通过反复抓的手段加强管理一段时间后，当管理水平到达了新高度，再复盘以前发生过的问题，检讨目前此类问题是否还出现，为什么还会出现？此类问题反复出现，到底是技术能力的问题、制度的问题还是人的问题；是管理上有漏洞，还是监管不到位，应该采用什么措施避免以后再次发生。如果是技术能力问题，

就技术攻关改善；如果是制度问题，就修订制度改进流程；如果是人的问题，就推进组织的变革。

小提示：

"不积跬步，无以至千里"的道理人人都知道，企业管理也是一样。只有日复一日地加强基础管理水平，才有可能求得发展。天天忽悠新概念，企业将付出沉重代价。

5.12 互联网经济对成本管理的颠覆

在经典的商业理论中，波特提出的成本领先战略一直是企业家笃信的制胜之道，进而成为企业财务分析的重要领域。亚马逊的创始人贝索斯也提出了类似的观点，他认为世界上有两种公司，一种是尽可能地说服客户支付一个高的利润；另一种是拼命把价格降到最低，把利润都让给消费者。亚马逊要做的就是后者。

在经济学领域还有一个边际成本的概念，指的是每一个新增产品所带来的增量成本。

上述两种成本分别说明了成本总量以及成本增量，两者结合起来能够解释很多日常生活中的企业行为。

传统商业模式——边际成本大于零

以星巴克咖啡来看，其美式咖啡规格如下表所示。

不同杯型容量及价格

杯型	容量	价格
中杯	355 毫升	27 元
大杯	473 毫升	30 元
超大杯	592 毫升	33 元

中杯 355 毫升，超大杯 592 毫升，超大杯比中杯多了约 80% 的容量，若其价格线性变化超大杯价格应该是 48.60 元 = 中杯 27 元 × （1+80%），但实际上超大杯定价仅比中杯多了 6 元钱，33 元 = 中杯 27 元 × （1+24%）。同样的现象出现在很多店铺，诸如放在很多的饮品店也是一样，如第二杯半价，很多餐厅的三人同

行一人免单等。

要弄清楚背后的商业逻辑，首先要弄清楚星巴克门店咖啡的成本结构。一杯咖啡成本主要可以分成两个部分：

- 固定成本：含店面租金、咖啡机、人工费用等
- 可变成本：咖啡豆、水、奶等

固定成本的特性是在相关范围内，不随着业务水平的变化而变化。也就是说在该门店开张营业的前提下，所有固定成本均已确定发生，以人工费用为例，不会因为多做一杯咖啡而多付工资，也不会因为少做一杯咖啡而少付工资。当客人买了超大杯咖啡相对于选择中杯咖啡带来的额外收益6元（33-27），额外成本是237毫升水（592-355），2份浓缩咖啡所对应的咖啡豆＝超大杯标配4份浓缩咖啡－中杯标配2份浓缩咖啡，其他成本差异太小以至于可忽略。额外收益远大于额外成本。

同理可得"买一赠一"背后的道理，就是因为"增一"的边际成本比较低，所以只要增量，企业就有利可图，那按照这个逻辑，是不是可以无限增量下去？经济学原理告诉我们，增量到一定程度之后这个逻辑就不对了。当边际收益（MR－Marginal Revenue）－每增加一个单位的销售所带来的收益＝边际成本（MC-Marginal Cost）－每增加一个单位的产出所带来的成本时，对于企业来说是效益最大化的时点。随着规模的扩大，边际成本 MC 会呈现递增的趋势，而边际收益 MR 会呈现递减的趋势。

就好像星巴克门店的覆盖范围终究有限，覆盖范围的扩大必然带来包括保存、物流运送等成本的上升，边际成本会变得愈来愈高，直至高到没有客户愿承受。

在传统商业环境中，企业会努力地通过各种手段，例如规模经济效应、学习曲线效应、技术进度等来降低边际成本，但是无数经济学家已经证明，由于资源的稀缺性控制，在足够长的一段时间之后，边际成本终将遵循先优化下降，但之后缓慢上升的规律。这就代表传统商业模式下企业的规模越大，其经营成本规模就越大，规模一直扩张到经济上不再可行，后续就无法再行扩张了。

如果边际成本为零，商业世界会怎样

我们再把视线投向亚马逊，亚马逊是做什么的？消费者耳熟能详的业务是亚马逊做零售，还有些消费者不熟悉的例如亚马逊的 AWS 业务（Amazon Web

Services）。有很多对亚马逊业务模式的研究，我们接下来仅就亚马逊发家的基础业务分析边际成本在互联网行业的作用。

亚马逊企业最早期的业务就是卖书。亚马逊怎样卖书的呢？可以分成两个阶段。第一阶段，主要卖纸质书。

最早期的亚马逊就是一个大型网络书店，但是亚马逊在开展业务时，推出了一个新的商业逻辑，即长尾理论。这与传统商业逻辑遵循的"二八原则"完全对立。传统商业逻辑认为在企业所有业务里面，20%的业务可能给企业带来80%的回报，剩下那80%的业务可能只给企业带来20%的回报，或者说20%的关键的客户，给企业带来了80%的回报，剩下80%的非关键客户可能只带来20%的回报。

所以应该抓大放小，关注核心业务、核心产品、核心客户，其他非核心业务、产品、客户的投入产出比太低，可以适当减少关注，这就是传统的"二八原则"，如下图所示。

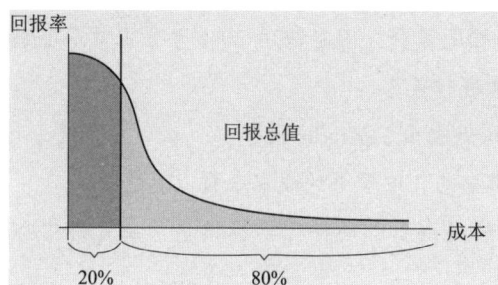

"二八原则"图

亚马逊奉行的长尾理论，如下图所示。

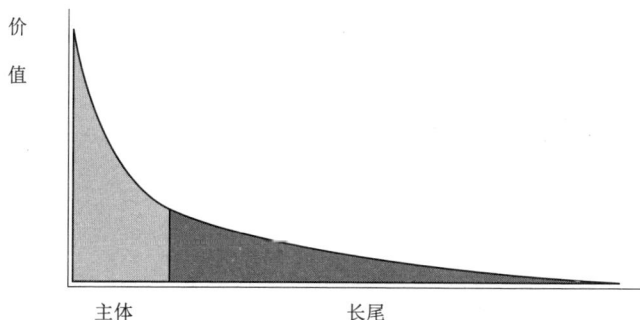

长尾理论图

长尾理论认为只要产品的存储和流通的渠道足够大，需求不旺或销量不佳的产品所共同占据的市场份额可以和那些少数热销产品所占据的市场份额相匹敌甚至更大，即众多小市场汇聚成可产生与主流相匹敌的市场能量，甚至在技术手段的帮助下，有没有可能把20%的关键客户保留，同时把传统意义上不太关注的那80%客户也争取过来。有些书出版了，但这些书的客户群体有限，如果是传统实体书店想做图书的销售，就需要一个超级大的店面陈列所有书籍，客户进到书店里去找书，还不一定找得到，这部分书的销量又很小，对于传统实体书店来说，多陈列一本书，或者多陈列一个门类，成本都会增加。网络书店要陈列一本书，只是在网站页面上多一个展示界面，这是代码的增加，几乎不增加实际的成本。如果一定要罗列增加的成本，那就是在庞大的仓库里面多存放一本书及其副本。

其边际成本递增远低于传统实体书店。在这种战略之下，传统实体书店对战网络书店毫无还手之力。传统实体书店在残酷竞争之下也开始新的探索，例如苏州金鸡湖畔地产＋商业＋餐饮＋书店的诚品模式等。

通过服务80%长尾客户，同时抢占20%主体客户的策略，亚马逊成功地通过极低的边际成本来进行获客。

第二阶段，亚马逊推出了Kindle电子书。从成本角度分析下电子书，借助于已经成熟运营的网络书店，电子书的成本来自以下途径。

电子书Kindle硬件成本，硬件可单独销售，亚马逊宣称Kindle售价仅覆盖成本。

电子书内容，成本包括作者、出版社版权，纸质书内容转化等。

在亚马逊书店和Kindle设备的双重助攻之下，仅亚马逊中国书店电子书已有近百万册内容。以中国亚马逊书店畅销书排行榜第一的《我就像一棵秋天的树》图书为例，纸质书定价99元，网络上纸质书售价为69元。在Kindle电子书里面，报价是42.50元，在销售一段时间后直接调价为0.99元。这样一本畅销书在完成电子书内容合法转化之后，其边际成本几乎为0。虽然电子书比纸质书定价便宜了很多，从69元降到了42.50元，但其售价几乎等于利润。此后当这本书的主要客群均已完成购买之后，直接使用"撇脂定价（market-skimming pricing）"，将价格降到近乎为0的0.99元，进行最后的收获。凭借其边际成本低的特点，亚马逊有能力将价格一降再降，仅就边际成本看，传说中的"无本生意"不过如此。

这种模式充分印证了贝索斯的名言"我们不从你购买的设备中赢利，我们会在你使用它的时候赚钱"。

遗憾的是 Kindle 虽好，亚马逊整体业务在中国的发展却是差强人意，并使得 Kindle 电子书业务在 2023 年夏天退出中国市场。

在互联网经济环境中，边际成本趋近于 0，所以一旦基础体系搭建完成，就开始疯狂获客，努力创设各种消费场景，增加客户黏性，原因就在于此。因为只要用户养成了消费习惯，那么每一个用户的增加，以及现有用户每一个消费行为的增加，对于企业来讲都代表着未来利润的增加。

人们比较熟悉的滴滴网约车模式也很类似，滴滴曾经公布过一些财务信息：平台服务费率抽成 19%，用户付给滴滴平台的钱 81% 给了司机，19% 被滴滴平台拿走了，在这 19% 里面，滴滴又返还 7% 给司机，作为各种红包奖励，各种星级服务等级奖励，再扣除 10% 的经营成本，4% 的税费，最终网约车业务亏损 2%，详情如下图。

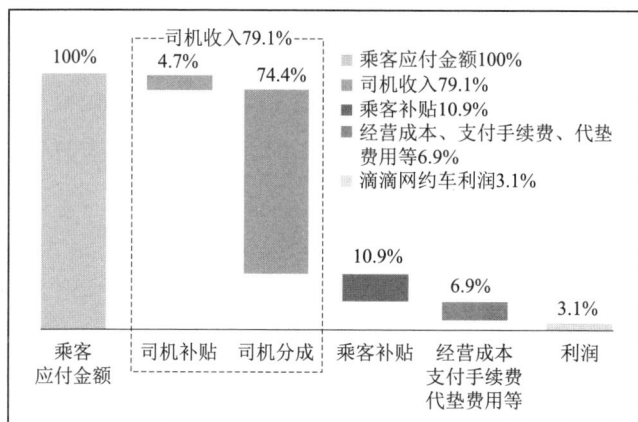

2020年滴滴网约车司机收入占比

由此可知，司机实际到手 79.1%（74.4% ＋ 4.7%），两年间降低了 8%。与此同时，滴滴出行平台司机对于平台抽成比例畸高的抱怨从未停息，对于上述 79.1% 的可靠性也应存疑。

为什么滴滴在亏损的情况下，还要不断地加大获客力度？除了来自股东资本快速抢占赛道等原因，通过陆续披露的数据可以推测滴滴平台的策略当滴滴平台的基础设施、硬件、算法、运营资质等就绪之后，新增一个客户或者新增一个订单的成本近乎为零。滴滴是典型的轻资产模式，司机不是企业员工，车也不是企业财产，对滴滴平台来说，新增成本可忽略不计。与新增客户、新增业务量相关的只是当新增业务量到达一定数量之后，滴滴需要对系统进行扩容，对呼叫中心扩容而已。对于新增的客户订单，每一个订单滴滴平台都要抽成约20%，但与之相匹配的运营成本增加可以忽略。客户群体越大，企业获利空间就越大，边际成本就越低。

所以我们会发现互联网经济的企业和传统经济的企业，它们的逻辑是不一样的，整个商业逻辑理念都不同。

传统商业环境的企业，只要多卖一个产品，即使利润率再高，成本也会增加。星巴克多卖一杯咖啡，咖啡豆的消耗就会增加，门店覆盖范围大到一定程度，物流消耗就会增加，这是无法回避的现实。但是在互联网商业环境的企业，多一个客户或多一个订单，边际成本增加趋近于0，所以可以快速获客来增加用户基数，通过创设不同消费场景增加用户使用频次，这就是互联网企业正在做的事情。

小提示：

低成本永远是企业的竞争利器，不同商业模型的成本特点决定了不同的竞争策略。边际成本高的企业需要更加关注现有业务的盈利性，边际成本低的企业需要关注的是如何增加销售。边际成本越低的企业越需要注意打造避免竞争对手进入的业务壁垒，并同时尽全力获客增量。

第**6**章

财务汇报的矛与盾

汇报是职业发展的基本能力，能将专业领域的信息汇报清楚尤其重要。而在听取汇报时，避免被汇报者用各种图表、语言错误引导，弄明白汇报者的言外之意尤其关键。

6.1 如何快速发现财务汇报的错误

财务人员会经常碰到花了大量时间、精力来准备汇报材料，然而领导匆匆一瞥就读完了，甚至还能发现里面的某些错误。为什么领导能在短时间内完成这么精准的阅读？

财务人员还会经常碰到费心准备了汇报材料，自觉内容翔实，支持数据齐备，逻辑清晰，但是被领导问了几个问题之后，顿觉破绽百出。为什么领导能发现这么准确的问题？

财务人员还会经常碰到明明自己准备汇报 A 问题，但是领导一点都不关心 A 问题。为什么领导就是不听我说呢？

为什么领导好像不太重视汇报材料

如果领导能几分钟看完或者听完汇报，一般来说分为以下几种情况：

（1）汇报的主题对领导来说不重要，或者这个主题并不是现阶段关注的重点；

（2）领导在很短的时间内发现有错误，就结束了；

（3）结论与领导的推断非常相似，并且充分信任汇报者的专业能力，同样也会很快结束。

以上原因都可能使阅读（听取）汇报的领导变得高效，针对不同的原因，汇报者就要有不同的后续改进方案。

例如，领导根本不重要或者暂时不关注汇报的主题，那么最需要考虑的是，为什么还要做这个汇报？

（1）如果是特定时期的特定要求，而现在已经过了特定时期，那么这类无人重视的汇报材料能否简化，甚至取消？

（2）如果是总部或者上级领导要求，但是与业务关联度不高，只需大方向上确保正确性，是否不需要进行过于精细化的准备？

（3）如果这个汇报材料确实对业务有作用，只是暂时不那么重要，那么还是要保持不断地更新，以非常谨慎的态度来对待。

如何迅速判断汇报材料正确性

至于为什么领导总是能很快判断汇报材料的正确性，并且找到其中的问题？主要原因如下图所示。

找出原因

第一，结论与商业逻辑是否相符。高管心里往往有一套成熟的商业逻辑，这个商业逻辑会帮助他进行方向性的判断。当汇报材料里的结论与其方向性判断不符的时候，他会考虑汇报材料很可能出错了。

比如，曾有企业为了申请国家主管部门的特定资质，考虑收购供应商整套机器设备以满足资质申请要求。供应商了解原因后，当然奇货可居，价格让人难以接受。

但是这笔收购交易可行性分析的结论竟然是盈利，无须关注任何具体假设与计算方法，这结论从逻辑上判断肯定是错的。按照正常的商业逻辑，当供应商掌握了话语权漫天要价时，作为发起方就具体设备交易进行分析是不可能赚钱的。如果财务分析结论是盈利，那么肯定就是错了。在反复推敲后，发现问题所在是忽略了 7%~8% 的年化资金成本，分析人员对未来现金流进行折现计算时，加权平均资金成本（WACC）出现了问题。修正 WACC 之后的结果显示该交易对企业运营不利。

第二，与行业经验是否相符。如果分析结果与行业经验不相符，一般都是分析有错误。高管对于行业的经验，以及基于以往经验的判断非常犀利。

以毛利率为例，假设某类业务历史上的毛利率一直保持在 21%±2% 的区间。当某个月的分析结果超出这个范围，只可能有两种情况：要么这个月该业务发生了某些特别的变化，要么就是计算错误。高管一定会知道当月是否有特别业务变化，如果没有，那么一定就是分析错误。此处又引申出另外一个原因，综合判断信息的能力。

第三，与综合信息是否相符。财务分析人员所了解的只是自己负责的领域，信息来源不够全面。当分析报告结论与其他各方信息不一致的时候，那么有可能是财务分析错了。

企业都会有管理层会议，每一个部门借此机会共享重要信息。当业务放缓之时，销售部门、客户服务部门都会面临客户提出推迟回款或者放松信用政策、延长账期的要求，类似信息一定会在管理层会议上提交讨论。在此背景下，如果财务汇报材料中存在账期缩短，应收账款状况改善，应收账款周转率提升等结论，那么大概率是财务数据错了。为什么仅凭一个数据就可以判定，因为分析结论与实际业务状况相去甚远，这就是信息综合能力的体现。

第四，与预演结论是否相符。

"二战"名将英国蒙哥马利元帅在传记中提到，在他的指挥部里，经过他办公室的任何人天天都看到他坐在里面"无所事事"。即使战火正酣，任何人随时去找他好像他随时都有空。传记记者的描述是，这场战争已经在元帅的脑海中结束了。

很多高管有这样的习惯，定期根据收集到的信息，如销售、采购、部门开支等情况，在脑海中形成大致经营状况，而下属们提交的所有分析工作有两个作用：

第一，具象脑海里的判断和精确化定量；第二，让真实数据来印证自己的判断，存在差异时寻找原因并进行业务改进。分析结论略有差异尚且正常，如果大相径庭，一定是分析错了。

小提示：

通过建立商业逻辑框架、积累行业经验并增强信息搜集及预判能力，人人都可以增强判断力。

6.2 财务如何有效汇报

确保财务人员能够有效汇报，至少需要认真思考五个方面的问题，如下图所示。

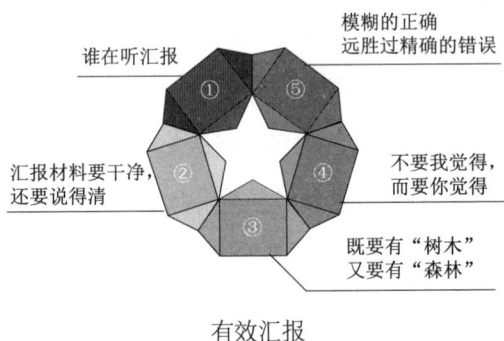

有效汇报

谁在听汇报

一般来说，财务负责人对应的领导是总经理或董事会。财务分析员或者财务分析经理对应的汇报对象可能是某一个业务部门的负责人，也可能会是财务经理或财务负责人。

有效汇报的第一步，是要搞清楚自己的汇报对象，及其关注的问题以及汇报对象的职业背景、风格与特长。

以财务总监这一职位为例，简单总结下财务高管的类型：

（1）有的人以细节为导向，喜欢先挖掘底层数据，再展开讨论。典型动作就是开会先看 Excel 公式链接；

（2）有的人以掌握方向为主，细节工作放手给下属来进行收集、分析；

（3）有的人是审计师出身，对于合规性特别敏感，厌恶极端风险，但对于企业业务如何开展不一定敏感；

（4）有的人兼具其他领域背景，比如是业务出身或是公司的合资方派驻；

（5）有的人是赶鸭子上架，没有财务背景，临时兼任，待财务总监招聘到位之后会回到自己原本岗位；

（6）有的人严重缺乏系统财务训练，但是深得大股东、实控人信任；

（7）有的人擅长 IPO，进公司的目的就是助力公司上市，成功后即退出，换下一家准 IPO 公司，唯一关注点就是尽快 IPO 成功；

每位财务总监都有其特点，无法穷举。

如果是比较关注方向与逻辑的领导，对团队有充分信任和授权，最好的办法就是先告知结论，罗列采用的假设以及得出结论的思路，如果方法和逻辑得到认同，就是一次成功的汇报。

如果是关注细节的领导，那么汇报就要从细化的工作表逐级来开展。

如果汇报对象是董事会，一般听众关注的是需要董事会决策的重大事项、股东权益回报情况、公司整体经营情况、重大人事任命等问题。如果汇报内容关注于日常经营细节，肯定要出问题。如果汇报对象是某一个业务部门的负责人，汇报内容倾向于股东回报、所得税、政府扶持政策等，这些信息肯定也不是业务部门负责人关心的内容。

如果是在项目立项过程中，财务人员和业务部门负责人探讨财务的可行性。就需要对整个分析的假设、计算过程、分析逻辑等进行非常详尽的准备，而并非仅仅是结论而已。

针对不同的汇报场合与汇报对象，定制化汇报内容及方法可以明显改善效果。

除此之外，还需要注意专业术语的运用，每个专业都有其惯用语或专业词汇，财务也不例外。在很多会议中，参与汇报的人员与领导来自不同专业背景，如果过度使用专业词汇，与会人员肯定无法很快地理解，甚至根本听不懂。

财务人员还有个比较独特的问题，在企业日常业务沟通时经常会听到："这个事情你不要再跟我说了，这是准则或者税法规定的，必须这么干。"如果汇报对象是位资深企业高管，这种汇报方法哪怕用词再客气委婉，也颇为不妥。即使是同级别，甚至相对低级别的同事，这样命令式口吻也会让其他人产生抗拒。很容易让沟通对象觉得财务人员只是借助《企业会计准则》《税法》，这种非专业人士无法查证的回复来敷衍了事。长此以往可能会导致各部门对财务人员是否真的依据《企业会计准则》《税法》进行业务判断产生质疑。所以在沟通过程中不能仅是强调法规、准则，而更应该把背后的逻辑说清楚。

如物流部门就可能这样调侃，"你们财务做什么都对，从仓库领零件，营销部门来领算营销费用，研发中心来领变成研发费用，生产部门来领又变成了生产成本，我们也搞不清楚同一个零件到底应该算什么费用，反正你们财务说了算。"针对这种调侃，必须说明并不是财务部门将问题复杂化。为什么同样的零件从仓库里领用，必须进入不同科目，原因就是谁用了零件算谁的钱，道理非常简单直白。只要把道理跟领料人说清楚，后续沟通就会比较顺畅。

汇报材料要干净，还要说得清

"不会 PPT，就被踢屁屁"是很多人准备汇报材料时心中的痛，能否熟练运用相关工具直接决定工作效率，后续还需要关注材料细节。不论是通过 Word、PowerPoint，还是电子表格 Excel 来准备汇报材料，对基础资料的要求是类似的：

（1）确保不能存在错别字，英语汇报材料不应有拼写错误。

（2）计算单位前后对应，汇报材料前面的口径是百万，后面就应该保持一致，不能变成千或者万等其他数量单位。

（3）汇报材料格式、字体是否统一，版式是否易于阅读。

（4）汇报材料提交之前是否注意先查看打印预览，确保汇报材料收取者有打印需求时内容不凌乱、不错页。

诸如上述的工作细节还有很多，不再一一穷举。工作细节体现了汇报者的专业素养以及准备的认真程度。

除了关注工作细节，演示呈现汇报材料的能力同样关键。

演示能力是汇报的基础，既然是汇报，就涉及与人的交流。财务人员常见的问题是见到领导就害怕，导致汇报演示无法有效呈现。

设想在很多高管参加的大会上，财务小王需要将自己负责的项目做总结汇报，这是难得的一次可以在诸多重要领导面前亮相的机会。但是在汇报过程中，小王一直看着屏幕读材料上的文字，紧张得声音颤抖，只想着赶快读完，不敢和现场的听众进行任何眼神的交流。汇报效果可想而知，非但没有利用好这次机会展示自己，反而给领导们留下了小王还不够成熟需要继续锻炼的印象。

既要有"树木"，又要有"森林"

越是资深的领导，时间越是宝贵，听取汇报的时间越短，越喜欢先知道结论。作为汇报者，就一定要分析清楚数据背后代表的业务实质并准确汇报，而不是罗列数据，更不能给出错误的判断。翔实准确的数据应该是结论的有效支撑，但不能喧宾夺主。

例如，企业营销部门某月实际支出比预算少了很多，就数据本身而言，支出少于预算代表着节约。实践中还有一种可能是业务进展缓慢导致支出推迟。但这并不是降本增效干得好，而是业务进度出了问题。

如果财务分析汇报只是对数据做加减法，止步于"这个月比上个月费用少支出100万元"这样的结论，在高管的心目中对于汇报人的综合能力已经有了大致的判断。后续的汇报机会必然减少，直到组织人员发生变化才有可能改观。财务汇报切忌仅关注于数据，在汇报中呈现大量表格，从而忽略了数字背后的业务实质。

"不要我觉得，而要你觉得"

在进行财务分析汇报的时候，要避免"我不要你觉得，我要我觉得！"很多财务人员在做汇报的时候，喜欢以自己关注的问题为核心，并准备大量数据以佐证，而不关注听众关心的问题。有效的汇报不要以自我为中心，应以听众为中心。不要罗列数据与现象，应提出分析与见解。

以企业内部审计工作为例，财务部往往是内审的重点审查部门，当汇报审计结论的时候，高管更关心的首先是有没有审出问题，有多少问题？大问题还是小问题？如果有大问题，那是什么问题？只有知道了最终的结论，才有心情慢慢听取汇报细节。如果汇报人迟迟不提及高管关心的内容，而只专注于罗列细节，例如有多少设备没找到记录，有多少张报销单没对应签字，有多少文件签了字，但是没有注明日期等，这些对于高管而言是浪费时间。

不论汇报的目的是呈现进度、结果，还是说服听众，都需要养成在汇报之前预演的习惯，就如同军人通过演习来检验训练水平一样。推演汇报时哪些人会参会，汇报对象对哪些方面感兴趣，汇报对象关注什么信息，汇报对象可能会提出什么样的问题？然后根据这些问题事先做好准备，对于可能有争议的数据、结论，也可以提前与相关参会者做好妥善沟通，确保汇报过程高效。但演习毕竟只是演习，不能等同于实战。汇报中总是会出现始料未及的问题，最好的情形是汇报者能够立刻提供相关反馈。如果无法立刻反馈，可以试着了解问题的背景，能否推测大方向的判断，会后再补充详细信息，切忌当场"放飞机"①。

模糊的正确远胜过精确的错误

财务人员还有个职业特点是追求精确，这是很好的职业素养，也是财务会计工作的基本要求，但是我认为听汇报的人有时真的不需要精确的回答。

就像大家去餐厅"拔个草"，精打细算的朋友可能会预估下大约会花多少钱。绝大多数人只会估算到百元，最多十元量级。比如，吃顿饭大概一百五十块钱，不算很贵就去吧。很少有人会想着要精确到一百五十三块五毛钱的量级再决定去不去，只有"拔完草"结账的时候，才需要精确。

企业在做业务判断的时候，更是如此。

例如，一家在全国 12 个省市开设分支机构、雇用 978 名员工的集团公司，在各地政府出台社保减免优惠政策之后，总经理想了解国家出台的社保减免政策能为集团带来多少实惠，怎样能尽快地向总经理汇报政策影响呢？

最精确的做法是把 978 名员工罗列出来，这些员工的劳动合同分别在哪个城市签订？这些员工每个人月工资是多少？如果涉及销售人员，销售提成多少？收集员工劳动合同对应城市的社保减免政策，来测算应交社保多少，政策减免多少，将 968 名员工逐一核算，并得出结论。这是最精确的办法，但也是最耗费时间的办法。

财务分析工作有一个共性的问题，就是领导交办工作时间紧、任务重。碰到重要会议，很可能都无法准时吃饭。如果今天接到总经理测算社保减免政策影响的指示，一天后的会议就需要汇报，没有足够的时间使用上述精确方法进行测算的情况下，怎么办呢？

匆匆忙忙的通宵加班，忙完这个材料接着忙下一个？结果一定是既疲劳不堪，又忙中出错。自己觉得辛辛苦苦，没有功劳有苦劳，领导觉得毛毛躁躁，做

---

① 注："放飞机"源自审计行业术语，原意为审计人员在执行控制测试和实质性测试时，不查看相关的支持性文件直接得出结论。

事不靠谱。

我建议可根据地方政府政策，直接使用该地人员平均工资水平预估，然后基于社保减免的幅度，按照百分比进行测算即可。总经理关注的点永远不会精确到社保减免金额是几块几毛钱，到百万级或者十万级的数据就足够了。到实际社保缴纳及会计确认的阶段精确无误就可以了。如果总经理是非常注重细节的领导，也可以先汇报测算方法与大致结论，汇报前或者汇报中提请总经理考虑给予分析人员更多的时间进行精确测算。切忌明知是不可为而为之，毕竟汇报的目的不是汇报本身，而是汇报中提供给与会领导的信息。

小提示：

财务会计领域的业务汇报由于其工作特性，对于数据精确性要求较高。而财务分析领域的业务汇报更看重的是数据、逻辑、判断与呈现。

6.3 文字会说谎

此前讨论的是从汇报人角度考虑如何有效汇报，财务人员也经常会列席听取汇报，而且光阴荏苒，日月如梭，慢慢地从小张变成老张，再变成张总，变得越来越资深，级别越来越高，直至成为核心高管。在升迁过程中，能否了然汇报背后的秘密，进而判断真实业务情况就变得越来越重要。

曾有个典故，据说源自清朝曾国藩在和太平天国打仗的时候，曾国藩最开始是输多赢少，特别是在鄱阳湖口战役中几乎送命。所以曾国藩在给皇帝上书检讨时，里面有一句，臣屡战屡败，请求自处。当时，有一个幕僚就建议他把"屡战屡败"改成了"屡败屡战"。皇帝看后觉得曾国藩虽然总是打败仗，但是坚忍不拔。同样的事实，"屡战屡败"表达的是失败、痛苦的感觉，但"屡败屡战"传达的是希望、坚韧、恒心，不达目的不罢休。从用词的差异上，就可以看出同样的一件事情，仅仅是描述方法进行了变动，带给周边人的感受却是完全不同的。

在业务汇报过程中，由于汇报人选择使用词汇、口径等，从"屡战屡败"到"屡败屡战"的事情经常发生，俗话说锣鼓听声、言语听音，听取汇报一定要解读汇报材料背后的信息。常有的情况简单归纳，如下图所示。

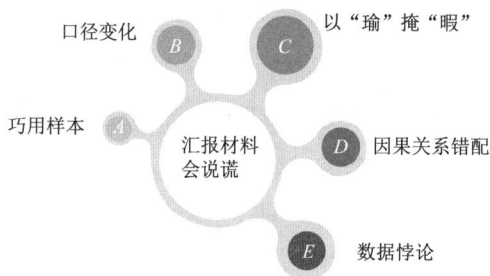

五个关键点

巧用样本

具体表现为用样本选择来掩盖事实的真相，用不能代表整体的极小样本描述整体。

如果有人说，"我驾驶经历中只有过一次轻微的剐蹭，从来没有碰到过大事故。"听到这样的陈诉，大家一般会觉得这是一名安全驾驶多年的资深老司机。但事实上，也有可能是这个人上午才提了车，一天还没过去，下午就有了一次轻微剐蹭。我自己开车的第一起交通事故就发生于提新车之后的第 26 公里。如果加入了时间段的描述，"我的驾驶经历有一天，开了 26 公里，发生一次轻微的剐蹭，从来没有碰到过大事故，"你还会觉得这是资深老司机吗？

在业务汇报上经常会有类似的问题。在业财融合工作比较扎实的企业，财务人员会列席各类经营会议。市场营销部门例会内容之一就是对市场营销活动支出进行审批和事后的回顾。

假如，市场部某位同事汇报中提到"上个月开展了一次非常成功的市场活动，让企业在当地的客户数一下增长了 8 倍。"听到这样的汇报，大家是不是会觉得活动效果非常好，类似活动可以再来一次？事实还真不一定。此时，要参考当地的客户数原来是多少呢？也许原来只有一个客户，花了不少钱做了活动后变成了 8 个客户。

再比如某企业公关部宣传通稿中提到，某一项创新业务上个季度增长了 300%，业务增长迅猛。听起来很不错，但是绝对数是多少呢？因为具体数字有可能是从 100 个人增长到了 400 个人而已。

所以，如果想发现汇报材料背后的真实情况，需要求汇报人描述业务的全貌。起点是什么情况，经过投资或者管理之后，现在变成什么情况。同时既要有百分比，又要有绝对数，这样才能够完整了解情况。

182

口径变化

全球公认的权威影像评测机构 DXOMARK，专注于镜头和相机的图像质量测试以及智能手机的图像和音频质量测试，DXOMARK 定期会对市场上手机摄像头的性能进行了排名测评，我在 DXOMARK 公开报告了选了两个样本，华为 P40 Pro 和三星 Galaxy S20ultra，具体评分引用见下表。

对比数据

厂商	Camera 后置相机	Selfie 前置自拍	Audio 音频	合计
华为 P40 （Huawei P40 Pro）	128	103	59	290
三星 S20 （Samsung Galaxy S20 Ultra）	122	100	69	291

从产品的宣传角度双方会怎么来描述自身呢？从前 / 后置摄像性能角度，华为占据绝对优势，但是从 Audio 声音表现角度，三星占优。所以最后大家看到的广告宣传用语一定会是：华为说，我们的摄像头行业第一；三星说，我们的影音感受行业第一。

在口径不一致，比较对象不同的情况下，任何对比都类似"关公战秦琼"，根本比不出高低。

当在工作中碰到类似情况的时候，如下属公司或者业务部门向公司领导层汇报，而汇报的口径时常有变化或在特定指标 KPI 的计算方式上有变化，汇报人的脑门上就相当于写着"我要搞事情了"。

例如，当听取销售业绩汇报的时候，选择哪些数据描述比较合适呢？当期的销售额、销售价格很重要，销售额增长又有环比增长和同比增长的区别，还有销售利润等不同数据。在销售业绩里面，又可以分为大客户销售业绩、零售市场终端销售业绩、渠道销售业绩等。再往下细分延伸，还可以有销售额和市场活动费用之间的比例、销售额和销售人员的比例等。所有这些数据都是用来描述整体销售业绩表现的。当销售部在向公司管理层进行汇报的时候，汇报人发现某一个汇报的指标趋势不好，就尽量避免提到这个指标，而选择使用更加有利的指标。这样的汇报，让销售业绩永远上升，听起来永远令人振奋，但掩盖不了整体下滑的残酷事实。

为避免被这种口径模糊多变的伎俩所迷惑，事先指定汇报材料的指标口径会非常有帮助。例行汇报材料中必须把重要指标呈现出来，包括其绝对数、百分比及历史趋势，可以有效避免被汇报口径或计算方式变化所误导。

以"瑜"掩"瑕"

某下属公司做年度工作汇报的时候，提到计划投资5亿元，实际投资4.7亿元，节约支出3 000万元。汇报到这里，相信大多数人第一反应此处应该有掌声，为投资的巨额节约，为成本控制方面的努力成果做出认可。然而，事实是不是真的是这样呢？从全局来看整体投资支出，如果金额少了，不一定是节约！

在一个经营周期里，巨额的投资包括众多具体项目，在众多的具体项目里面，可能有一些项目真的是节约了支出，但也不排除有些项目超支，只不过节约和超支部分相抵，可能从总体上看是节约的。投资支出还会有时点上的问题，有些项目的进度如预期进行，也可能有些项目的进度有所推迟。如果存在项目进度推迟，其业务实质是该做的事情没有做，该花的钱花不出去，当期的投资支出相应减少，如果存在这种现象，非但不应褒奖，反而应该追责。

所以，当投资支出减少的时候，其实可能存在四种原因：提前、延后、超支、节约。少支出不代表省钱，财务人员的职责就是分析其中真正的原因并避免管理层被表面现象所迷惑。

类似现象还会存在于预算及滚动预测的准确性，财务总监都知道越是业务简单、产品单一、规模小的经营实体或者产品线，预测就越是不准；越是业务复杂、规模庞大的实体，预测结果反而很多时候更准些。很多人会觉得，业务复杂、规模大的企业人员综合素质强，业务水平高，所以预测准。事实上正是由于业务规模大而复杂，没有被预测到的变量会更多；正是因为预测不到的变量多，这些变量有些是正向影响，有些是负向影响，正负叠加，净值反而小了。除此之外，发现偏差可能较大的时候，业务复杂的大企业可以用来调节的变量也比较多。

而业务简单的中小规模企业，正因为其业务变量很少，一旦有遗漏就很难找到可以进行抵消的因素，其预测偏离度反而较大。

所以很多表相不见得是真相，只是以偏概全，用总体结论掩盖细节问题。人们还经常用瑕不掩瑜的逻辑来辩解，毕竟缺点掩盖不了优点，只要优点多于缺点，还是美玉一块。却不知《礼记》原文是"瑕不掩瑜，瑜不掩瑕"，企业管理讲求"瑕"是"瑕"，"瑜"是"瑜"。

因果关系错配

"所有会计师事务所的合伙人收入都挺高的,所以如果你想成为会计师事务所的合伙人,你要先让自己收入高一点。"听起来好有道理,但仔细想想好像颠倒了。不是因为收入高才成了合伙人,而是因为成了合伙人收入会高才对。

类似的例子还有很多,风靡一时的"奇葩说"中有一个辩题"撒娇的女人是否更好命?"还有常常看到的网络热词"爱笑的女孩子通常运气都不会太差",其实都有些逻辑上的因果倒置。不是因为"撒娇的女人"才"好命",而是因为"好命"才成了有资本"撒娇的女人"。不是因为"爱笑"才"运气不会太差",而是因为"运气不会太差"才有心情"爱笑"。

在听取业务汇报的时候,也需要多加注意什么是因,什么是果,方能对业务情况了然于胸。

以资产负债表"存货"科目举例,从业务实质上看存货包括原材料、在产品及产成品,报表上显示的是存货合计,而不直接显示明细。

假设某行业有甲、乙两家公司,存货构成长期保持以下比例关系,详情见下表。

存货列表

单位:百万元

类型	甲公司	乙公司
原材料	100	10
在产品	50	20
产成品	10	130
存货合计	160	160

貌似存货水平一致,但如果细究下原因,为什么甲公司和乙公司原材料、在产品和产品的比例完全不同?很可能是甲公司产销两旺,生产出来的产品很快就卖掉了,所以产成品很少,同时要大量采购原材料来加大生产。而乙公司正相反,生产出来东西卖不掉,堆在库房,当然也不需要再买原料了。

这只是从存货构成比例得出的初步推论,还需结合销售与生产情况进一步分析方能确认。

类似上述需要透过现象看本质的情况还有很多,例如2020年各家企业的差旅、会务及市场营销费用,都应该有大幅度结余才合理。那么在年终业务汇报时,究竟是由于不可抗力导致费用结余,还是由于企业管理得力,降本增效产生的费用结余?

同样的数字，可能代表了完全不同的结果，多想一个为什么，推敲汇报材料结论背后的因果关系，可以有效帮助财务人员深入了解企业业务情况。

数据悖论

统计学界有个著名的辛普森悖论（Simpson's Paradox），即某种条件下的两组数据，分别讨论时都会满足某种条件，可是一旦合并考虑，却可能导致相反的结论。

2020年的股票市场表现不错，很多人开始存款进股市，众多投资小白会把基金作为入市首选，人人都想买赚钱多的基金，那就要根据基金公司历史表现来进行判断。

现在对A、B两家基金公司的回报率做如下对照：

（1）从A、B基金（1）公司定向发行的专户理财业绩表现来看，B基金公司胜出，见下表。

专户理财对比

专户理财	投资规模	回报	回报率
A基金公司	1 000万元	150万元	15%
B基金公司	1 000万元	250万元	25%

（2）从A、B基金公司面向社会公众发行的公募基金业绩表现来看，B基金公司胜出，见下表。

公募基金对比

公募基金	投资规模	回报	回报率
A基金公司	1亿元	5 000万元	50%
B基金公司	1 000万元	550万元	55%

看到以上数据，B基金公司绝对是大家入市首选，不论是理财专户业绩，还是公募基金业绩全面胜出。

在大家真的投资入市买B基金公司之前，试着再看看总体表现，见下表。

两者组合对比

专户理财＋公募基金	投资规模	回报	回报率
A基金公司	1.1亿元	5 150万元	46.8%
B基金公司	2 000万元	800万元	40%

揉揉眼睛仔细看看，不是说好了B基金公司不论理财专户，还是公募基金业绩全面胜出，买了之后可以大家奔富裕的？怎么突然一下子变成了A基金公司才

能赚更多钱?

这就是诡异又有趣的辛普森悖论。

统计学的规则有时也会影响财务分析判断。

假设 A、B 两家公司的财务状况一模一样,财务结构见下表。

A、B公司报表数据(1)

单位: 万元

A公司资产负债表 (简表)				B公司资产负债表 (简表)			
现金	1 000	应付账款	4 000	现金	1 000	应付账款	4 000
应收账款	2 000			应收账款	2 000		
长期资产	5 000	股本	4 000	长期资产	5 000	股本	4 000
合计	8 000	合计	8 000	合计	8 000	合计	8 000

到了年底,B公司从银行借款 2 500 元,B公司资产负债表相应变化,见下表。

A、B公司报表数据(2)

单位: 万元

A公司资产负债表 (简表)				B公司资产负债表 (简表)			
现金	1 000	应付账款	4 000	现金	3 500	应付账款	4 000
应收账款	2 000			应收账款	2 000	短期借款	2 500
长期资产	5 000	股本	4 000	长期资产	5 000	股本	4 000
合计	8 000	合计	8 000	合计	10 500	合计	10 500

学过财务报表分析的读者都知道,流动比率(Liquidity Ratio)是经典财务分析体系中衡量企业流动性的关键比率之一。定义为流动资产对流动负债的比率,用来衡量企业流动资产在短期债务到期以前,可以变为现金用于偿还负债的能力。一般说来,比率越高,说明企业资产的变现能力越强,短期偿债能力亦越强;反之则弱。

而现金比率是速动资产扣除应收账款后的余额与流动负债的比率,最能反映企业直接偿付流动负债的能力。

那接下来我们来看看 A、B 两家公司的流动性情况,见下表。

A、B公司资金流动性对比

	A公司没有借钱	B公司借钱了
现金比率	1 000 ÷ 4 000=0.25	3 500 ÷ 6 500=0.54
流动比率	3 000 ÷ 4 000=0.75	5 500 ÷ 6 500=0.85

是不是顿时有财务知识体系崩塌的感觉？有兴趣可以拿出计算器重算一遍，但事实确实就是这么诡异。

借了钱的 B 公司反而从财务比率上看流动性更好，偿债能力更强。这种现象对于存在债权人财务比率约束（Loan Covenant）的企业来说，也可以用来确保债权债务关系存续过程中不发生技术性违约。

有趣的数字游戏告诉我们，在看到一切数据结论的时候，还是需要了解背后的基础数据、逻辑与算法，了解实质方能避免被数据误导。

小提示：

汇报与被汇报，如同博弈的双方。知己知彼，方能洞察。

6.4 图形会说谎

据研究，人类活动百分之七十都和视觉有关。人类绝大部分的印象、知识、经验等，都是由视觉得来的。在企业实践中，依赖于 Word 形式讲稿或者纯文字演示的场合变得越来越少。图、文、表并茂成了汇报的主流形式。

一般来说，当映入眼帘的广告宣传单、大幅标识、演示材料，大多数情况下人们首先注意到的一定是图，而不是字。除非字本身进行了处理，成为图或图的一部分。由于这个特性，在听取汇报看演示材料的时候，就要小心了，我们的眼睛有的时候不太靠谱。不同角度的图表、图形，可以给人带来错觉。有张在网络上流传很广的素描铅笔画，从左边看是一只青蛙，从右边看是一匹马，但如果仔细对照一下，把这张图旋转，这其实是同一张画，如下图所示。

图形

坐标轴变动引起的感观差别

看看下面两张基金净值变化图，当投资小白们急着入市赚钱的时候，根据基金历史表现，大多数人会选择哪个基金投资呢？毫无疑问，他们选右边，这陡峭的净值增长曲线，代表着投资者的财富迅猛增长。换作是我，我会选取同一只基金同一个时间段的业绩表现。奥秘来自坐标纵轴，左边图纵轴取值（0,2.5），右边图纵轴取值（1.3,2），除此之外没有任何区别。

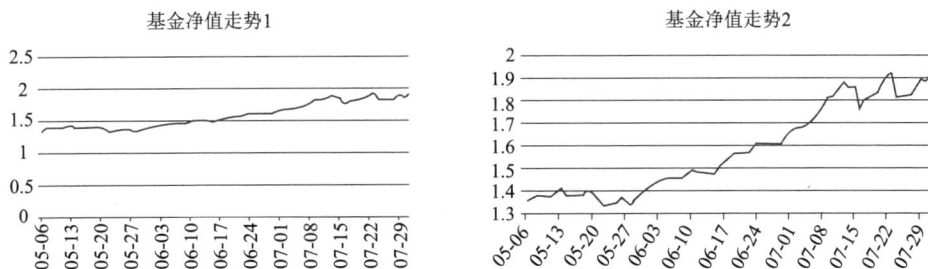

[选自：睿远成长价值混合 C（007120）净值走势]

坐标轴变动引起感观差别（1）

类似的方法还可以用在图形编辑上，看看下边这张 A 公司与 B 公司 2019 年生产线产品直通次数 [1] 对比图。

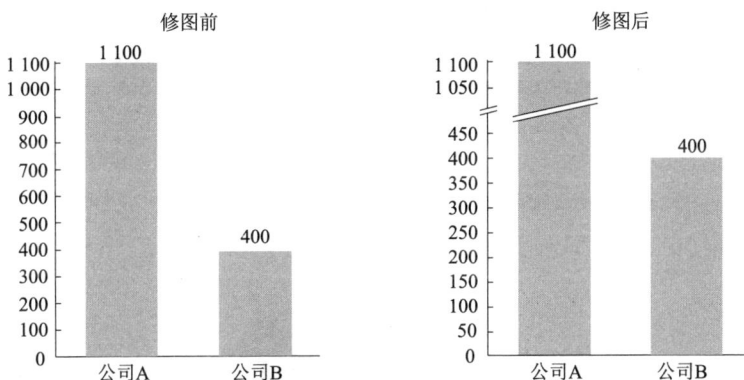

坐标轴变动引起感观差别（2）

---

1 产品直通次数是对产品从第一道工序开始一次性合格到最后一道工序的参数，能够了解产品生产过程中在所有工序下产品直达成品的能力，是反映企业质量控制能力的一个参数。也可以用直通次数除以生产总数计算产品直通率。直通率越高，质控能力越强。

从这张图中，可以看到 A 公司当年产品直通 1 100 次，B 公司当年产品直通 400 次，由于坐标轴区间拉的比较长，所以很明显 A、B 公司产品直通能力差距巨大。但如果看下右边这张图，坐标轴取值（0，1 100）与左图一致，但是中间中断了下，第一感觉是不是 A、B 公司产品直通能力差距就没有那么大了。

这就是在使用柱形图时，通过坐标轴和柱形图形的组合中间的打断，形成一种视觉上的鲜明反差。

在汇报演示的时候，演示者为了引导与会者直觉判断，改变坐标轴是常用的一种方法。

运用图形及视觉差

在演示或者汇报的时候，演示者往往会运用图形或者视觉差达成特定展示效果。

如下图所示，苹果教父乔布斯在一场产品发布会上描述智能电话市场份额。图中 19.5% 代表 Apple 产品，虽然数值标准只有 19.5%，但是乍一看会觉得份额很大。

图形引发的视觉效果（1）

用同样的数据，如果我们重新做一张饼图（如下图所示），没有应用这种立体感，会发现其实 19.5% 只占了不大的一块份额。

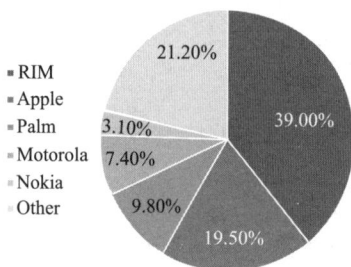

图形引发的视觉效果（2）

同样的数据、同样的图，仅仅是因为使用了 3D 呈现形式，却展现出了完全不同的效果。

我们再看下面这张图，工资和其他费用是 70% 和 30% 的比例关系。左图的呈现方式比较客观地反映了数据的真实对比，但是右图的呈现方式显得工资占比极高。

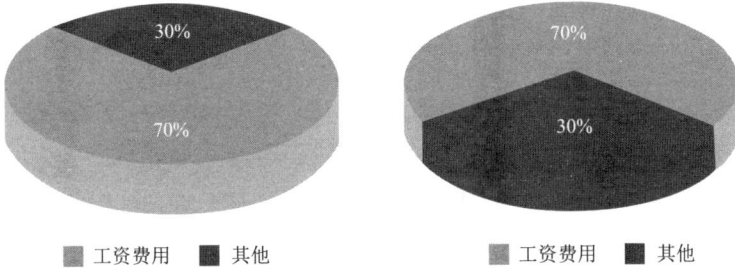

图形引发的视觉效果（3）

同样的技巧在下图也有体现，左边这张柱形图，客观地反映了几类费用之间的比例关系。

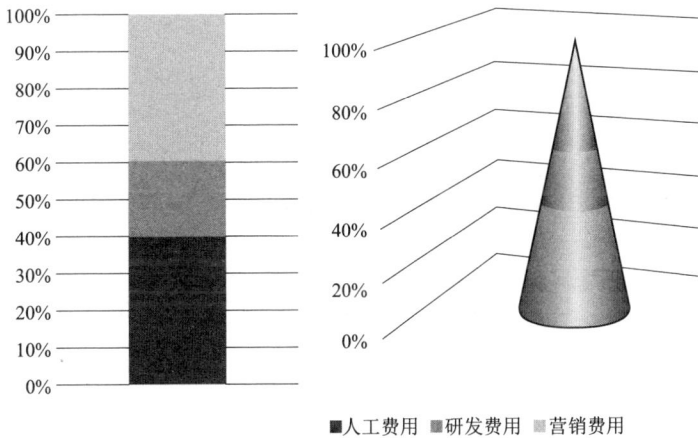

图形引发的视觉效果（4）

但同样的比例关系，如果用右边的锥形图来表现，马上就会让人觉得这家企业人员工资控制存在巨大问题。整体开支中，人员费用占比过大，但仔细看看数据，占比其实没有看起来那么大。

折线图也有同样的效果，如下图所示。

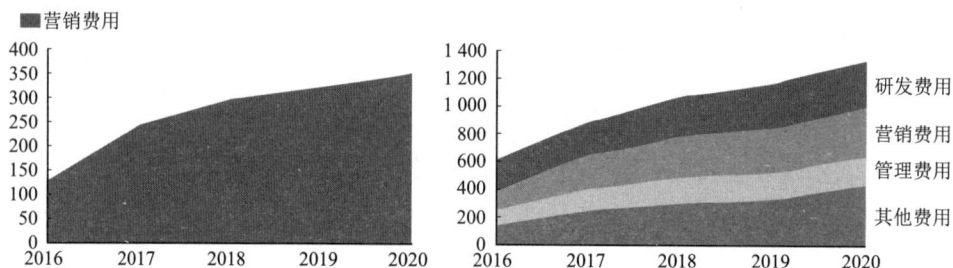

图形引发的视觉效果（5）

左图是营销费用图，可以看出营销费用这几年增长迅猛，这种迅猛的增长如果没有更加强劲的销售业绩增长做支撑，营销部门负责人就会比较被动。再看右图数字变化趋势，营销费用的幅度跟左图完全一致，但是绘图者把管理费用、营销费用、研发费用等全都组合在一起，组合起来之后，营销费用迅猛增长的态势看起来就不那么迅猛了。

小提示：

不要太相信自己的眼睛，而要从图形看数据。有时候光看数据是不够的，还要看数据背后的实质。

192

第 **7** 章

企业财务数字化转型

中共中央、国务院印发《数字中国建设整体布局规划》指出，建设数字中国是数字时代推进中国式现代化的重要引擎，是构筑国家竞争新优势的有力支撑。数字化对于企业的重要意义已经无须多言。一小部分企业由于其本身的因素，可能暂时只能推进部分职能的数字化而非立刻全面数字化转型。绝大多数企业在财务数字化转型工作方面所需考虑的无非是做什么、何时做、怎么做而已。

有些财务同行不太熟悉数字化转型，对此缺乏积极性，在供应商、客户及企业内部各部门广泛采用了数字化工具之后，财务部开展工作也会变得愈发被动。与其落后挨打，不如主动出击，或者至少跟上大部队的步伐。

7.1　什么样的企业不适合数字化转型

谈及数字化转型，无论学者与业界从什么角度进行诠释，落到财务人的工作里终究体现为数据和数字化技术两大概念。

数据的收集与分析如果得当对于企业来说无异于拨云见日，一般前提是数据质量高、业务之间数据融合度高、数据准确。对于非常重视数据保密性的企业来说，数据的运用就成了双刃剑：一方面数字化分析需要数据的透明；另一方面数据透明就影响了保密性。以集团企业常用的资金池功能为例，从避免数据孤岛，提高数据及时性、准确性角度出发，企业资金部门应该依托于商业银行的资金池产品进行账户集中管理、资金信息归集、资金划拨操作。可是对于高杠杆运作，严重依赖银行贷款，甚至过度举债的企业来说，依托于某一商业银行资金池进行资金管理无异于自曝其短，必然引发银行风控关注，并导致贷款规模压降。

而数字化技术的范畴虽然包含多种概念，如RPA、云计算、人工智能等，但所有技术有一个共同的运用前提，即规则明确。当企业整体业务流都数字化、智能化之后，甚至在上下游业务每个环节都可以链接起来，可能有很多事情是不好做的，就类似一二十年前企业实施ERP系统时发现，ERP对于流程标准化程度要求极高，如果企业内部管理水平高度人治化，运作依赖人为判断与干预推进业务，实施诸如SAP或者Oracle此类的大型ERP系统无异于自寻烦恼。

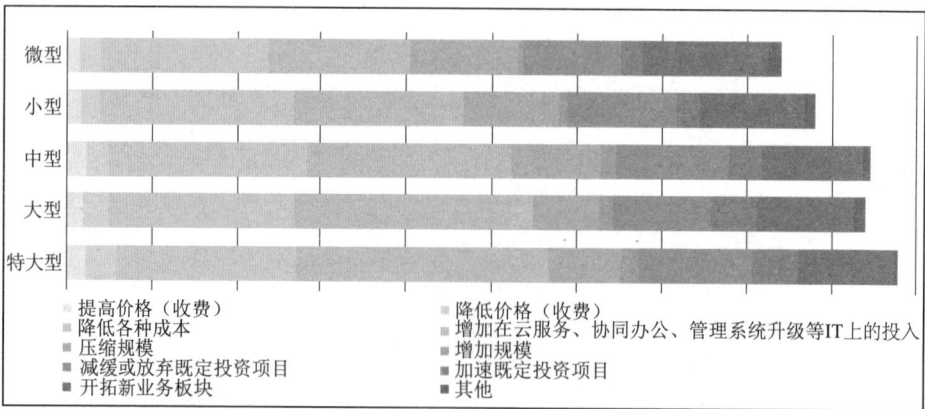

（资料来源：上海国家会计学院会计语言调查中心）

企业会采取的措施（分企业规模）

虽然如此，中国还是存在着众多想做数字化的中小微企业。其实数字化是不分企业大小的，只是由于规模差异而存在实施路径差异。在此前的信息化时代，一提到ERP系统，行业标杆级无非SAP、Oracle之类，动辄投资几千万元，后续年度维护费用数百万元，中小微企业几乎是不可能承受的。但是在数字化时代，完全可以通过使用一些SaaS软件，企业一年也不需要投入太多，就有可能享受同等服务，且对企业来说负担没有那么沉重，不用建大型机房、不用建庞大的IT团队。现代技术的发展给不同行业、不同规模、不同层次的企业在数字化经营领域带来了更多可能。

7.2 财务数字化转型的必经之路

数字化转型必然依托于相关的技术手段。

数字化技术的选择

国际上有家知名的技术研究公司叫作 Garnter，每年会发布技术成熟度曲线。Garnter 通过几十年对于技术领域的跟踪，发现了有悖于直觉的规律。常人一般认为技术的发展是线性的，即技术被发明，然后一条直线向上发展，越来越普及。而现实中 99% 以上的技术发展都遵循技术成熟曲线，可以分为五个阶段，如下图所示。

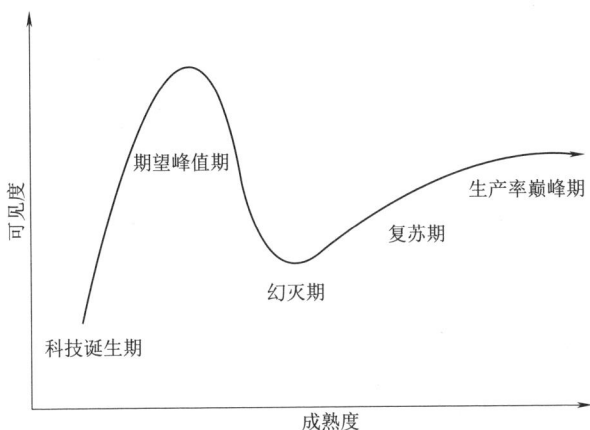

技术发展五个阶段

（1）科技诞生期：在此阶段，许多新技术涌现，其中甚至有很多大众都没有听过，但是专业的市场资本会从中进行遴选具有商业前景的部分，并加以培育。

（2）期望峰值期：萌芽中的技术得到初步发展，进入公众视野，大众的关注加上资本的助推演绎出了一夜暴富的商业故事，公众认为科技革命已然到来。

（3）幻灭期：在历经前面阶段的科技经过多方扎实有重点的试验，对此科技的适用范围及限制有了客观的认识和了解，公众从对未来世界的幻象回到了现实，就如前几年的区块链、物联网、虚拟现实等均从巅峰跌落下来，在现实中无法找到应用场景。许多技术在幻灭期因其不具有商业前景就消失了。

（4）复苏期：小部分技术会经历从幻灭期继续发展，找到大量的应用场景，并形成产业化，如场景化数据 AI 运用、数字中台、RPA 等。

（5）生产率巅峰期：在此阶段，新科技产生的利益与潜力被产业界接受，其实际运用经过此前各阶段的演化与发展进入了非常成熟的阶段，成为企业运作的一部分。如移动支付、ERP、WMS、云计算、智能客服、OA 系统等。

基于技术生命周期的历史规律，对于企业利用新技术推动数字化转型，就必须意识到技术的发展不是直线发展，不是指数型，而是一个颠簸的过程。

如城市的电力、交通等基础设施，先能保证城市运作，再考虑技术先进性等。财务运维作为企业运营的基础设施，亦应把稳定、安全作为第一要务。从技术成熟曲线角度出发，绝大多数企业选择财务数字化转型技术时，可以前瞻性了解发展前期的技术，但不宜过于冒进实施。比较稳妥的选择是进入复苏期或者生产率巅峰期的成熟技术路线。

上海国家会计学院每年都会发布"年度影响中国会计从业人员的十大 IT 信息技术"，作者也有幸作为评审专家委员会成员共襄盛举。业界同人可通过历年发布的"十大技术"报告了解目前的主流技术路线，并在自身企业财务数字化转型过程有的放矢，避免弯路。通过历史的后视镜观察主流 IT 技术的变迁，从 2017、2018 年企业主要处于认知初期，关注机器学习、图像识别、区块链等，到了 2019 至 2021 年关注财务云、电子发票、电子会计档案、机器人流程自动化 RPA、移动支付、数据中台等。2022 年 7 月最新发布的排名为财务云、会计大数据分析与处理技术、流程自动化、中台技术、电子会计档案、电子发票、在线审计与远程审计、新一代 ERP、在线与远程办公、商业智能。

主流技术这些年的变化一方面说明业界用户与评审专家越发关注技术的产业化运用，也说明从 2019 年至今财务数字化转型领域的主流技术并未出现颠覆性的变化。

其积极意义在于企业重塑财务职能，积极转型所需要的技术经过多年的产业实践已经变得越来越好。以连续数年被评为"十大技术"的 RPA（Robotic Process Automation，以下简称 RPA）为例，究其本质就是机器人的流程自动化技术，也不是实体机器人，而是一套计算机的软件，模拟人类的行为。RPA 从最初只能进行简单的三单匹配、资金对账、数据录入之类，到现在已经可以通过智能化 OCR（Optical Character Recognition，以下简称 OCR）读取纸质文档甚至嵌入算法、结合智能语音等，往 RCA 的方向发展。

在纯粹考虑技术因素的同时，如果是大型国有企业或者涉及军品、国计民生产业的企业，还会建议考虑法规与地缘政治因素。

例如，在当年美国《萨班斯法案》出台时，其中一条就是要求上市公司必须使用可信赖的内控信息系统。为了满足该法案要求，各大企业纷纷实施以SAP、Oracle为主的ERP软件。对于大型企业来说，软件动辄亿元起步，而且为了配套ERP软件的使用，硬件和数据库销售一时大卖。为了推进SAP在中国的实施，SAP公司一般通过咨询公司如埃森哲、德勤等对客户企业调研，引入战略理念，并由此制订执行方案。而实际上最终实施完成后，有些企业确实有了管理方面实质性的提升，也有不少企业相当于巨资挂了个招牌，没有什么运营模式的改进。时至今日，2022年8月以中石油、中国铝业为代表的多家央企已经提出将美国存托股从纽约交易所退市，是否意味着使用SAP、Oracle等国外ERP软件的必要性已经大大下降？是否开始考虑自主可控的国产软件进行替代？

运营模式的转变

复式记账自十四世纪发明以来，随着商业世界的发展，业界对于数据准确性、及时性和数据分析的要求越来越高。然而在数百年间财务职能并没有本质变化。自2010年左右起，技术的加速发展开始推动企业财务转型。会计成为最容易被机器替代的职业之一。那么财务要往哪里走呢？

从现在的行业走向看，基本会包括以下三种可选的方向。

● 会计运营

ERP作为上一轮信息化时代的代表，其实施前提就是企业流程必须标准化。如果企业ERP实施成功并运作一段时间，大概率该企业也具备了数字化转型所依托的基础企业能力。在此前提下，最容易标准化处理财务流程如费用报销、应收、应付等具备了集中化处理的条件。从2015年左右起，国内许多大型企业就开始建立共享中心，并且越来越普及。大型企业从成本角度、效率角度，特别是集团管控角度考虑，最终都会往共享服务中心发展。中小微企业从经济效益角度考虑，建立自己的共享中心的可行性较低。目前国内的主流做法还是将会计核算职能保留在企业内部。而从国际发达国家情况看，已经出现专业服务机构从云端提供SaaS服务，通过SaaS服务帮助企业按照自身标准化流程提供交付，形成在企业外部的大型商业性共享中心。

会计运营领域因其工作重复性、规则相对明确的特点，适应自动化处理，是财务工作数字化转型的重点领域，

● 业务财务

财政部《管理会计基本指引》中提到"管理会计应嵌入单位相关领域、层次、

环节，以业务流程为基础，利用管理会计工具方法，将财务和业务等有机融合"。

财务传统意义上从事的核算工作：一方面是法定要求；一方面支持企业运营，其产出物在报表层面上，对于业务部门（企业管理者），并不是非常有价值，主要原因在于会计准则本身就是一门学问，非财务专业人士很难读懂；也在于核算报表的维度与信息容量较为固定，不能及时反映业务实际情况，也不能及时按需提供业务部门需要的数据。

随着会计核算方面自动化程度的不断提高，对于数据处理速度变得越来越快，财务提取按照不同维度提取数据进行分析的能力也在增强，如财政部在《管理会计基本指引》中提到的"参与单位规划、决策、控制、评价活动并为之提供有用信息"。业界出现的"业财融合""财务BP"等均是这一趋势的产物。

- 专家财务

流水线是历史上的伟大发明，人类的社会化生产自此摆脱了作坊式运作，大规模、高效率的工厂生产成为现实。共享中心业态的推广，也让账务处理的工厂化运作成为现实。许多老一辈财务人入职时在"麻雀虽小、五脏俱全"的财务部里学习成长，各个职能都会兼顾，逐渐成长。而新一代共享中心的财务人入职后很可能致力于整个流程的特定环节并高效到极致，却不一定有机会了解流程的全貌。这也就导致高效运作环境中，诸多的高效"财务工人"加上极少数"流程专家"或者"准则专家"会成为最佳的组合，甚至在中小企业中都没有专职的"专家"，日常技术问题由员工解决，少数挑战性的问题交由外部"专家"解决。

同样的做法也可能存在于项目性的工作，例如IPO，目前业界也有了一批专职推进企业上市的财务高管，将某个企业的上市成功作为项目目标，加入企业就以上市为目标，日常管理交由助手或者企业财务的老员工，上市成功拿到报酬即转至新企业。

数字化转型的发展阶段

人们聊到新技术的时经常会提及"弯道超车"。例如，在汽车制造领域，占据先发优势的欧美日厂商在燃油动力领域领跑数十年，通过种种专利壁垒阻挡后来者，中国的政策制定者敏锐地发现了新能源汽车的新赛道并大力扶持，开辟了新的市场，成功成为新能源汽车第一大国。在企业数字化转型领域，类似的新技术跃迁比较难，尤其是在财务领域，扎实的基础管理尤其重要，如同平地起高楼，不盖好一楼，二楼怎么盖都有点危险，甚至根本盖不起来。

企业财务管理信息化的发展遵循 MRP—ERP—云的规律。前一代的工具是下一代工具的有机组成部分，而非采用了下一代工具就抛弃了上一代工具，如 MRP 是 ERP 系统的核心部分之一。在代际发展的同时，很多技术工具还可以跨代使用，例如 RPA 在 ERP 环境与云环境均可以有效利用。

企业信息技术运用的中坚 MRP（ERP）

工厂化运营的重要前提之一就是流程的标准化。对于财务工作基础的会计运营来说，标准化更是后续一切信息化的基础也是各个发展阶段的共同要求。比较理想的状态是有三五年工作经验的新员工加入之后，仅凭着操作手册就可以解决绝大部分工作中碰到的问题，极少数例外事件才需要主管或流程上下游同事的协助。

● 什么是 MRP（ERP）

从行业大类角度看，涉及物料进销存的企业信息化相较于第三产业企业来得更复杂。从人类能计数起，狩猎有多少捕获，后续吃了多少，还剩多少就有记录的需求。企业对于物料及产品的采购、入库、出库、耗用等活动会生成大量的原始记录，合规方面会要求留痕、业务方面会要求可查询、管理者会要求可汇总。在此基础上，企业还会希望在获知未来订单数量、当前库存以及在途数量、BOM 清单情况后预测采购量。这一系列数据的贯通就形成 MRP（Material Requirement Planning，材料需求计划，以下简称 MRP）系统服务的领域，其实质在于做好物料和产品的管理。

在此基础上，企业管理者提出的要求进一步扩展。例如对于生产体系的全流程监控。如通过 MRP 预测了采购量，但是企业是否有足够的资金进行支付？再如对于客户信息的跟踪，是否可以把客户历史采购行为、付款记录、当前订单及其发运、到货情况和 MRP 联系在一起？工人人数、排班等信息是否也可以结合起来？简而言之就是将企业方方面面的资源融会在一起，这就是 ERP 所需要解决的问题。

人类在发明了工具之后，解决了原有的问题，新工具的运用往往又触发了新的问题，MRP（ERP）也遵循了这个规律。

业界公认顶尖的 ERP 系统如 SAP、Oracle 等近十几年已经广泛运用大型企业。以会计运营最基础的应收、应付职能计，其对应模块在月度关账时由于处理的业务量大且集中，同时出于企业管理者的要求需要提供诸多报表，导致在特定时间段，不同业务部门同时发送请求，导致整体系统压力巨大。万一再叠加工作人员由于种种原因，只能通过家用网络远程登录系统；跨国企业 ERP 系统服务器需要通过国际专线连接等情况，给日常工作带来许多挑战。

对于 ERP 的结构如果再加以分解，不论哪家厂商，其基本架构都是以财务模块为核心，视企业需要叠加销售生产计划、人力资源等功能模块。这就引发了一个矛盾，企业的运作以流程为导向，而 ERP 在实践中却是以模块为导向。在核心 ERP 基础上往往又外挂叠加了各种系统来加强在特定领域的功能，又引发了不同系统之间的数据交互问题，直至多发数据彼此冲突的问题。

目前看来整体的 ERP 市场逐渐衰落，从海外市场发展的速度看 SaaS 服务很有可能会是一个方向。而 SaaS 的运用和云服务密不可分。现在还没有实施 ERP 的企业，或者严谨地定义为还没有本地部署 ERP 的企业，可以考虑云端部署。各大 ERP 厂商如金蝶、用友，他们也在努力把 ERP 往云端迁移。最直观的变化是浏览用友或者金蝶的官网时出现某某云服务的介绍而非 ERP。

虽然云端 SaaS 成为趋势，对于业务相对简单的贸易型、服务型企业来说有没有全面的 ERP 系统支撑差异也不大，即使实施了 ERP，最多追加个库存管理功能。但是对于大中型企业，具有研、产、供、销业务主线纵贯流程始终，ERP 对于支撑企业核心工作流程还是非常有帮助的工具，而且 ERP 对应的模块功能非常成熟，能够支撑业务运营平稳开展，可最小化对于业务运营的不利影响。

- ERP 的收益与挑战

如前所述，ERP 对于大型企业来说是纵贯研、产、供、销全流程的有力工具。除此之外，ERP 系统对于数据联通、业务流程的联通是相对于任何其他工具来得更迅速。ERP 数据由于本地实施并存储，故具有较高的安全性。

在承认其巨大收益的同时，ERP 的成本与管理挑战同样突出。

（1）成本高。在企业预估需要投入的成本过程中，既需要考虑投入的资金，也需要考虑隐形的成本。投入的实施费用动辄上千万元，另还需要考虑硬件投入及后续维护投入，此处不再展开。同时还存在高昂的隐形成本如培训成本、转换成本等。

①培训成本。

在财务组织分工中，曾经提到过专门有一类岗位从事 IT 与财务之间的沟通与交流。用专业的叫法这就是 ERP 系统的超级用户（KBU- Key Business User）。由于大型 ERP 系统的复杂性，企业必须培训一批超级用户，这些超级用户再培训各个业务部门的普通用户，帮助解决一些日常问题，以此来提高使用效率。如我曾服务过的某整车制造商为例，财务部门 KBU（Key Business Unit，关键业务部门，以下简称 KBU）的培养就持续将近一年，并不断由于 ERP 系统更新而脱岗培训，确保其具备解决日常问题的能力。

②转换成本。

如前所述，大型 ERP 系统的实施、使用和培训非常复杂，就如同用惯了 Word 软件的用户天然不喜欢用 WPS，改变用户的习惯非常困难，再叠加实施过程中的沉没成本及转换其他 ERP 系统会导致额外成本。

（2）信息联通与整合。

ERP 是纵贯全流程的工具，成熟的 ERP 系统可以提供很多可选功能模块。相对于企业多种多样的需求而言，再强大的 ERP 也不能满足企业对于整体信息化的要求。即使实施初期能够满足，企业管理者不断增加的需求也终将使 ERP 系统无法满足。所以许多企业出现将特定流程或者功能模块单列出来，常见的如在线审批自动化、企业门户系统、面对销售系统等。在单列流程或模块满足特定需求情况下，将所有流程与模块的数据进行整合又成了新挑战，如此循环往复。

（3）项目管理要求。

"削足适履"是个贬义的成语，指不合理地迁就或不顾具体条件，生搬硬套。在 ERP 系统市场上成熟的产品就那么几家，不论企业选择哪一款产品，最终都会碰到"足"与"履"适配性之间的矛盾。从企业实施角度看，应该从企业战略着手，梳理业务蓝图，再进行系统实施。而实施应该包括 ERP 产品选型、系统企业适配度评估、部署上线、上线运维。而 ERP 系统厂商及实施商作为提供"履"的一方，必然希望所有企业的"足"都长得一样。虽然在招投标阶段，厂商（实施商）一定会强调根据企业需求定制化，但在具体实施部署中就不一定了。厂商（实施商）最喜欢的是在现有产品基础上根据企业情况直接进行配置，而非二次开发。二次开发必然对于原始系统具有侵入性，而且二次开发带来厂商（实施商）的高成本，所以标准化才是首选。对于企业而言，是否具有良好的项目管理，能否在实施过程中确定厂商（实施商）是否按照企业希望的流程进行部署就至关重要。

ERP 实施切忌早期项目管理偏弱，问题发现过晚。一旦系统已经实施上线，发现问题再叫停，代表着项目已经失控，对企业意味着巨大损失。

代表未来发展方向的云

提到云，很多用户第一反应可能就是云存储。

以我为例，我对于损失书稿、文件等有发自内心的恐惧。过去的做法是买移动硬盘备份，做了一个备份担心移动硬盘硬件毁损，再对备份的移动硬盘再次备份，随着网络技术的发展在家里搭建一个网络附属存储再做个备份。上述这种做法都是基于本地数据，在本地硬件搭配软件实现目的。随着云技术的发展，我现在采用了"百度网盘"进行备份，对于存储备份的软硬件等全都交给服务提供商百度安排，再按照使用网盘的空间大小及性能付费即可。

从技术领域来说，"云"与传统企业 IT 信息化架构本质的区别也在于此。"云"是按照使用量付费的模式。企业只需要关注自身需要什么，企业通过"云"服务提供商按照需要调用资源而非自身投入软硬件获得资源。这样就可以通过"云"，便捷、实时、低成本地获取网络服务器存储、应用软件等方面的服务。

用户日常更为熟悉的就是百度搜索了，打开百度引擎，输入关键字搜索感兴趣的内容。而网页数据、搜索算法及服务器都不在用户的手机或者电脑里，而是在云端。

在此表象之后，隐含着的是科技的巨大进步。云技术出现之前，计算能力、存储能力均体现于本地，如自家的计算机、企业的服务器等。随着技术的进步，网络传输数据的能力增强，工程师们发现基于网络可以让服务器机房为整个互联网的用户提供服务。于是就有了互联网数据中心，在此基础上出现了云计算的底层核心技术——虚拟化技术，即将海量硬件资源集中起来，通过软件的方式"打散再组合"，再变成一个个虚拟的服务器。而虚拟服务器的资源配置（CPU、硬盘、显卡等）可以灵活变化，按用户的使用需求来定制，并在虚拟服务器端提供各类标准化软件服务。

形象地说物理上不可改变的硬件资源，经由网络变成虚拟可无限扩展的"资源池"。用户如同在商店里选购，根据自身需求选择软硬件的各种搭配并付费。对于用户来说，采用云计算，可以避免自购设备、自建机房、自己运维，大大降低了算力的使用成本和技术门槛，还增加了安全性和可靠性。

- 云服务帮助实业集群发展

以许多人都认为是落后产能的纺织业为例，比较落后的生产方式是只可以做大单，比如圆领衫的板式、面料和工序确认下来，开机就是 10 万件，量少了就没法做，这也是目前越南、柬埔寨、马来西亚等国家的现状。

作为世界工厂的中国实现了产业集群，不仅仅能够做大单，还可以做小单和加急单。上午还在做圆领衫，下午做裙子，突然一个加急订单进来，立刻切换做 3 000 件 T 恤衫。究其原因就是因为集群，工厂周围就有配套厂，可以随时提供各类原材料。成熟的产业工人群体集群，导致除了流水线生产工人，诸如设计、质量保证等各类工种随时可以切入生产环节。这种敏捷又柔性的集群产能正是我们的优势。

● 云服务帮助实现大数据

从单体企业角度，每年的凭证量成千上万是修辞手法的体现。准确而言一般企业年凭证量千万量级较为常见，大型企业可能上亿，虽然数量惊人，如果仅存储财务数据，从信息存储角度不过 GB（Gigabyte 千兆字节）量级而已，没有到大数据的层级。

例如，特斯拉推出了汽车保险，其价格比常规车险低 20% 至 30%。创始人马斯克认为特斯拉可以"直接了解车主的汽车相关风险状况"，基于特斯拉汽车性能及特斯拉车主的驾驶情况，利用这些数据来向消费者提供成本更低的保险产品。简单而言，传统车险只是根据车辆价位及过往违章情况制定保费标准，特斯拉车险根据车主的用车习惯来计算保费。若车子传回的数据显示现实车主用车属于稳健型，将会得到更高的安全得分，下个月的保费就会下调不少。产品一推出就在市场上赢得好评无数。其实早在 2009 年，我曾服务过的整车企业就已经在国内试图寻找保险公司伙伴推出类似产品，然而当时理念是先进的，但技术手段远远落后于理念，甚为可惜。

此保险产品的商业化运营体现了大数据的四个基本特征，即业界公认的 4V，具体内容如下。

——Volume 是指大量；

——Velocity 是指高速；

——Variety 是指多样；

——Value 是指价值。

特斯拉车辆的行驶数据量之大毋庸置疑，其车辆行驶过程会带来巨量数据的交互，而且数据量与车辆保有量正相关，外部数据越来越多，自然交换速度也就越来越快。而数据类型包括里程数、驾驶习惯、常用时间段、常见路况等多种多样，而多样的数据本身的价值密度特别低，从保险定价角度，上述各类数据中存在大量的冗余及干扰，所以要对其进行数据提炼方可利用。

以此为例，只有在企业自身及所处环境能够满足上述 4V 之后，方能讨论大数据。对于大多数企业来讲，现在并没有面临真正大数据的挑战。数据量增加的趋势是越来越快，而云服务是支持与推动数据量爆炸式增加的底层工具之一。

● 云服务帮助提升算力、提高效率并降低成本

采用云计算，可以避免自购设备、自建机房、自己运维，这只是云计算降低成本的体现之一。按照业界公认的三种云服务模式：SaaS（Software-as-a-Service，软件即服务，以下简称 SaaS）、PaaS（Platform-as-a-Service 平台即服务，以下简称 PaaS）和 IaaS（Infrastructure-as-a-Service 基础设施即服务，以下简称 IaaS），其在企业数字化进程中所起到的作用，以及对于投资、运营成本的影响还略有不同。

从技术角度来描述即：

——IaaS 将基础设施（服务器、网络技术、存储和数据中心空间）作为一项服务提供给客户，也包括提供操作系统和虚拟化技术，来管理资源。客户通过 Internet 可以获得服务。

——PaaS 将软件研发的平台作为一种服务，供应商提供超过基础设施的服务，可以作为软件开发和运行环境的整套解决方案。

——SaaS 则是把交付作为服务，应用即是其中的典型，服务提供商通过 Internet 帮助客户更好地管理 IT 项目和服务、确保 IT 应用的质量和性能，监控在线业务。

用日常生活中的一日三餐来形容见下表：

几种模式对比

模式	自备	委外
传统模式	自家有厨房、厨具、天然气、锅碗瓢盆，各类作料，还要买（洗、烧）食材，在自家餐桌上吃饭	无
IaaS 模式	自家有厨房、厨具、天然气、锅碗瓢盆，在自家餐桌上吃饭	预制菜
PaaS 模式	自家餐桌上吃饭	外卖送餐到家
SaaS 模式	无	直接去餐厅

从目前企业实践来看，每个行业上云的趋势比较明显。好处主要包括：企业自身应用团队规模降低，总成本明显节省，企业系统计划外宕机明显减少，部署新程序应用的时间减少，对客户的响应速度明显提升等。业界主流的云服务提供商包括亚马逊的 AWS－Amazon Web Services、微软云 Microsoft Azure、阿里云、华为云等。从上述公司公开的财务信息来看，亚马逊 AWS 云服务在 2022 年第二季度单季度净销售额即达到 197 亿美元，同比增长 33%。由此也可以印证各行各业采纳云服务的明显趋势。

具体到财务数字化体系，云的引入可以帮助财务部门进行服务化的转型。

● 云服务的复杂性及挑战

任何事物均有其两面性。描述了云服务的大量优势之后，云服务部署过程也存在一些挑战，主要可总结为以下两点：

——本地往云端的搬迁

企业应用与数据迁移到云端的过程也是一个全面数据梳理的过程。工作量浩大的同时，对于云技术的应用也是挑战。特别是企业内部的 IT 部门，能够熟悉各类云端组件的人不多。在 ERP 时代，各类主流软件均是厂商封装提供，不需要企业过多地了解其底层机制，而在云时代，相当于云服务厂商为企业提供了一个工具箱，工具箱里应有尽有，而如何使用就高度依赖于企业自身能力了。那么从企业角度就需要有比较客观与专业的评估。由于云服务是收费业务，如果企业在迁移过程中把不需要"上云"的数据迁移到"云端"，会引发不必要的成本支出，进而影响企业 IT 支出的效率。

就如同搬家一般，如果没有对于日常物品的整理与"断舍离"优化，也缺乏对于新居布局与家居用品的了解，只是装箱到了新地方一摆了之。虽然也能实现搬家的目的，但是感受必定差强人意。

——云端数据安全性

业界戏称防黑客最好的办法就是"拔网线"，拔完之后相当于企业本地的软硬件实现了物理隔离，从而实现了安全防护。但是云端本来就是虚拟化的各类资源，如何对这些数据进行管理，访问权限的设置工作非常复杂，尤其是当各类资源置于云端之后，用户们自然会从多终端、多地点进行云端访问。除本企业雇员外，必然会涉及外部人员，如经销商、供应商等的云端访问。

RPA+OCR+NLP+Chat GPT 工具

- 不眠不休的 RPA

RPA 全称为 Robotic Process Automation，即各行业中使用软件自动化来实现原本由人类操作的计算机完成的操作，其在财务领域的运用已经出现二十多年。如财务工作人员由于高频使用 Excel 被戏称为"表哥表姐"，Excel 中宏 Macro 的运用就是 RPA 的雏形。在所有企业中，流程自动化都是高优先级的任务，特别是大型企业对于流程自动化的需求非常高。其背后逻辑在于企业存在大量基础运营工作，数量大、重复度高、时效性强、增值少但又不可或缺。如果不能有效地提升基础运营工作效率，非但运营成本高、持续时间长而且还影响增值类工作的资源投入与效率，于是 RPA 机器人流程自动化开始大行其道。机器人流程自动化并不是真的机器人，它是一个或者一系列软件，这个软件帮助人类执行规则清晰的重复性工作。

例如，财务工作中经常会发生在 A 窗口 Copy 数据，然后激活 B 窗口，粘贴进去，然后回 A 窗口再 Copy，再回 B 窗口粘贴，反而更容易出错。而 RPA 机器人，如万科最佳"新人"数字虚拟员工崔筱盼就没有这些问题，它所做的就是在财务系统中根据预设条件发现逾期款项，然后激活邮件系统，将款项金额、逾期时间等填入预先设定模板，并发送给客户。

由此可见，RPA 的好处在于：

——相较于 Excel 中的宏 Macro 可以帮助"表哥表姐"完成大量计算，机器人强大之处就在于跨平台、跨软件。不论平台是微软、Unix 还是 Oracle、SAP，都可以跨平台操作，只需普通用户般为这个机器人创建一个用户账号，它就可以进行操作，还可以并行多窗口进行操作，速度优势明显。

——机器人既然从事规则清晰的重复工作，那一定是非常严谨认真，而且可以全年无休，24 小时工作且不会疲倦，也不会开小差或者由于一时失误导致错误。

——既然 RPA 是模拟人类对于电脑的操作，也就是由程序来模拟人类控制键盘鼠标，那除了开发 RPA 本身来说，不需要系统实施、不需要数据接口，其 IT 实施难度大大降低。

以上的好处显而易见，其对于财务部门从事大量重复性劳动员工的威胁同样显而易见。

- 长了眼睛的 RPA+OCR

RPA 非常大的缺陷是只能就系统内已有数据进行模拟键盘和鼠标的操作，即使考虑到跨系统的能力，也还是局限于系统内数据，无法从系统外部获取信息。有些像戴上眼罩拉磨的驴，耐力再强也只能转圈圈，不能远行。

RPA+OCR 可以规避上述缺陷。

OCR 英文全称是 Optical Character Recognition，即光学字符识别，通过电子设备如扫描仪来检查纸上打印的字符，进行识别并翻译成计算机数据。

财务工作会接触大量的票据，票据内容天差地别，而票据格式则规范统一。通过 OCR 扫描票据抓取信息，并自动输入 ERP 系统已经非常成熟，然后通过 RPA 进行不同系统间操作相当于长了眼睛的 RPA 机器人。此处所指的票据涵盖范围极为广泛，可以涵盖法定票据，如增值税专用发票、银行承兑汇票、各类手撕发票等，也可以涵盖其他企业的票据，如机票、订单、对账单等，还可以涵盖自身企业内部原始单据，如入库单、出库单等。其运用范围还可以超出财务工作范畴，涵盖如银行单证、营业执照、证件、车牌、名片等。

RPA 叠加 OCR 之后，其运用范围从计算机系统现有数据（信息）的处理扩展到了抓取外部信息录入系统并进行处理，无异于如虎添翼，对于各行各业从事此类重复劳动人员均形成替代。

- 既长眼睛又长脑子的 RPA+OCR+NLP

在业务实践中，除了增值税专用发票等法定要求规范填写内容的票据或文件外，大量的文件内容填写并不规范。如在合同附属的订单中，发货方既可以填写发货方公司全称，也可以填写发货方公司简称或缩写，还可以援引前述合同内容填写为乙方。OCR 识别技术会将上述情况识别为多个发货方进而混淆，人类的优势在这里就得到了体现，通过简单判断即可确定发货方仅有一家。

针对于此，RPA+OCR+NLP 成了新的主流。

NLP 英文全称是 Natural Language Processing，即自然语言处理，就是要让计算机"理解"自然语言。随着计算机算力的提升，大家在生活中已经遇到很多 NLP 的运用，例如语言输入、微信语音转文字、不同语言之间的互译、Siri 智能语音助手，甚至无孔不入的自动语音营销推广电话。在财务实践中，NLP 更多体现为所谓的"语义归一"，也就是把某一特定对象的不同描述都能够进行归一处理，来解决前述 RPA+OCR 的弱点。不论是发货方公司全称、简称、缩写，还是代码

207

都能够进行判断，进而确定是否描述的都是同一家发货方。

由于 OCR 扫描信息再通过 NLP 进行判断过程，其间需要计算机的智能判断，业界也将此种做法称为 RPA+AI（ AI− Artificial Intelligence 人工智能）。

Chat GPT 类工具

NLP 赋予 RPA 机器人进行语言判断的能力，但其能力主要体现为"语义归一"，相当于生活中的婴儿能够将"爸爸""父亲""爸爸的名字"等指向到"爸爸"这个唯一的对象。如果婴儿慢慢成长，能博览世间群书，通晓所有语种，并过目不忘，并且善于交流有问必答，其前景必然无可限量。截至 2022 年 11 月 30 日，这个婴儿已经成长为少年，就是最近轰动业界的 Chat GPT。

Chat GPT 英文全称为 Chat Generative Pre−trained Transformer，即生成型预训练变换模型。名称非常晦涩，实质是人工智能技术驱动的自然语言处理工具，通过连接大量的语料库来训练模型，学习和理解人类的语言来进行对话，根据聊天的上下文进行互动，真正像人类一样来交流，能完成撰写邮件、视频脚本、文案、翻译、代码等任务。在所有领域里，Chat GPT 与类似人工智能工具的出现都是颠覆的开始，具体在财务领域，虽然这一新事物暂时还未进入实用阶段，可预估的应用领域至少包括以下方面。

- 财务信息的跨语种支持

以财务常用的报销费控软件为例，国内有很多厂商如每刻报销、简约费控等，但是跨国企业基本上都采用 Concur。虽然在实践中，无数用户对于 Concur 颇有微词，但毫不妨碍 Concur 在市场上攻城略地，并在 2014 年被 SAP 以 83 亿美元价格收购，并与 SAP 深度整合。其关键因素之一就是 Concur 非常好地支持各国语言环境，确保跨国企业在各国分支机构的费控系统整齐划一，降低了内部管理成本。对于开展跨国业务的企业来说，频繁的语言包开发使得企业不胜其扰且开支巨大，而 Chat GPT 类工具不具有任何语言障碍。一旦将其接入财务系统，立刻带来实时准确翻译、支持所有语种并使用规范术语的好处，使企业的任何系统及数字化工具立刻突破语言壁垒。

- 财务信息的百宝全书

Concur 软件在跨国企业中成为主流费控软件的主要原因还包括其对各国法规的及时更新。截至 2021 年 5 月，全世界共有 197 个国家被国际普遍承认，除了梵蒂冈之类特别的非联合国成员国，各个国家均有其法规体系，跨国企业在各国的分支机构均需要按照所在地的法规规范其经营。这就意味着 Concur 软件要保持与时俱进，确保其客户费控领域合法合规，那就需要有一个庞大团队动态跟踪各国相关法规，并及时对 Concur 软件进行更新，更新过程中既要兼顾个别国家又要考虑与 ERP 系统的兼容，还要考虑总部层面的汇总功能。这也是 Concur 独步天下的原因之一。

在 Chat GPT 类工具产生之后，对于法规的学习与及时更新自然不在话下。由此推广开去，Chat GPT 类工具可以作为不眠不休的超级专家对各国的会计准则、税收法规、资金管理、风险管理等进行跟踪，并通过人类的自然语言进行同语种的沟通。

• 财务报告（分析的自动化工具）

财务报告是基于会计准则以及相关法规所编制的报告，其内容无外乎会计报表、会计报表附注及财务情况说明。会计报表目前已经可以实现 ERP 系统的自动生成，Chat GPT 类工具则可以基于 ERP 系统数据，对于报表各个科目增减变动情况、企业会计政策、企业会计假设、关联交易、重大事项等以自然语言进行描述，这也就是会计报表附注。特定期间内的情况分析则是财务情况说明的主要内容。这就意味着借助 Chat GPT 类工具可以进行会计报表的自动编制，人类员工只需进行复核即可。

财务分析领域也具有类似特性。通过计算机程序在上市公司公布财务业绩之后自动抓取数据并生成分析报告已经存在多年，但这种自动化工具的呈现形式与格式是预先设定的固定模板，不具备判断能力。在刚刚过去的 2023 年 1 月，宾夕法尼亚大学沃顿商学院 Christian Terwiesch 教授分别让 Chat GPT "参加" MBA《运营管理》科目的考试，每道题均需写出推演过程，成绩为 B。这代表着 Chat GPT 已经具备了基础的商业逻辑，随着更多商业素材训练及算力提升，Chat GPT 类工具持续进化。这就意味着 Chat GPT 类工具可以跨越搜集数据并套用分析模板提供报告的阶段，已经具备了形式上的分析能力。

• 财务信息的顾问

企业管理人员绝大多数情况下为了进行判断和决策所需求的信息都是既有信息，思考逻辑也都在既有的商业知识范畴。这就意味着管理人员只要以自然语言发问，Chat GPT 类工具即可提供分析答案。例如"贵州茅台历史业绩如何?"

Chat GPT 类工具即可根据截止目前其接受训练的素材范围内抓取信息并进行回答。

现在 Chat GPT 类工具在商学、法学、医学等各学科测试中均表现惊艳，许多海外学校的学生通过 Chat GPT 来完成作业、撰写论文并成功骗过教授获取较好成绩，这充分证明其商业逻辑与分析能力水平。随着更多技术厂商和资本的涌入，Chat GPT 类工具收到的训练将更上一个台阶，管理人员完全可以借助 Chat GPT 类工具获得中规中矩的咨询意见。例如，公司融资应该考虑哪些方面的问题？企业资产负债率升高可能是哪些方面的原因？企业进入某个细分市场需要考虑哪些因素？央行 LPR 调整对于企业资金面的影响？金税四期上马对于企业税收规范性存在何种影响？

- Chat GPT 类工具缺陷也很明显

Chat GPT 类工具的逻辑就是通过海量文本语言进行训练的模型，其智能类型受到极大限制，其本质是局限在文字语言领域的感知智能，类似于掌握所有文字、文件、资料等的超级记忆大脑。其特长在于记忆而非判断，在海量的现有文本语言可以适当地抓取已有的信息并以自然语言呈现，这是 Chat GPT 类工具的特长，也导致了它的弱点——无法判断和决策。

数字化浪潮下，重复性的体力工作、知识记忆性的脑力工作都将被"有眼（OCR）有脑（AI）会交流（NLP）的机器人（RPA）"替代，人类的优势将体现在创造力、沟通能力等思维领域。如已经出台的会计准则由机器人记忆并为人类提供信息，而随着商业社会发展制定新会计准则，研究新会计准则在本企业的运用以及影响，与受新会计准则影响的各个利益方进行博弈并推动实施成为人类更应专注的工作领域。

数字化转型在财务工作中如何体现

数字化相关的术语多种多样，并且随着技术的发展层出不穷。究其实质是三个维度的结合。

维度一：数字化工具的载体，区别在于部署在本地还是在云端，体现为 ERP 还是 SaaS 或者其他程序。

维度二：数字化工具的操作，区别在于是通过宏程序操作、机器人 RPA，还是人工操作或者其他。

维度三：数字化工具的功能，区别在于是资金管理系统、税务管理系统、会计核算系统、会计档案系统、费用报销控制系统、采购管理系统还是其他。

三个维度的结合运用，如某企业通过部署在本地的 ERP 系统进行会计核算，主要由财务人员进行操作，但是在特别环节使用了 RPA+OCR 工具，如发票通过扫描自动录入并匹配。在此基础上，实务中由搭配了许多工具，例如 VPN 确保登录安全、移动支付、在线审批、网络银行等。

比较好的数字化转型一般有两种途径，可以是建立大一统的"大"系统，即确定核心系统后，将不同子系统通过数据接口接入核心系统。例如以部署在本地的 ERP 系统，如 SAP 为核心，接入费控系统、税务系统等一步到位式的实施。也可以是分步骤按照模块搭建，再形成"大"系统，如先引入费控系统、再引入网银系统等，在各个功能模块正常工作后，再将其连接起来。

途径虽有差异，最终的方向都是通过系统和数据交互减少信息孤岛，通过系统实施结合各类工具优化流程、提高效率、减少错误。进而标准化数据、达到数据的可视化、移动化，并对数据及时进行分析，使其能支撑企业决策。

7.3 数字化转型的经验教训

数字化的重要性及方法、技术等均已经形成共识，在实践中，许多企业推进数字化过程中依旧碰到不少挫折，对于企业提升管理能力造成负面影响，甚至影响业务开展。

在企业确定技术路线后，需要考虑由谁来实施，也就是选择实施服务的供应商。企业管理者面临这种选择时，更多考虑如何筛选对方而往往忽略了分析自身的情况。如同青年男女选择恋爱对象时，往往考虑对方的条件应该如何而忽略了自身情况，导致找不到合适的对象，甚至蹉跎终生。

企业数字化也是一样，一旦误判自身定位，后果就是浪费大量时间、资源，影响企业的运营，甚至留下对于数字化的负面印象以至于落后于数字化时代。

如果企业基于自身情况考虑实施方案一般只有两个方向，偏重本地化还是SaaS，就如大型制造业企业，是企业自身拿块地建厨房，雇厨师解决工人用餐问题，还是外包第三方送餐上门，简要比较见下表。

部署方案比较表

部署方案	本地化	SaaS
实施成本	• 高 需要服务器、基础软件系统以及实施	• 低 根据使用情况向厂商付费
运维成本	• 高 需要专业运维人员 系统更新升级及时性要求高	• 低 完全依赖厂商
定制化程度	• 高 可以实现企业内部各系统全流程贯通	• 低 标准化内容 基本无法实现企业定制化要求
安全性	• 高 本地化软硬件部署安全性相对较高	• 低 云端服务的底层架构注定其存在不确定性与未知危险

不难发现如果准备实施数字化的企业规模较大，具备足够资源与技术能力，且具有定制化要求的企业应该选择本地化部署，而中小规模企业就应该选择SaaS。

对自身情况有了清晰定位以后，选择具体供应商的路径也相应清晰。大企业找产品专业成熟，具备较强服务能力，能够确保系统安全性的大厂商。小企业寻找能够快速上线，成本低廉，能够满足基本需求的小厂商。

确定选择的厂商规模之后，在其同一量级的类似厂商之间的选择，考虑的因素基本如下：

——供应商综合实力，如规模、资质、行业口碑、成功实施的案例等；

——技术能力，对于需求的理解、方案的设计、可扩展性、兼容性等；

——实施能力，团队能力经验、售后服务支持等；

——价格，报价、付款条款等。

• 主导人员的决心及思维模式

数字化是对于传统经营模式的革命性变化，例如餐饮业从纯现场提供服务变为线上外卖，教育培训业从现场培训（课堂教育）变为在线课程。所有这些变化一定会带来对现有模式的变化，对既有利益和固有习惯的冲击，对陈旧知识体系的摒弃等，这些深层次的变化在实施过程中可能遇到的阻力可想而知。数字化建设一定是"一把手"工程，方能有效协调、推进。如《数字中国建设整体布局规划》在体制机制上就明确了将数字中国建设工作情况作为对有关党政领导干部考核评价的参考。

如果数字化决心不够，站位不高，就容易反复。如企业上线相关应用后可能因为人员变动而否定，也可能由于磨合所导致的阶段性阵痛而否定，如果领导层计划上数字化系统，那么就要有上的决心，不能因为人的变化而变化，更不能因为同事之间的嫌隙而变化，不能抱着试试看的心态。选择数字化方案和供应商可以多看看，多想想，但是一旦选定，必须要全力以赴上线！

如果数字化决心不够，负责人员欠缺影响力，就容易流于形式。如没有足够权威的领导干部牵头，应用上线过程中大概率就会出现从数据收集整理到系统试跑都不顺利，遇到问题找不到联系人，需要及时响应但实际反馈慢。究其原因，无外乎负责人员协调能力不足，没有权力做决策，工作十分被动。如果高层领导关心和推动不够，业务部门一定各种借口不配合。所以在数字化建设初期，项目负责人的人选非常重要。项目负责人必须有权威，能够协调各方力量，能够对流程和规则做决断。

如果数字化相关知识与认知有欠缺，就会导致数字化推进过程管中窥豹，侧重于边角的便利问题而忽略矛盾的主要方面。例如在蓝图设计阶段考虑的不够周全，导致后期频繁进行变更，在实施过程中过于强调用户感受与便利性，影响主流程闭环。实施供应商及咨询顾问存在大干快上，迅速结项收钱的利益驱使，在各种环节上贪图便利也很常见。如果企业方负责人员由于知识与经验的欠缺而无法判断，也会导致数字化推进受阻。

● 重系统实施而轻安全防范

信息安全一直是热门话题。企业数字化转型过程中会面临两大类信息安全方面的挑战：第一类是传统意义上的安全风险，在计算机推广使用的早期就已出现，在数字化转型中依然存在；第二类则是随着技术发展与数字化实施出现的新风险。不论传统风险还是新风险都会对企业的数字化建设造成重大影响。

传统意义上的安全风险随着计算机和各类软件的普及基本已经耳熟能详，无外乎硬件故障，软件不兼容，软件维护不及时，数据恶意篡改，数据遗失，病毒侵袭，黑客攻击，垃圾邮件等，此处不再赘述。

数字化转型所带来风险多种多样，简述其中如下几类。

——云服务的风险

传统意义上企业只需关注自身信息风险，数字化转型进程中可能涉及采用外部云服务，企业不得不依赖于云服务提供商的信息安全，具有高度不确定性。

如 2022 年 12 月 18 日，澳门司法警察局官微发布消息称，"由于阿里云的香港机房节点发生故障，导致澳门金融管理局、澳门银河、莲花卫视、澳门水泥厂等关键基础设施营运者的网站、澳觅和 MFood 等外卖平台，以及《澳门日报》等本地传媒应用程式，自今天（18 日）中午开始暂时无法访问使用"。

不仅如此，甚至 Linux 中国的官网也因此而无法访问，很多个人站长也表示阿里云的长时间故障影响了他们网站的运营。

随后，阿里云在官网发布公告，称"香港地域某机房设备异常，影响香港地域可用区 C 的云服务器 ECS、云数据库 Polar DB 等云产品使用，阿里云工程师已在紧急处理中"。

——自动化工具的黑盒化风险

自动化替代部分人工之后，在自动化工具设计之初，例如 RPA 部署时需要了解业务流程以及处理方法。在 RPA 投入使用一段时间后，相关人员的记忆不见得明确且可靠，也可能产生了人员更替，除了 RPA 机器人之外就没有人了解具体流程。一旦自动化工具操作出现问题或者错误，有可能一直自动执行不被人发现。即使发现，人工也无法控制自动化工具的具体进程。即使成功中止进程，后续对相关自动化流程进行更新，也会遇到困难。

——自动化工具的超级权限风险

为了使自动化工具能够开展工作，必然需要授权其登录各个客户端并进行操作。如果账户信息不慎遗失并被恶意登录则后果不堪设想。以企业查询银行账户余额为例，传统做法是员工持有各家银行的 U 盾及密码，逐一登录查询余额，耗时耗力。随着技术发展，监管机构也推进超级网银，通过某家银行的平台关联他行账户并进行查询，实践中存在着银行间互联的问题，具体体现为余额更新不及时、无法登录查询等问题。自动化解决方法是将所有银行账户的 U 盾收集起来并处于连接状态，并将所有账户的登录密码存储于自动化工具软件中，需要查询时则逐一自动登录并抓取信息。企业银行账户越多，人工查询耗时越久，自动化解决方案越能解决问题，而一旦出现信息泄露，风险也越大。

未来的世界是数字化的世界。在数字化浪潮的冲击下，企业运营正在发生翻天覆地的变化，财务工作也身在其中。随着技术的发展，财务工作的外延不断扩展，越发精细化、信息化、智能化。流程、数据、信息的全方位融合正在进行中，虽然过程会充满挑战，发展会带来新问题，传统财务数字化已是大势所趋。如何对企业自身情况进行清晰了解，选择合适的技术路线了解各种技术手段，以及利弊得失是确保数字化转型顺利实施的重要前提。